Klartext

*Den „Hüttenknechten“ in meiner Familie*

Angela Schwarz (Hg.)

# Vom Industriebetrieb zum Landschaftspark

## Arbeiter und das Hüttenwerk Duisburg-Meiderich zwischen Alltäglichkeit und Attraktion

Die Titelabbildungen zeigen (von vorne nach hinten):
Hochofenabstich 1953 (Archiv der ThyssenKrupp AG)
Hochofenabstich 1983 (Archiv der ThyssenKrupp AG)
Lichtinszenierung von Jonathan Park (Foto: Andreas Mangen)


Die Drucklegung dieses Buches wurde gefördert durch

den Kommunalverband Ruhrgebiet

den Landschaftsverband Rheinland

und den Dekan des FB 1 der Gerhard-Mercator-Universität Duisburg.

CIP-Einheitsaufnahme – Die Deutsche Bibliothek

**Vom Industriebetrieb zum Landschaftspark :** Arbeiter und das
Hüttenwerk Duisburg-Meiderich zwischen Alltäglichkeit und
Attraktion / Angela Schwarz (Hg.) – 1. Aufl. – Essen : Klartext, 2001
  ISBN 3-88474-967-6

1. Auflage, Februar 2001
Gesamtherstellung: Klartext Verlag, Essen
© Klartext Verlag, Essen 2001
ISBN 3-88474-967-6

# Inhalt

# Vorwort

„Hurra, wir stehen noch!" Unter dieser Überschrift ließ sich im Herbst 1999 in einer großen deutschen Wochenzeitschrift eine Bilanz lesen, die sich nach zehn Jahren deutscher Einheit im Hinblick auf den Zustand der Gebäude in der ehemaligen DDR, die typischen Plattenbauten und vor allem die Industrieanlagen ziehen läßt.[1] Eine Bestandsaufnahme vor rund zehn Jahren zeigte, daß die Mehrzahl der Industriebetriebe in Ostdeutschland, an westlichen Maßstäben und Umweltvorschriften gemessen, völlig veraltet war. Ein Teil wurde sofort, andere nach und nach stillgelegt. Allenthalben sieht man die Ruinen, monumentale Zeugnisse für die in der Regel noch nicht erfolgte Antwort auf die Frage, was mit den Schloten, Hallen, Öfen gemacht werden soll.

„Natürlich können wir das alles einfach so stehen lassen, als Zeugen des Niedergangs", sagt Gerhard Seltmann, einer der Initiatoren der IBA Emscher Park, der 1995 nach Ostdeutschland gekommen ist, um die alten Hallen wieder mit Leben zu füllen. „Wir wollen sie aber verwandeln, zu Symbolen des Neuanfangs."[2] So ist das Kraftwerk Vockerode, in dem bis 1994 die Braunkohle der umliegenden Gegend in Strom verwandelt wurde und das nun unter dem Stichwort „Zwischennutzung" ganz andere Funktionen erfüllt, zum Teil eines „Biosphärenreservats Mittlere Elbe" geworden. Vor zwei Jahren fand dort unter dem Titel „unter strom. Energie, Chemie und Alltag in Sachsen-Anhalt 1890 bis 1990" eine Ausstellung statt, die den Besucher nach einem Erkundungsgang durch die Hallen und Schächte, vorbei an unbeweglichen Förderbändern, durch Treppenhäuser und Leitstände der Industrieruine schließlich in die früheren Brennöfen führte, in denen die Exponate zu sehen waren.

Die Fabrik als Touristenattraktion: in Vockerode, aber auch an anderen ehemaligen Industriestandorten im Osten wie im Westen ist diese Idee umgesetzt worden. Ob in Vockerode, Völklingen oder Duisburg-Meiderich,[3] die Frage, was mit den stillgelegten Industrieanlagen geschehen soll, ist damit allerdings noch nicht endgültig beantwortet. Und dann sind da noch die Menschen, die früheren Beschäftigten und ihre Familien, von denen viele nach wie vor in der Nähe der Betriebe wohnen, in denen die Feuer nun doch erloschen sind.[4] Wie muß es ihnen ergehen, wenn sie mit der Erinnerung an das, was für sie Arbeit war, die heutigen „Landschaftsparks" und „Blosphärenreservate" betreten? Die früheren Industriebetriebe haben sich inzwischen in Orte verwandelt, an denen Naturliebhaber auf die Suche nach in der Region seltenen Tier- und Pflanzenarten gehen, Kletterbegeisterte Bunkeranlagen

7

als quasi-alpine Felsformationen, Tauchfans Gasbehälter für ihr Unterwasser-Hobby nutzen und an denen mit Lichtinstallationen und aufwendigen Ausstellungen Touristen aus dem In- und Ausland ein verändertes Bild vom Industriebetrieb präsentiert wird. Wie geht es auf der anderen Seite dem Besucher, der, selbst wenn er aus einer Industrieregion kommt, erstmals die Produktionsstätten von innen kennenlernt und staunt? Muß sich nicht jedem die Frage aufdrängen, wie die Anlage wohl aussah, als das Eisen oder der Stahl noch floß, die Maschinen noch brummten, die Öfen noch in Betrieb waren und Hunderte oder Tausende von Menschen dort arbeiteten?

Mit der Stillegung größerer Anlagen ist zugleich etwas beendet, was zuvor für viele Menschen, für eine Region typisch gewesen ist: Arbeitsformen, soziale Kontakte und Bindungen, ein Lebensstil. Je weiter die Anpassung an veränderte wirtschaftliche Erfordernisse voranschreitet, die unter der Überschrift des Strukturwandels durchgeführt wird, desto mehr verschwindet auch die Erinnerung an diese frühere Normalität und desto seltener läßt sich jemand finden, der dem klassischen „Malocher", Hafenarbeiter, Kraftwerksarbeiter usw. entspricht oder ihn zu beschreiben weiß.

Das Hüttenwerk in Duisburg-Meiderich, 1985 stillgelegt und schließlich in den Landschaftspark Duisburg-Nord umgewandelt, liefert im folgenden die Grundlage dafür, einer für die Region lange Zeit typischen Arbeits- und Lebensrealität nachzugehen und bis in die Zeit des Strukturwandels hinein zu verfolgen. Vom Arbeitsalltag vor allem in den ersten beiden Nachkriegsjahrzehnten geht es über eine Besonderheit des Meidericher Hüttenwerks, das vielfach als außergewöhnlich geschilderte Betriebsklima, in die Phase der Betriebsschließung und zuletzt in die daran anschließende Zeit, in der nach einer neuen Nutzung des Geländes gesucht und schließlich die Umwandlung in einen Landschaftspark vollzogen wurde. Arbeitsumstände, Verhältnis der Beschäftigten zueinander, die Versetzung in andere Betriebe oder der Übergang in den Ruhestand Mitte der achtziger Jahre und die Veränderungen beim Wandel in eine Freizeiteinrichtung werden in einer Weise aufgearbeitet, in der die Sicht ehemaliger Arbeiter des Werkes eine herausragende Bedeutung besitzt. Nicht die lückenlose Darstellung der einzelnen Themen ist das Ziel, sondern ein Bild vom Betrieb und Landschaftspark, das bewußt ausschnitthaft und subjektiv ist. Gerade das Persönliche, eher Erinnerte und Empfundene als das Gewußte, soll hier festgehalten, bewahrt werden. Es ist wesentlicher Teil jenes facettenreichen Mosaiks von Lebenswirklichkeit, zu dessen Rekonstruktion diese Darstellung beitragen möchte.

Als Grundlage dienten zwei Serien von Interviews, einmal Interviews, die die Deutsche Gesellschaft für Industriekultur e.V. in den Jahren 1992 bis

8

1995 mit ehemaligen Mitarbeitern des Hüttenwerkes durchführte, dann die Gespräche, die die Autorinnen und Autoren der nachfolgenden Abschnitte mit Mitarbeitern und heutigen „Nutzern" des Geländes im Winter 1999/2000 führten. Konzentrierten sich die früheren Interviews mehr auf den Arbeitsprozeß, so ging es in den jüngeren ebenso sehr um das Ende und den Neuanfang für die Anlage. Der Gesellschaft für Industriekultur und hier federführend Herrn Michael Clarke sei an dieser Stelle ausdrücklich dafür gedankt, daß Tonbänder und Transkripte der Interviews aus den frühen neunziger Jahren zur Verfügung gestellt wurden und hier zitiert werden können. Ein großer Dank geht zudem an die Damen und Herren, die sich im letzten Winter freundlicherweise zu interessanten Gesprächen bereit gefunden haben, die, aufgezeichnet und transkribiert, in Auszügen zur Aufarbeitung der folgenden Themenfelder herangezogen werden konnten. Ohne diese Unterstützung wäre das vorliegende Buch nicht zustande gekommen.

Als Manuskript wurde diese Arbeit beim diesjährigen 4. Geschichtswettbewerb des Forums Geschichtskultur an Ruhr und Emscher e.V. mit dem dritten Preis ausgezeichnet. Die Druckfassung ist um die Abbildungen erweitert worden, um so zumindest Ausschnitte aus dem früheren Arbeitsalltag, einige der Menschen, die im Hüttenbetrieb arbeiteten, und die heutige Situation im Landschaftspark noch anschaulicher darstellen zu können. Für die Bereitstellung der Vorlagen sind wir einer Reihe von Institutionen und Privatpersonen zu großem Dank verpflichtet: dem Archiv der ThyssenKrupp Stahl AG, der Landschaftspark Duisburg-Nord GmbH, dem Geschichtszentrum der DGfI bzw. den ehemaligen Beschäftigten des Betriebes, die der DGfI ihre Aufnahmen zur Verfügung stellten, Frau Ulla Michels, den Herren Peter Liedtke, Andreas Mangen, Wolfgang Staiger, Horst Zielske, Manfred Vollmer und schließlich jenen ehemaligen Hüttenarbeitern, die uns freundlicherweise ihre Fotografien zum Abdruck überlassen haben. Ein besonderer Dank geht an den Kommunalverband Ruhrgebiet, den Landschaftsverband Rheinland und den Dekan des Fachbereiches 1 der Gerhard-Mercator-Universität Duisburg, Herrn Prof. Dr. Peter Alter, die durch finanzielle Unterstützung die Drucklegung dieses Buches gefördert haben.

Zwei Hinweise, der eine formaler, der andere inhaltlicher Natur, sind noch anzubringen. Die Deutsche Gesellschaft für Industriekultur sicherte bei ihren Gesprächen mit den Arbeitern des Hüttenwerks Anonymisierung zu, wenn die Aussagen einmal für eine Publikation verwendet würden. Die Gesprächspartner von Herbst und Winter 1999/2000 erklärten sich ausnahmslos einverstanden damit, namentlich genannt zu werden. Da inzwischen einige Arbeiter der ersten Interviewserie verstorben sind, ihr Einverständnis nicht mehr eingeholt werden kann, haben wir uns entschlossen, alle Interviewten gleichermaßen nur mit einem Namenskürzel zu nennen. Jahrgang und Berufsbezeichnung werden jedoch angegeben, um eine Einordnung der jeweils geäußerten Ansicht zu erleichtern. Was das mit Hilfe der verwandten Interviews entworfene Gesamtbild betrifft, so der Hinweis inhaltlicher Natur, muß auf eine Beschränkung verwiesen werden, der beide Interviewsammlungen unterliegen. Denn die Gespräche erfolgten mehrheitlich mit Menschen, die ein gutes Verhältnis zum früheren Betrieb und zum heutigen Nordpark hatten bzw. haben. Die überwiegende Mehrheit der ehemaligen Arbeiter des Werkes hingegen hat mit diesem Lebensabschnitt abgeschlossen oder möchte nichts mehr von den Jahren der anstrengenden Arbeit wissen. Daher standen sie auch nicht zu Interviews zur Verfügung.

Angela Schwarz
Duisburg, im September 2000

# Das Hüttenwerk Duisburg-Meiderich –
# ein Überblick über seine Geschichte

| | |
|---|---|
| 7. März 1902 | Gründung des Hochofenwerks Meiderich, der „AG für Hüttenbetrieb" |
| 16. Mai 1903 | Ofen 1 wird angeblasen |
| 28. August 1903 | Ofen 2 nimmt seinen Betrieb auf |
| 29. Dezember 1904 | Ofen 4 produziert Ferromangan |
| 1906 | Beginn des Baus der Gaszentrale |
| 1911 | Fertigstellung der Meidericher Gießerei |
| 17. Mai 1912 | Betrieb mit fünf Hochöfen ist angelaufen |
| 1914 | Versorgungsmängel sorgen für Stillstände der Öfen |
| 1914-1918 | Erster Weltkrieg |
| 1920 | Der alte Gasometer wird ersetzt. Der neue Gasometer stammt aus der „Zeche Prinzregent" |
| 4. April 1926 | Tod des Firmengründers August Thyssen |
| 1926 | Gründung der „Vereinigten Stahlwerke AG" |
| 1926 | Umbenennung des Werks in „Hochöfen Hüttenbetrieb" |
| ab 1929 | Weltwirtschaftskrise |
| Mai 1931 | Hüttenbetrieb Meiderich wird mit der „Thyssenhütte", der „Hütte Ruhrort-Meiderich", der „Niederrheinischen Hütte" und der „Hütte Vulkan" zur „Hüttengruppe West" zusammengefaßt |
| 7. Dezember 1933 | Gründung der August-Thyssen Hütte AG - Betriebsgesellschaft |
| 1939-1945 | Zweiter Weltkrieg |
| Oktober 1944 | Produktion kommt nach schweren Bombenangriffen endgültig zum Erliegen |

| | |
|---|---|
| 9. August 1945 | Zwei Öfen werden wieder angeblasen |
| August 1946 | Beschlagnahme aller Werke der Eisenhütten-Industrie und ihre Unterstellung unter die Aufsicht der „North German Iron and Steel Control" |
| 1. Juli 1947 | Entstehung der „Hüttenwerke Ruhrort-Meiderich" („HRM"). Der Hüttenbetrieb wird diesen untergeordnet und heißt von da an „Hochofenwerk Meiderich-Nord" |
| 1951 | Werksleitung und Verwaltung erhalten einen Neubau, genannt „Neue Verwaltung" |
| 1952 | Umwandlung der „HRM" in die „Hüttenwerk Phoenix AG" |
| 1956 | Durch Fusion entsteht die „Phoenix-Rheinrohr AG", neuer Name für das Meidericher Werk: „Werk Hüttenbetrieb" |
| 29. Oktober 1958 | Antrag der „August Thyssen Hütte-AG" auf Wiedereingliederung des Meidericher Betriebes in den Werksverbund |
| 1. Oktober 1965 | Inkrafttreten des Besitzüberlassungsvertrages, Rückkehr des Werks in den Werksverbund unter dem Namen: „Hochofenwerk, Hüttenbetrieb Meiderich" – dieser Name bleibt bis zur Schließung |
| 1972 | Errichtung der Hochofensteuerwarte |
| 1973 | Fertigstellung des Ofens 5 für Ferromangan-Produktion |
| 1974 | Höchste Jahresproduktion in der Geschichte des Werks: 984.466 Tonnen |
| 1978 | Der Hüttenbetrieb wird bestreikt: Forderungen nach Lohnerhöhungen und Arbeitszeitverkürzung hier wie in allen bestreikten Betrieben in Nordrhein-Westfalen |
| 1982 | Ofen 5 wird neu zugestellt |
| 1983 | Investitionen 1982/83 in Höhe von rund 45 Millionen Mark |
| 4. April 1985 | Letzter Abstich, letzte Schicht an Hochofen 5: Stillegung des Werks |

| | |
|---|---|
| 19. Oktober 1987 | Ratsbeschluß zum „Landschaftspark Duisburg-Nord" im Programm „Duisburg 2000" |
| Mai 1989 | Ankauf des Werks von der „Thyssen Stahl AG" durch die Landesentwicklungsgesellschaft |
| 22. Mai 1989 | Ratsbeschluß zur Anmeldung des „Landschaftsparks Duisburg-Nord" als IBA-Emscherpark Projekt |
| 19. Oktober 1989 | Ausweisung des Landschaftsparks Duisburg-Nord als IBA-Emscherpark Projekt mit dem Hüttenbetrieb als wesentlicher Bestandteil des Landschaftspark-Konzeptes |
| Frühjahr 1990 | Teileröffnung für industriegeschichtliche und naturkundliche Führungen |
| August 1990 | „Magazingebäude" renoviert und eröffnet als Anlaufstelle für das IBA-Emscherpark Projekt |
| 1999 | Abschlußpräsentation der IBA-Emscherpark |

David Wirth

# Das Hüttenwerk als Arbeitsplatz: Alltag im Industriebetrieb zwischen 1950 und 1985

## 1. Einleitung

„Denn es wird nicht mehr immer Hochöfen geben, da ist man sich heute sicher ... Wenn man dann so etwas noch mal zeigen kann, ist das schon 'ne
gute Sache."[1] Das „Hochofenwerk, Hüttenbetrieb Meiderich", kurz „Hüttenbetrieb", ist als eines der Projekte der Internationalen Bauausstellung Em-
scherpark über die Grenzen Duisburgs und des Ruhrgebietes hinaus bekannt
geworden. Die Erhaltung dieses Hüttenbetriebs soll der Erinnerung an das industrielle Zeitalter dienen.

Dieses Zeitalter der Entwicklung von der Agrar- zur Industrieregion begann für den Duisburger Raum in der Spätphase der Industrialisierung des
Ruhrgebietes Ende des 19. Jahrhunderts. In den achtziger Jahren begann die
Prägung der Industrialisierung Duisburgs durch die Firma Thyssen, die heute einen bedeutenden Zweig ihrer Verwaltung und Produktion in Duisburg
hat.[2] Ein Teilbereich des Unternehmens wurde die am 7. März 1902 gegründete „AG für Hüttenbetrieb", deren Grundkapital sich zum Großteil in den
Händen von August Thyssen und seiner Firma Thyssen & Co. befand.[3] Mit
dem Anblasen des ersten Ofens am 16. Mai 1903 wurde bis zum April 1985 in
Meiderich Roheisen hergestellt.

Erst einige Jahre nach dem letzten Abstich fiel die Entscheidung für einen Erhalt des Hüttenbetriebs. Die Konzeption des „Landschaftsparks Duisburg-Nord" integrierte als einen wesentlichen Bestandteil den Hüttenbetrieb ab 1989 in die Umstrukturierung des stark industriell geprägten Duisburger Nordens. Ein Industriedenkmal, das mit neuen Nutzungen versehen
wurde, sollte einerseits die Erinnerung ermöglichen, andererseits ein Iden-
tifikationsangebot inmitten des fortschreitenden Strukturwandel darstellen.

Der Arbeitsplatz als Denkmal und „Landschaftspark"? Unter ehemaligen
Beschäftigten herrscht keine Einigkeit darüber, wie diese Verwandlung einzuschätzen ist. „Der eine sagt: ‚wo ich früher Schweiß gelassen hab', da findet

15

heute abends Kino statt', ich sehe da nichts Schlimmes drin.'"[4] Aber längst nicht jeder ‚Ehemalige' befürwortet, wie sich der Hüttenbetrieb im Rahmen des Landschaftsparks verändert hat.

Tatsächlich ist der Wandel vom Hüttenwerk der Arbeiter zum Hüttenwerk der Veranstaltungsbesucher und Touristen groß. Den Beschäftigten gab die Realität des Industriebetriebes lange Zeit wenig Anlaß zu Verklärung oder Nostalgie, wie sie in heutigen Beschreibungen stillgelegter Industrieanlagen zu finden ist. Vielmehr zeichnete sich der Alltag eines Industriearbeiters durch große körperliche Anstrengungen und hohe Unfallgefahr aus. Heutige Standards waren in den fünfziger Jahren nicht einmal annähernd vorstellbar. Erst allmählich brachten im Zuge des wirtschaftlichen Aufschwungs nach dem Zweiten Weltkrieg technische Veränderungen, Maßnahmen der Betriebsführung und solche, die die Organisationen der Arbeitnehmer erstritten, Fortschritte im Bereich der Arbeitssicherheit und der generellen Verbesserung von Arbeitsbedingungen.

Wie sahen diese Bedingungen im einzelnen aus? Wie nahmen die Arbeiter ihren Arbeitsalltag und dessen Wandel im Laufe der Jahrzehnte wahr? Interviews mit ehemaligen Hüttenwerkern bilden die Grundlage, auf der diesen und verwandten Fragen auf den folgenden Seiten nachgegangen werden soll. Ein Schwerpunkt liegt dabei auf der Situation in den fünfziger und sechziger Jahren.

## 2. Kriegsende und Neuanfang

Anfang der fünfziger Jahre begannen im Hüttenwerk Meiderich die Hochöfen wieder auf vollen Touren zu laufen. Die Kriegszerstörungen waren groß. Die Bombenangriffe der alliierten Luftstreitkräfte hatten sich auf die industriellen Zentren wie das Ruhrgebiet konzentriert. Auch der Duisburger Norden war von Angriffen nicht verschont geblieben. Nach schweren Bombenangriffen am 14. und 15. Oktober 1944 war die Produktion in Meiderich endgültig zum Erliegen gekommen.[5]

Nach Kriegsende war das Hüttenwerk Meiderich auf der Demontageliste der Alliierten nicht verzeichnet.[6] Der in vielen Industriebetrieben durchgeführte Abbau von Anlagen, die als Wiedergutmachung und Reparationsleistung dienen sollten, fand in Meiderich nicht statt. Das lag wohl in der Tatsache begründet, daß das Werk durch die kriegsbedingte Produktion verschlissen worden war. Die Bestandteile des Meiericher Hüttenwerkes blieben demnach erhalten: Die Maschinen waren weitgehend unbeschädigt geblieben, aber die Bauten hatten unter den Bombenangriffen gelitten.[7]

Als die Entscheidung zur Wiederaufnahme der Produktion gefallen war, mußte als nächstes eine Modernisierung erfolgen. Im Vergleich zu den im 19. Jahrhundert errichteten Hüttenwerken wies der Meidericher Betrieb in den ersten zwanzig Jahren des 20. Jahrhunderts noch erhebliche Vorteile auf. Da aber kaum Erneuerungsmaßnahmen durchgeführt wurden, bestand im Werk Meiderich schon in der Zeit vor dem Zweiten Weltkrieg ein hoher Modernisierungsbedarf. Durch den kriegsbedingten Verschleiß war dann nach 1945 eine Modernisierung unumgänglich geworden.

Maßgeblich für die weitere Entwicklung war die Politik der Besatzungsmächte. In der unmittelbaren Nachkriegszeit verfolgten die Alliierten die Neuordnung der eisenschaffenden Industrie. Dabei sollten die Großgesellschaften in kleinere Betriebe aufgeteilt, entflochten werden. Die Kontrolle und Durchführung dieser Aufgliederung unterlag der „North German Iron and Steel Control". Die Entflechtungsmaßnahmen betrafen auch das Hochofenwerk in Meiderich, welches seit 1926 dem Konzern „Vereinigte Stahlwerke AG" angehört hatte.[8] Ab Februar 1948 wurde es der am 1. Juli 1947 neu gegründeten „Hüttenwerke Ruhrort-Meiderich AG"[9] unter dem Namen „Hochofenwerk Meiderich-Nord" zugeordnet. Das Hochofenwerk bestand zu diesem Zeitpunkt aus fünf Hochöfen, einer Erzsinteranlage und den erforderlichen Hilfs- und Nebenanlagen.[10]

Der Wiederaufbau wurde Anfang der fünfziger Jahre eingeleitet. Der Vorstand der „Hüttenwerke Ruhrort-Meiderich AG", welche am 4. November 1952 in „Hüttenwerke Phoenix-AG"[11] umbenannt worden war, erklärte in einem Bericht an die Aktionäre: „Die wohl wichtigste Aufgabe der Gesellschaft in der Nachkriegszeit ist der Wiederaufbau und die Modernisierung der Werksanlagen."[12] Ein umfangreiches Neubauprogramm mit dem Ziel, das Werk in Meiderich auf den neuesten Stand der Technik zu bringen, wurde beschlossen. Das dazu nötige Geld floß dem Unternehmen aus dem „Marshall-Plan" und dem „Investitionshilfegesetz"[13] zu. Gerade das Investitionshilfegesetz vom 7. Januar 1952 machte es erforderlich, die nötigen Maßnahmen schnell durchzuführen, da es nur bis zum 31. Dezember 1954 beschränkt gültig war.[14] Die Investitionsaufbringung durch dieses Gesetz endete 1958.

Als die „North German Iron and Steel Control" ihre Arbeit einstellte, kehrten die alten Großgesellschaften allerdings rasch zum früheren Zustand zurück. Die ehemaligen Betriebsteile wurden wieder integriert, etwa auf dem Wege der Unternehmensfusion. Das Hochofenwerk in Meiderich wurde un-

*Abb. 1: Die Hochofenanlage des Hüttenbetriebs Meiderich im Juli 1954 (Archiv der ThyssenKrupp AG)*

ter dem Namen „Werk Hüttenbetrieb"[15] in die 1956 durch Fusion gegründete „Phoenix-Rheinrohr AG" eingegliedert. Die Firma Thyssen bemühte sich ebenfalls um die Rückführung ihrer ehemaligen Betriebe in den Werksverbund. Ab 1958 galten ihre Bemühungen auch dem Meidericher Betrieb. Die im Ausland vorherrschenden Befürchtungen eines erneuten, übermächtigen Erstarkens der deutschen Eisen- und Stahlindustrie verhinderten zunächst auch die Wiedereingliederung des Meidericher Werkes. Erst am 1. Oktober 1965 wurde der Besitzüberlassungsvertrag unterzeichnet, der das Werk in den Verbund zurückbrachte. Von da an erhielt es den Namen, den es bis zur Schließung behalten sollte: „Hochofenwerk, Hüttenbetrieb Meiderich".[16]

# 3. Aufbau und Funktionsweise eines Hochofens

Was für einen Hüttenarbeiter selbstverständlich ist, erschließt sich einem Laien nicht ebenso leicht. Vor dem Blick auf den Arbeitsalltag aus der Sicht von Beschäftigten scheint es daher angebracht, die Abläufe an einem Hochofen kurz zu schildern.

Oben auf dem Hochofen, der sogenannten „Gichtbühne", wird das Beschikkungsmaterial (Gicht) eingebracht. Die Gicht besteht zum einen aus Koks, zum anderen aus dem „Möller". Koks dient als Verbrennungsstoff und als Mittel zur Erzreduktion. Der Möller enthält das Eisenerz und verschiedene Zusatzstoffe. Das Eisenerz wird in der Sinteranlage vorbereitet. Hier wird das Erz unter Zugabe von weiteren Stoffen erhitzt, so daß die feinen Erzstäube gebunden werden und eine Masse entsteht, die ideal für die Beschickung des Hochofens verwendet werden kann. Die Zusatzstoffe binden bei der Verbrennung der Gicht alle Bestandteile des Erzes, die schlecht schmelzbar sind. Damit wird die Qualität des Roheisens erheblich verbessert. Die Zusatzstoffe verbinden die qualitätsmindernden Bestandteile des Eisenerzes und die beim Erhitzen entstehende Koksasche zur „Schlacke". Durch unterschiedli-

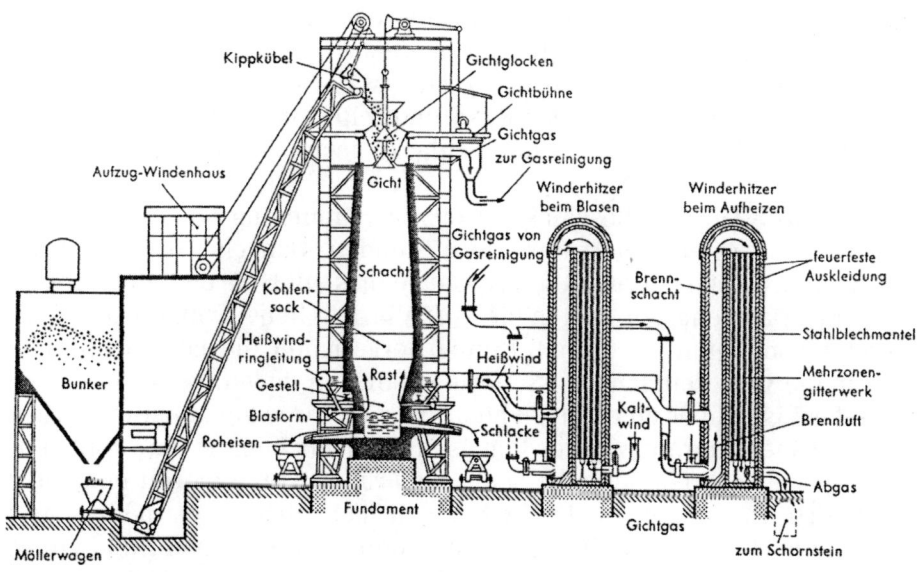

*Abb. 2: Schematische Darstellung einer Hochofenanlage*

che Zusammenstellung des Möllers können jeweils verschiedene Roheisensorten hergestellt werden.

In den fünfziger Jahren wurden die Beschickungsmaterialien erst auf der Gichtbühne zusammengebracht. Das änderte sich mit der Abschaffung der Hochseilbahn, die den Koks zunächst von der Kokerei „Friedrich Thyssen 4/8" nach Meiderich geliefert hatte. Von da an wurden die Erzsorten, Sinter und der per Bahn angelieferte Koks im „Möllerbunker" in getrennte „Bunkertaschen" eingebracht. Die Vertikalaufzüge, deren Kübel noch von Hand mit dem Möller beladen und auf der Gichtbühne auch per Hand in den Fülltrichter geschüttet wurden, entfielen ebenfalls.

Das neuere Verfahren erfolgte von da an und bis heute prinzipiell nach folgendem Muster: Aus den verschiedenen Bunkertaschen werden die einzelnen Materialien über einen Trichter in die „Möllerwagen" gefüllt. Ihr Mischungsverhältnis entscheidet sich nach der Roheisensorte, die produziert werden soll. Von den Möllerwagen gelangt das Material anschließend in die Förderkübel, die „skip" oder „hunt" heißen, um so per Schrägaufzug oben auf den Ofen gezogen zu werden.

Das auf der Gichtbühne eingefüllte Material fällt kontinuierlich in den Ofenschacht. Dieser Vorgang geschieht automatisch. Je weiter die Gicht nach unten wandert, desto mehr erhitzt sie sich. Das führt zu einer Volumenzunahme, durch die sich die nach unten ausweitende Form des Ofens erklärt. Gelangt das Material in den „Blasformbereich", wird es durch den heißen Wind aus den sogenannten „Cowpern" auf etwa 1.700 bis 2.300 Grad Celsius erhitzt. Erst hier verbrennt der Koks und leitet die Reduktion ein. Dabei schmilzt der Möller. Roheisen und Schlacke gelangen tropfend in das „Gestell".

Der Prozeß von der Beschickung bis zur Sammlung von Roheisen und Schlacke im Gestell dauert etwa zwei Stunden. Danach wird der Abstich durchgeführt. Bei modernen Öfen geschieht dies mit Hilfe der Stichlochbohrmaschine. Das Roheisen läuft in die Vorhalle des Ofens. Früher wurden hier in dem sogenannten „Formsand" Rinnen hergerichtet, die das Eisen bei alten Öfen in die vorbereiteten „Masselformen" fließen ließen. Bei neueren Öfen fließt das Eisen über eine Art „Syphon" in die „Torpedopfannenwagen", die den sofortigen Abtransport des Roheisens ermöglichen. Ist ein Großteil des Roheisens abgelaufen, folgt die Schlacke. Früher wurde hierfür ein Schlackenabstich vorgenommen. Er ist heute jedoch nicht mehr nötig, da die Schlacke leichter als das Roheisen ist, damit oben schwimmt und einfach vom übrigen Material getrennt werden kann. Es folgt noch einmal eine geringe Menge an Roheisen, dann kann der Ofen mit der feuerfesten „Stopfmasse" wieder verschlossen werden. Früher geschah dies, wie beim Abstich, noch per Hand; heute wird es mit Hilfe der „Stichlochstopfmaschine" durchgeführt. Das Roheisen wurde im Meidericher Werk ab 1954 über das Endlosförderband der „Masselgießanlage" in die Formen abgekippt, die mit Wasser gekühlt wurden. Die fertigen Masseln fielen daraufhin in bereitstehende Eisenbahnwagen. Auch beim Abguß des Ferromangans wurde der zunächst praktizierte Kokillenabguß in der Gießhalle durch die Ferromanganabgußanlage ersetzt, welche in der Nähe der Anlagen der Masselgießmaschine errichtet wurde.

# 4. Der Arbeitsalltag der Beschäftigten im Meidericher Hüttenwerk

## 4.1 Arbeit in Produktion und Erhaltung

Arbeit an einem Hochofen, etwa an einem der Hochöfen des Meidericher Werkes, hieß in den fünfziger Jahren Arbeit unter extremer körperlicher Belastung. Lief der Hochofen ohne Zwischenfall, konnten die am Hochofen beschäftigten Schmelzer, die mit der Kühlung des Hochofens vertrauten Wassermänner und die mit der Beschickung des Ofens Beauftragten einen relativ ruhigen Tag verbringen.

Oftmals passierte aber ein Zwischenfall, der einen geregelten Ablauf nicht mehr zuließ. „Es läuft nicht immer so, wie es sein soll. Es gibt halt mal, daß der Ofen schlechter geht, daß er knapp wurde … Es war manchmal hart."[17] Damit begannen die Strapazen für die Arbeiter. Es gab Durchbrüche, bei denen das Eisen aus der falschen Decke herauslief und entfernt werden mußte. Die Erze waren früher häufig von schlechter Qualität. Sie hatten einen geringen Eisenanteil und enthielten Stoffe, die in aufwendigen Verfahren aus dem Erz entfernt werden mußten. Die Möllerung war dementsprechend schwierig. Der Arbeiter am Ofen mußte immer auf Störungen vorbereitet sein. „Wir hatten mal einen Bleiabstich, als wir bleihaltige Erze gefahren haben am Ofen 4, da lief die Brühe in die Gleise rein und Blei kann man nicht so einfach wegsprengen, das mußte man mit einem Preßluftspaten alles entfernen. Das war so das Tagesgeschäft."[18] In kürzester Zeit mußten bei Produktionsstörungen die Schäden beseitigt werden. Dazu wurden oftmals Arbeiter aus anderen Bereichen des Hüttenwerks hinzugezogen, weil die Hochofenmannschaft allein nicht in der Lage gewesen wäre, die Schäden in einer Zeit zu beseitigen, die

*Abb. 3: Ein Hochofenabstich Mitte der fünfziger Jahre (Archiv der ThyssenKrupp AG)*

die Betriebsleitung für ausreichend hielt. Mußte der Ofen wegen aufwendiger Reparaturmaßnahmen „heruntergeblasen" werden, so bedeutete das unter Umständen einen Ausfall der Produktion von mehreren Tagen.

Innerhalb einer Schicht waren drei Abstiche des Ofens üblich. Mit einem Drei-Schichtbetrieb wurden so neun Abstiche an einem Tag möglich. Das Werk stand niemals still, es sei denn, ein Zwischenfall erzwang den Still-stand. Produziert wurde nach Plan vierundzwanzig Stunden am Tag, sieben Tage die Woche. Ein Abstich lief in der Regel eine dreiviertel Stunde, wobei die Dauer von der Größe des Abstichloches abhängig war. Je nachdem, wie sich die Bohrmaschine durch die feuerfeste Stopfmasse des Abstichberei-ches bohrte, war das Loch größer oder kleiner. Manchmal war das Material auch so hart, daß sich dadurch der Abstich verzögerte. Darauf folgte die so-genannte „Feuerpause", welche etwa zwanzig Minuten dauerte. In diesen zwanzig Minuten konnten die Arbeiter auch essen, eine längere Pause für ein Essen gab es nicht. Nach der Pause wurde alles für den nächsten Abstich vorbereitet. Wenn man sich beeilte – das hing davon ab, „wie die Leute zu-

*Abb. 4: Die Wassermänner von Hochofen 3 im Pausenraum (1954)*
*(Foto: K. Vogt, Neumünster; Quelle: Geschichtszentrum der DGfI)*

sammengearbeitet haben"[19] –, dann konnte die Pause mitunter um eine halbe Stunde verlängert werden, bis der Oberschmelzer das Kommando zum nächsten Abstich gab. Dieser erfolgte in der Regel etwa ein bis eineinhalb Stunden später.[20] So dauerte ein Abstich insgesamt etwa zwei bis zweieinhalb Stunden.

An den alten Öfen gab es bis Anfang der fünfziger Jahre hinten noch zusätzlich den Schlackenabstich.[21] Auch bei diesem Abstich ging nicht immer alles glatt: „...Vor allem hier bei dem Manganofen. Da schoß die Schlacke überall, nur nicht da, wo sie laufen sollte."[22] Die Schlacke war kein reines Abfallprodukt. Sie wurde vielfältig weiterverwendet. Aus ihr wurde, wie ein Arbeiter schildert,

*„Schlammsand gemacht, nicht? Und da ging von den alten, unten am Schlackenloch gingen Rinnen raus, und wenn die Schlacke jetzt in die Rinne hineinkommt, wurde die mit Wasser sofort abgelöscht. Und dann lief das über die Rinne rein in den Schlackensandbunker rein. Aber der war auch mit Wasser gefüllt. Und da haben wir die Wischer immer, wir haben ja da so große Siebe vorgehabt, und dann mit Wischern, Auswischern, haben wir die Siebe immer abgewischt, damit das Wasser abfließen konnte ... Und über diesen Bunkern war ein Kran mit einem Greifer, der hatte kleine Löcher gehabt, der hat den Schlammsand herausgeholt, da lief das Wasser ab und hat das verladen in die Waggons hinein."*[23]

Vornehmlich wurde der Schlackensand als Baumaterial verwendet, sehr häufig im Straßenbau. Die in Schlackenbetten erstarrte Schlacke wurde gebrochen und zu Schotter und Splitt für den Straßen-, aber auch den Gleis- oder Betonbau verarbeitet. Ebenso erzeugte man daraus Pflaster- und Mauersteine. Die Schlacke wurde aber auch als Hochofenzement wiederverwertet. Je nach Zusammensetzung fand die Schlacke auch andere Anwendung. Durch die Weiterverarbeitung zum Hüttenkalk konnte sie etwa als Düngemittel eingesetzt werden.

Der Abstich wurde durch die Einführung der Stichlochbohrmaschine wesentlich erleichtert. Auch die Stichlochstopfmaschine gehört zu den mechanischen Hilfsmitteln, die die Arbeit am Ofen leichter machten. Dennoch änderten sie nichts an der Tatsache, daß ein großer Teil der Arbeit weiterhin von Hand verrichtet werden mußte.[24]

Ebenso wurde auf der Gicht, also oben auf dem Ofen, noch alles von Hand aus betrieben, und das bei jedem Wetter. Mit der Modernisierung der Aufzüge an den Öfen wurde die Arbeit von Hand allerdings beendet. Die Beladung der neu eingesetzten „skip" oder „hunt" erfolgte von da an automatisch. Ein

Arbeiter, der die Loren noch selber beladen hatte, beschrieb den Vorgang einmal wie folgt:

> *„… wenn man Erz mit einer Schaufel hochhebt und man hat eine Schaufel voll Erz, dann ist man nicht in der Lage, die hochzuheben; Erz ist unheimlich schwer. Ja, wenn einer mit der Schaufel Erz macht, dann nimmt er meistens nur die Hälfte der Schaufel. Wenn die Schaufel voll ist, dann würde ich mal so schätzen, das so 30, 35 kg auf der Schaufel sind."* [25]

Bedenkt man nun, daß eine Hochofenladung mehrere hundert Tonnen Erze und je nach der gewünschten Eisensorte verschiedene andere Materialien beinhalten konnte, wird rasch ersichtlich, welchen körperlichen Anstrengungen die Leute in der Möllerung ausgesetzt waren. Ähnlich erging es denen, die die Erze per Hand in den Fülltrichter des Ofens schütten mußten. In der Möllerung litten die Leute auch unter dem Staub, den die Absiebungen erzeugten. Blies der Wind in eine bestimmte Richtung, wurde der Staub so aufgewirbelt, daß kein Arbeiter mehr vernünftig arbeiten konnte. [26] Ansporn für die Arbeit in der Möllerung waren aber die Ladungsprämien, die die Arbeiter nach der Zahl der Ladungen erhielten.

„Echte Knochenarbeit" [27] war auch das Zerschlagen des Eisens und des Ferromangans durch die sogenannten Eisenfahrer. Ein Schlosser, der später Betriebsratsvorsitzender wurde, schildert die Arbeit der Eisenfahrer:

> *„Wenn Sie früher die Menschen so gesehen haben, auf der Halle, die haben ja früher die Öfen losgemacht, dann kamen so 35 oder 40 Tonnen, 60 Tonnen Roheisen raus, das haben sie ja in die Hallen laufen lassen, in die Sandbetten. Vorher haben sie da Formen gemacht, und dann haben sie das abgedeckt, und dann haben sie mit Stangen gebrochen, die Eisenbrecher, in dem Fall. Und das ist ja in dem Fall schwere Arbeit gewesen."* [28]

Die Eisenbrecher mußten die Verbindungsstege der Masselformen mit einem schweren Hammer zerschlagen, um den Abtransport der in den Formen nach dem Erkalten entstandenen Masseln zu ermöglichen. Ab 1951 wurde diese Schwerstarbeit durch die Einführung der Masselgießmaschine erleichtert. Das Roheisen wurde dann über dieser Maschine abgegossen und je nach Sorte gelagert.

Die Hochofenarbeiter hatten, fast ohne Ausnahme, Wechselschicht. Sie wechselten also zwischen Früh-, Mittag- und Nachtschicht hin und her. Bis etwa 1959 wurde selbst am Sonntag zwölf Stunden gearbeitet, bei zirka sechsundfünfzig bis sechzig Wochenstunden: [29] „Damals, wie alles noch im

*Abb. 5: Kurz vor dem Abstich – Hochofenarbeiter mit der Stichlochbohrmaschine 1954 (Archiv der ThyssenKrupp AG)*

*Abb. 6: Arbeit auf der Gichtbühne (Foto: F. Smolarek, Duisburg; Quelle: Geschichtszentrum der DGfI)*

*Abb. 7: Entleeren der Roheisenpfanne in die Masselgießanlage, sechziger und frühe siebziger Jahre (Archiv der ThyssenKrupp AG)*

Handbetrieb war, war ja morgens um 6 Uhr, um 14 Uhr und um 22 Uhr Ablö-
sung."[30] Man arbeitete einen Monat lang durch und hatte nur einen einzigen
Sonntag frei. An diesem freien Sonntag kam man aber aus der Nachtschicht,
so daß dieser freie Sonntag doch nur ein freier Nachmittag war, weil man
montags schon wieder arbeiten ging.[31]

Die Ingenieure hatten ähnliche Arbeitszeiten. Sie fingen um 7 Uhr an und
arbeiteten bei Tagschicht bis 19 Uhr. Bei Schichtbetrieb wurde um 15 Uhr
und um 23 Uhr gewechselt. Die Nachtschicht fing bei den Ingenieuren um 19
Uhr an, auch an Feiertagen.[32]

Mit der Einführung des Vier-Schicht-Betriebs wurde die Belastung etwas
verringert. Es gab dann schon einmal zwei oder drei freie Tage. Dennoch
blieb die Anstrengung fast unverändert: „Vor allen Dingen Galoppschicht; sie
sind abends von der Mittagschicht morgens auf die Frühschicht gegangen.
Wenn es schlecht war, dann sind sie hier um 22.30 Uhr weggefahren, dann
waren sie um 23.00 Uhr zu Hause, und um 4.30 Uhr mußten sie schon wieder
raus. Das war schon manchmal hart."[33] Ein gelernter Schlosser erinnert sich
daran, wie sich die Situation ehemals darstellte und was sich durch die zusätzliche Schicht veränderte:

> *„Es wurde zuerst besser mit der vierten Schicht. Da hatte dann immer eine
> Schicht frei. Da hat ja keiner frei gehabt vorher. Und nachher außer der
> Reihe, wenn sie den einen Tag frei hatten, das hat sich ja jeden Monat um
> einen Tag verschoben. Wenn sie jetzt Nachtschicht haben, sind dienstags
> auf Nachtschicht angefangen, dann haben sie mittwochs frei gehabt. Jetzt
> mußten sie mittwochs zu Hause bleiben und donnerstags wieder auf
> Nachtschicht ... da wußten sie gar nicht, was sie machen sollten. Oder
> wenn der freie Tag jetzt noch weiter rein fiel, vielleicht am Freitag, dann
> hat man schon zwei Tage weggehabt oder drei Tage, dann hat man einen
> Tag frei gehabt, und dann wieder drei Tage machen. Das war schon ein
> hartes Los ... Nachher war das schöner mit den freien Tagen, die sie dann
> hatten. Das war ja dann auch geregelt. Wenn sie einmal donnerstags,
> dann haben sie freitags frei gehabt, dann sind sie samstags auf Früh-
> schicht, sieben Tage auf Frühschicht, Freitagmittag bis Dienstagabend,
> dann waren das praktisch schon vier Tage; dann gingen sie sieben Tage
> auf Nachtschicht, und haben dann wieder Dienstag und Mittwoch frei ge-
> habt, und Donnerstag auf Mittagschicht. Das war schön. Aber wir haben
> immer drei Sonntage gearbeitet und nur einen Sonntag frei."[34]

Grundlage für die Verbesserung der Wechselschichtbedingungen war die
Einführung des sogenannten „Sieben-Wochen-Turnus".[35] Die Unregelmäßig-

keit des Schichtwechsels war damit weitgehend beseitigt worden. Die Planung der Arbeiter für die freien Tage wurde somit vereinfacht.

Dennoch war und blieb die Wechselschicht nach Aussage der Arbeiter die größte physische Anstrengung ihres Berufes, aber, und das auch in besonderem Maße, die größte Belastung für ihr Privatleben. Schlaf- und Eßstörungen waren keine Seltenheit. Ein ehemaliger Oberschmelzer berichtet:

> *„Die Nachtschicht fällt einem sehr schwer … Schlafstörungen … Weil der Körper kann sich nie ganz an den Turnus gewöhnen. Nach vier Tagen, sagen wir mal die vierte Schicht, ob Frühschicht, da wird man auch schon von alleine wach. Ab der vierten Nachtschicht kann man auch schon besser schlafen. Und schläft man einmal richtig, dann ist die sechste, siebte Schicht, dann müssen sie schon wieder wechseln. Dann muß der Körper sich schon wieder umstellen. Das sind ja auch andere Eßgewohnheiten, andere Schlafgewohnheiten. Das ist das schwerste. Das allerschwerste für mich, das ist die Wechselschicht. Das ist das Gravierendste an der ganzen Sache. Die schlaucht.“*[36]

Wer zwölf Stunden arbeitete und sich einige Stunden zur Erholung zu Hause schlafen legen mußte, konnte oft nicht an den üblichen Freizeitbeschäftigungen teilnehmen. Die meisten Arbeiter waren sonntags nur selten im Kreise ihrer Familie, da ihre Schicht ohne Rücksicht auf Wochen- und Feiertage kontinuierlich weiterlief.

## 4.2 Arbeit außerhalb des Hochofenbereichs

Ein Hochofenbetrieb erforderte auch Arbeit außerhalb der direkten Umgebung der Öfen. Dazu gehörten die „Energieerzeugung", die Werkstätten, die Labors, die Meßwarten, der Werksverkehr, Abwasserkläranlagen – auch Verwaltung und Reinigung, die hier allerdings nicht berücksichtigt werden. Wie diese Arbeit aussah, soll im folgenden anhand einiger Beispiele geschildert werden.

Die Kraftzentrale („Gaszentrale"), die die Energie für den Betrieb erzeugte, spürte man zu jeder Zeit im Betrieb. Der stampfende Rhythmus der Maschinen ist allen Arbeitern – und auch den Anwohnern – in Erinnerung geblieben. Immer wieder genannt wird die Sauberkeit dieses Bereichs, in dem man förmlich „vom Fußboden essen"[37] konnte. Diejenigen Arbeiter, die mit unterschiedlichen Reparaturen beauftragt waren, heben aber eher die schwierigen Arbeitsbedingungen hervor. So weiß ein Schlosser aus dem Erhaltungsbetrieb über die Arbeit in der Kraftzentrale folgendes zu berichten:

*„Da waren große Maschinen, Dynamomaschinen und sechs Gebläsema-
schinen. Viele Reparaturen fielen an. Eine Maschine ... wurde überholt
oder dergleichen, und das war sehr, sehr heiß da. Wenn man da reinkam,
das sah so schön aus, alles ... Fliesen und schön saubergehalten, aber
wenn man die Kehrseite gesehen hat, dann sah es ganz anders aus. Wenn
man die Leute gesehen hat, die da früher gearbeitet haben, früher gab es
ja keine Helme ... und wir bekamen keine Handschuhe und gar nichts. In
den Schmier und Dreck mußten wir rein. Das war nicht angenehm."* [38]

Einem Besucher heute wird sich womöglich durch den Anblick der gefliesten
Wände der Eindruck einprägen, in diesem Teil des Betriebes sei es geordne-
ter, für den Arbeiter leichter zugegangen, da die äußeren Bedingungen der
Arbeit einfacher als etwa direkt am Hochofen erscheinen. Erst der Hinweis
dieses Arbeiters oder anderer Ehemaliger wie des nachfolgend zitierten
Schlossers, der seinen ersten Arbeitstag als Fünfzehnjähriger während seiner Ausbildung im Hüttenbetrieb im Sommer 1952 beschreibt, rückt diesen
schiefen Eindruck wieder gerade.

*„ ... der Chef des Maschinenbetriebs hatte die Lehrlinge um sich versam-
melt und frug dann, wer interessiert sich für Verbrennungsmaschinen ...
Zwei Mann hoben die Hand, ich auch, ja, dann geht ihr mal dahin in die
Kraftzentrale, hieß es dann. Wir wußten natürlich nicht, was uns da erwartete. Diese riesige Halle mit den riesigen Maschinen, echte Knochenarbeit war das für die Schlosser."* [39]

Ein Schlosser, der in einem anderen Betriebsteil beschäftigt war, empfand
die Gaszentrale als den schlimmsten Arbeitsplatz im Hüttenbetrieb:

*„Da waren ja so früher Gas- und Dynamomaschinen ... Ich habe das im-
mer als schlechten Arbeitsplatz angesehen, ne? Es lag immer so dieser Ge-
ruch des Gases drin und die Hitze, in dem Sinne, so konstant, und es hat
nach Öl gerochen, also es war nicht schön gewesen ... Ich, ich persönlich
hätte da nicht gearbeitet, da bin ich ganz ehrlich."* [40]

Die Anlage bestand jedoch nicht nur aus Hochöfen, Sinteranlage und Kraftzentrale. Insgesamt dehnte sich der Betrieb auf einer Fläche von über hundert Hektar aus. Straßen, Brücken, Verbindungswege waren nötig.

*„ ... der Hüttenbetrieb war an und für sich ... ein sauberer Betrieb. Die
Wege waren gut, es war ziemlich gepflastert, es war, wollen wir mal sagen, nicht so wie ein Stahlwerk aus dem vorigen Jahrhundert in dem Falle. Es war alles zivilisiert. Es waren Untergänge unter den Straßen,*

*Abb. 8: Krafthaus oder Kraftzentrale (1953) (Archiv der ThyssenKrupp AG)*

*Abb. 9: Die Dampfgebläse-Zentrale in Meiderich – eine technische Rarität (Archiv der ThyssenKrupp AG)*

*Übergänge, die waren mit Ampeln versehen, also mit anderen Worten, ...*
*arbeitstechnisch und arbeitssicherheitsmäßig wurde sehr viel getan.* " [41]

Tatsächlich war das Gelände von einem dichten Straßennetz überzogen. Den
Arbeitern, die im Reparaturfall einmal zu jenem, dann zu einem anderen Be-
triebsbereich geschickt wurden, war es bestens vertraut.

Jemand, der sich ständig auf dem gesamten Gelände hin- und herbewegte,
konnte die Veränderungen der Anlagen wie auch die Arbeitsbedingungen in
den verschiedenen Bereichen verfolgen. Ein ehemaliger Betriebsratsvorsitzender beschreibt die Veränderungen, die durch die Modernisierungs- und
Rationalisierungsmaßnahmen seit Mitte der sechziger Jahre eintraten, mit
folgenden Worten:

*„ ... aber eins muß man denen ja lassen, den Unternehmern: Die Produkti-*
*on ist gestiegen, in dem Sinne, also meiner Meinung nach auch die Gewin-*
*ne, in dem Falle. Aber die Leute sind weniger geworden ... es ist eine*

*Abb. 10: Blick von Südosten auf den Hüttenbetrieb (ca. 1952) (Archiv der Thys-*
*senKrupp AG)*

33

*Arbeitsverdichtung ... Also, wenn der Mann dann morgens anfängt um zehn nach sechs, dann arbeitet der bis fünf vor zwei, ne? Und früher gab es dann irgendwie, die Maschinen waren ja nicht so intakt, es gab dann Stillstände in dem Falle und dann Wartungen, dann kamen die Handwerker. Also, es war, wenn man das so nimmt, wollen mal sagen, das sehe ich so aus meiner Sicht, ruhiger in dem Falle. Nicht, daß sie nichts geleistet haben in ihrer Art auch. Die waren tüchtig und motiviert. Motiviert waren sie allemal. Sie können ja nicht einen hinschicken, der nie von Tuten und Blasen keine Ahnung hat. Und die Qualifikation früher war, meine ich, nicht jetzt, wollen mal sagen, jetzt mit Computern, so ist das ja alles besser in dem Falle, aber so mechanisch, elektrisch, die Leute waren besser ausgebildet ... Es gibt doch ein einfaches System: Wenn der aus der Lehre kommt oder aus der Ausbildung, ging er zwei Jahre oder drei Jahre mit den alten, mit den alten Strategen mit im Handwerksbereich. Und dann hat er ja, wenn er nicht ganz dumm war, die Sache intus. Und das ist ja wohl heute nicht mehr so, ne? Da schmeißen sie den jungen Mann ins kalte Wasser.“* [42]

Deutlich wird die Veränderung des Arbeitsalltages geschildert. Der Übergang von Handarbeit und Handwerk zu computergesteuerten Verfahren geht nach solchen Schilderungen mit dem Verlust einer bestimmten Qualität der Arbeit einher. Die Arbeit war zwar nun körperlich weniger anstrengend, sie fand aber in einem Rahmen statt, in dem sich das Verhältnis der Beschäftigten zueinander tiefgreifend gewandelt hatte. Kollegialität und persönliche Erfahrungen, die von einem Hüttenwerker auf den anderen übertragen wurden, nahmen zusehends ab. Weniger und dafür spezialisiertere Arbeitsplätze bedeuteten einen Verlust an Kommunikation. Die Chancen nahmen ab, einen Berufsanfänger noch durch enge, persönliche Betreuung integrieren zu können. In der obigen Äußerung tritt eine Skepsis vor neuen Technologien hervor, die Befürchtung, die handwerklichen Fähigkeiten könnten verlorengehen, die Berufsanfänger überfordert werden, weil die Phase ihrer Einarbeitung verkürzt wird.

## 4.3  Gefahren der Arbeit und Unfälle

Die Arbeit war immer von den Gefahren des Hochofenbetriebs begleitet: Verbrennungen, Vergiftungen, Schnittwunden und andere Verletzungen waren keine Seltenheit. Besonders die Schmelzer, die direkt am Abstich des Hochofens arbeiteten, erlitten immer wieder Verbrennungen, da der Eisenabstich oft nicht in geregelten Bahnen ablief. Immer wieder mußten sie mit einigen

Spritzern rechnen: „Verbrennungen, sagen wir mal so, es war schon eine alltäglicher Sache ... Es gab auch welche, die hatten kleinere Verbrennungen, da wurde durchgearbeitet, da wurde nicht unbedingt ein Krankenschein genommen."[43] Mit zunehmender Dauer der Beschäftigung am Ofen stieg auch der Grad der Abhärtung.

Es kam aber vor, daß ein Arbeiter schwere Verbrennungen davontrug. Zum einen lag dies an der in den fünfziger Jahren noch dürftigen Schutzkleidung, zum anderen an der Unachtsamkeit des Arbeiters selbst. Damals bestand die einzige Schutzkleidung gerade einmal aus einem Paar Holzschuhen (Klompen), die der Arbeiter sich von seinem Lohn selbst kaufen mußte. Um diese Schuhe wiederum zu schützen, befestigten einige Arbeiter Pappelhölzer unter ihren Schuhsohlen, zumal mit den Klompen auch über das glühende Eisen gelaufen werden mußte.[44] An den Händen, manchmal auch an den Füßen über den Schuhen, trugen einige von ihnen Jutesäckchen. Diese fingen bei leichten Spritzern nicht so schnell Feuer und ließen sich außerdem durch eine schnelle Bewegung wegschleudern. Mit einem einfachen Arbeitshandschuh wäre dies nicht möglich gewesen. Auch von den Schuhen konnte man durch eine ruckartige Bewegung die Jutesäckchen schnell entfernen, um zu verhindern, daß der heiße Eisenspritzer sich durch den Schuh brannte. Der Kopf wurde nicht mit einem Helm, sondern mit einem Schlapphut so gut es ging geschützt.[45] Er war Sicht- und Hitzeschutz zugleich. Darüber hinaus deckte er beim Abstich den Nacken vor den Funken ab. Sonst trug der Arbeiter einfache Kleidung, Arbeitshemd und Arbeitshose, die keinen besonderen Schutz boten. Einige Arbeiter trugen auch Schutzbrillen, zunächst noch eine Einzelerscheinung: „Als ich die Lehre zu Ende hatte 1954, da war auch noch nichts mit Arbeitssicherheit, Sicherheitsschuhe und Brillen, das gab es einfach nicht. Kollegen, die am Ofen arbeiteten, wenn die oben ihre Hängelore kippten in den Fülltrichter, da trug keiner ein Gasschutzgerät, [sondern] die Klamotten von Zuhause."[46]

Ebenso wie die Verbrennungsgefahr bestand für den Hochofenarbeiter zu jeder Zeit die Gasgefahr. Die austretenden Gichtgase waren so gefährlich, daß schon in den fünfziger Jahren festgelegt wurde, die Arbeit in den Gefahrenzonen sei von wenigstens zwei Leuten durchzuführen. Ein Arbeiter mußte hinter dem eigentlich Tätigen stehen, um dessen körperliche Reaktionen zu beobachten und zu beurteilen. Nach Schilderungen der Interviewten wurde diese Vorschrift durchaus mißachtet, was dazu führte, daß plötzlich und zunächst unbemerkt Arbeiter zusammenbrachen, da man das Gas nicht riechen konnte. Nur wer rechtzeitig gefunden wurde, entging dem Tod. Gasdetektoren, die auf die erhöhte Gefahr hingewiesen hätten, gab es in jenen Jah-

*Abb. 11: Mit Schlapphut und Klompen beim Hochofenabstich (1953)*
*(Archiv der ThyssenKrupp AG)*

ren noch nicht. Sobald der „Aufpasser" zum Beispiel bemerkte, daß einer seiner Kollegen mit den Knien leicht zu zittern begann, holte er ihn vom Arbeitsplatz. Zur Sicherheit mußte sich dieser vom Ofen entfernen und an der „frischen" Luft ein paar Minuten erholen. Zwar erlitten nur wenige durch Gas den Tod, doch hatte praktisch jeder, der am Ofen und in der Sinterei arbeitete, wenigstens einmal während seiner Arbeitsjahre einen Gasunfall: „Zweimal war ich gasvergiftet ... Ja, die haben mir Sauerstoff da sofort gegeben, aber einmal haben sie mich gar nicht wach gekriegt. Haben mich sofort ... [ins] Hospital gefahren."[47]

Über die Jahre entwickelten die Arbeiter eigene ‚Rezepte', um sich vor dem Gas zu schützen: Unter den Arbeitern wurde etwa ein Getränk als besonders geeignetes Hilfsmittel empfohlen.

> *„Da mußte ich Milch trinken. Das ist nämlich gut, die Milch drückt ... das Gas wieder heraus ... Das haben sie auf der Hütte schon gesagt. Früher schon immer. Wenn Du mal irgendwie am Gas geschnuppert hast, trinke*

*sofort einen Liter Milch. Das war so zu unserem allgemeinen Schutz. Ob das jetzt auch der Wahrheit entspricht, weiß ich nicht ... Die haben ja auch in der Sinteranlage anfangs immer einen halben Liter Milch umsonst gekriegt, nicht?"* [48]

Trotz der allgemeinen Vorsichtsmaßnahmen kam es vor, daß Arbeiter an den Öfen und in der Sinterei zusammenbrachen, weil sie die Gasgefahr nicht bemerkt hatten. Durch Umbaumaßnahmen, welche die Einführung der geschlossenen Beschickung des Ofens und der Gasabsaugung mit sich brachten, nahm die Gasgefahr deutlich ab. Übrigens wurde von da an in der Sinterei auch keine Milch mehr ausgegeben.

Schutzkleidungen und Gasschutzgeräte gab es in der Anfangsphase auch schon, doch war die bessere Ausrüstung oftmals dem Oberschmelzer, manchmal auch dem ersten Schmelzer, vorbehalten.

*„ ... also nicht jeder bekam die Schutzkleidung damals, das war immer so 'ne Hierarchie und dementsprechend war auch die Ausgabe der Schutzkleidung ... diese Schutzkleidung war ja auch unbedingt nötig, wegen der hohen Temperaturen und der Gefahren, die damit verbunden waren, flüssiges Roheisen usw. ... Schutzkleidung, das waren Helme, Atemschutzgeräte, Staubmasken hauptsächlich und feuerfeste Kleidung und alles was dazu gehört. Je mehr man hatte, desto besser war man auch gegenüber den hohen Temperaturen geschützt ... Das war Pflicht, wer sie hatte, der mußte sie auch anziehen, und damals hatte sie nur der erste Schmelzer, sag ich mal, und die anderen noch nicht. Anfang der sechziger Jahre bekamen alle die Kleidung, und jeder war froh, daß er sie hatte, und hat sie dementsprechend auch getragen, zur eigenen Sicherheit."* [49]

Bekannt war, daß die Gefährdung der Arbeiter wegen der unzureichenden Schutzmaßnahmen nicht so weit verringert war, wie es die technischen Möglichkeiten erlaubt hätten. Schutzkleidung wurde zunächst nicht vom Werk gestellt. Der Oberschmelzer erfuhr in der Wahrnehmung der Hochofenschmelzer eine Bevorzugung aufgrund seiner höheren Stellung in der Betriebshierarchie. Erst mit der allgemeinen Einführung von Schutzkleidung konnten die so aufrechterhaltenen Unterschiede von „oben" und „unten" allmählich verschwinden. Teamgeist und gemeinsame Arbeitsleistung standen mehr im Vordergrund: „Das waren Teams, die jahrelang zusammen gearbeitet haben, da ging praktisch einer für den anderen durchs Feuer. Man konnte sich blind auf den anderen verlassen; das war einfach wichtig bei solchen Arbeiten." [50]

Eine andere Unfallursache war eigenes Verschulden. Die Unachtsamkeit auf seiten der Arbeiter, die zu selbstverschuldeten Unfällen führte, hatte viele Ursachen. Einige unterschätzten die Anforderungen ihrer Tätigkeit und hielten es nicht für erforderlich, sich voll und ganz auf den Produktionsprozeß zu konzentrieren. Nicht wenige machten von den bestehenden Schutzmöglichkeiten keinen Gebrauch und ließen Sicherheitsvorkehrungen außer acht, besonders diejenigen, die erst kurze Zeit im Hochofenbetrieb beschäftigt waren: „... wenn man neu ist, ist man doch ein bißchen leichtsinniger usw., das bringt natürlich auch die Erfahrung mit sich, daß man sich besser schützte und mehr aufpaßte vor allen Dingen."[51] Der Interviewte weist auf die Bedeutung der Erfahrung hin, die mit den Jahren eine Gelassenheit bei der Arbeit erzeugte, die nicht mit Trägheit zu verwechseln ist, sondern Geduld, Überlegung und das Vermeiden von überhastetem Handeln zu einem wichtigen Sicherheitsfaktor werden läßt.

Ein großes Problem gerade im Hinblick auf Arbeitssicherheit war auch der Konsum von Alkohol, nicht nur außerhalb, sondern ebenso während der Arbeitszeit. Anfangs war es noch üblich gewesen, in der Werkskantine Bier auszuschenken. Es kam vor, daß einer für die Schicht Bier holen ging. In einigen Fällen wird auch von Schnaps berichtet: „Ich hatte mal Nachtschicht an Silvester, damals gab es noch Alkohol hier, da wurde noch Alkohol getrunken, sagen wir mal so, und ich habe alleine dreizehn Flaschen Schnaps eingesammelt, und morgens habe ich noch einen gefunden, der war betrunken."[52] Vorgesetzte und Betriebsführung sahen sich dann gezwungen, entschiedener dagegen vorzugehen. „Wenn sie dreizehn Flaschen Schnaps eingesammelt haben, und ich hatte mich mit dem Obermeister abgestimmt, der geht hinterher und der holt die gleiche Menge noch mal aus den Schränken raus, da muß man schon einschreiten."[53]

Durch Alkoholkonsum kam es des öfteren zu Unfällen, so daß der Ausschank von Bier in den Kantinen, wie es in den Unterlagen der Werksleitung genau heißt, ab Donnerstag, dem 24. Juli 1952 um zwanzig Uhr, eingestellt wurde.[54] In einer Bekanntmachung vom 15. Oktober 1952 wurden die Maßnahmen verschärft: „Tätlichkeiten und Beleidigungen sowie Trunkenheit innerhalb des Werkes sind untersagt."[55] Hier wurde auf die Tatsache reagiert, daß sich die Arbeiter durchaus über andere Wege den Alkohol beschafft hatten, um ihn im Werk während der Arbeitszeit zu konsumieren. Im Hinblick auf diese Problematik wurde die Erneuerung der Unfallverhütungsvorschriften der „Hütten- und Walzwerks-Berufgenossenschaft" bekanntgemacht.[56]

Die Unachtsamkeit rührte aber nicht nur aus dem Alkoholkonsum der Arbeiter. Von einer tragischen Geschichte berichtet ein Unfallbeauftragter des

Werkes: Ein Arbeiter auf der Gichtbühne am Hochofen erwartete ungeduldig sein Schichtende, da er am nächsten Tag seinen Urlaub antreten durfte:

> *„Es ist ein Bekannter gewesen ..., der hatte die letzte Schicht, den anderen Tag Urlaub. Da kam der oben von dem Hochofen – früher war es ja so, in den fünfziger Jahren ..., da liefen die Leute rum mit so Loren, zwei Mann, die kippten dann immer Loren um, mit dem Erz und Koks, das wurde von oben beladen – der hatte dann frei, lief die ganzen Treppen runter, und konnte sich nicht halten wegen des ganzen Tempos und flog dann über die Ecke rüber, und war tot. Das war die letzte Schicht vor dem Urlaub, und hat sich dann zu Tode gestürzt.“[57]*

Besonderer Unfallgefahr waren auch die Reparatur- und Wartungsangestellten ausgesetzt. Im Betrieb fielen ständig Reparaturen an, die bei laufenden Maschinen erledigt werden mußten, d.h. daß nur selten alle Maschinen für die Zeit der Reparatur stillstanden. Die Geräuschkulisse der laufenden Maschinen und der von ihnen erzeugte Staub und Dreck erhöhten wiederum die Unfallgefahr. Ein Schlosser berichtet von einem Unfall, der sich aus dem Grund ereignete:

> *„Ja, in manchen Betrieben war ja jetzt viel Dreck, viel Lärm ... [z.B. wenn man] in der Möllerung gearbeitet hat, da hab' ich auch hier den kleinen Finger verloren, ne. Da war soviel Lärm, da haben wir eine Welle, auf einem Schüttelrost, auf einem schrägen, eine Welle, auswechseln müssen, ja und nebenan, die liefen alle. Dabei haben wir dann alles saubergemacht, die neue Welle drauf; und da sagte der Meister, alles klar, die Welle rutschen lassen. Ich war gerade in dem Lager noch, hab' noch mal nachgeguckt, daß da alles sauber ist, und dann kam schon die Welle an; da war der Finger platt. Durch dies, durch den Lärm da.“[58]*

Doch nicht nur die Arbeiter waren erhöhter Unfallgefahr ausgesetzt. Auch in den Labors, die unter anderem auch die Roheisenqualitäten und die Produktionsstoffe untersuchten, gab es viele Gefahrenherde. Unfälle waren aber in den Labors selten; strenge Sicherheitsvorkehrungen sollten dafür Sorge tragen. Dennoch brachte die Arbeit mit giftigen Stoffen genügend Gefährdungen mit sich. In der Kriegs- und Nachkriegszeit waren Methoden üblich, die einem hohen Sicherheitsstandard zu widersprechen scheinen. So schildert etwa ein späterer Abteilungsleiter der Labors einige Vorgehensweisen:

> *„Wir hatten damals auch, wenn wir zum Beispiel Ammoniak abfüllten, dann mußten Sie, dann hatten Sie einen Fünfzig-Liter-Ballon, und dann*

*mußten, dann hatten Sie einen Heber, da mußten Sie reinblasen und dann schnell zumachen, damit Sie die Ammoniakwolken ... nicht mit einatmeten. Da kriegten Sie überhaupt keine Luft mehr. Das mußte ich als Lehrling schon machen. Das Gleiche, das gleiche Abfüllen war aus Salzsäureballons, Salzsäureblasen. Da war ein Gummischlauch und dann hatten Sie einen Heber, reinblasen, bis der richtige Druck, dann sofort abknicken, damit Sie auch nicht hier das Chlor mit einatmeten ... Irgendwie haben Sie immer etwas mitgekriegt ... Damals war das ganz normal, es war ganz normal, hat sich keiner etwas bei gedacht ... Ich kann mich an Unfälle nicht erinnern. Ich kann mich wohl erinnern an, an Selbstmord. Da hat auch einer von den Älteren schon, der hatte sich ... mit Schwefelwasserstoff vergiftet. Und dann viel, viel später jetzt, wenn ich jetzt einen großen Sprung noch einmal, in den 1970er Jahren hat ein Kollege sich am Kalium [vergiftet] ... Aber so an Unfälle, nein, kann ich mich nicht erinnern ... Man muß jetzt sehen, daß wir hier eben mit Salzsäure, mit Schwefelsäure, mit Salpetersäure und hier in rauhen Mengen gearbeitet haben ... nicht? Und alles mußte kochen und brodeln und abdampfen und abrauchen ... Es war schon gefährlich, auch bei den Frauen, die damals da waren, kann ich mich auch nicht erinnern, daß da irgendwie ein Unfall passiert ist."* [59]

Es ist doch etwas verwunderlich, daß keine Unfälle geschehen sein sollen, obwohl doch mit z.T. hochgiftigen Stoffen vergleichsweise leichtsinnig umgegangen wurde. Das galt allerdings zu der Zeit als „normal" und rief weder bei der Laborleitung noch bei den Beschäftigten allzu große Besorgnis hervor. In den fünfziger Jahren wurden diese Arbeitsmethoden allerdings durch sicherere ersetzt.

Insgesamt läßt sich feststellen, daß es im Meidericher Werk nur eine vergleichsweise geringe Zahl von Unfällen gab. Hervorzuheben ist dabei die Aufmerksamkeit, die ein Arbeiter seinem Kollegen entgegenbrachte. Der Teamgeist verhinderte weitere Unfälle. Mit der Bereitstellung von Schutzkleidung für alle Schmelzer wurde dann ein entscheidender Schritt zur Verbesserung der Arbeitssicherheit allgemein getan.

## 4.4 Sicherheitsmaßnahmen

In den vier Jahrzehnten vor der Stillegung wurde eine Reihe von Maßnahmen umgesetzt, die die Sicherheit und Absicherung der Beschäftigten erhöhen sollte.

Schon in den ersten Nachkriegsjahren sorgte etwa der neue Betriebsrat im Meidericher Hüttenwerk für die Einführung einer Unfallversicherung, die verpflichtend für alle Hüttenbetriebler war. Durch die Mitgliedschaft in der „Hütten- und Walzwerks-Berufsgenossenschaft" war ein Sicherheitsmindestmaß im Werk gewährleistet und die Unfallversicherungspflicht für den Arbeitgeber verbindlich festgelegt. Die Berufsgenossenschaft sorgte für die ständige Verbesserung der Sicherheit im Arbeitsprozeß. Ihrer Zusammenarbeit mit Arbeitgebern wie Arbeitnehmern ist eine besondere Stellung für die soziale Sicherung der Arbeitnehmer zuzuweisen. Durch das „Selbstverwaltungsgesetz" vom 22. Februar 1951 und die Novelle des „Sozialgerichtsgesetzes" vom 22. Mai 1953 wurden die Struktur und die Befugnisse der Berufsgenossenschaft gesichert und erweitert. Mit dem „Unfallversicherungs-Neuregelungsgesetz" konnten die Versicherungsleistungen ab 1965 deutlich verbessert werden. Damit war die Handlungs- und Sanktionsfähigkeit der Berufsgenossenschaften gestärkt.

Kennzeichnend ist ihre enge Zusammenarbeit mit der Werksleitung. Schon früh gab die Betriebsführung den Forderungen nach, so daß die Sicherheitsstandards auch eingehalten wurden. Dies ist zum einen dadurch zu erklären, daß bei niedrigen Unfallzahlen zugleich die Kosten der Betriebsführung sanken, da die Versicherungsbeiträge zurückgezahlt wurden, was schließlich zu einer Kürzung der gesamten Beiträge führen konnte. Zum anderen sah der Arbeitgeber auch die schlichte Notwendigkeit der Schutzmaßnahmen ein, „die Betriebe kriegten von ganz oben auch dann Druck … Da haben die nachher wohl drauf geachtet, von selbst schon, das alles ziemlich sicher war."[60] Die Meister in der jeweiligen Schicht wurden von der Unternehmensleitung angehalten, besonders auf die Einhaltung der Sicherheitsvorschriften zu achten.[61]

Allen Arbeitern wurde vom Werk die Schutzbekleidung gestellt, nicht mehr nur dem Oberschmelzer oder ersten Schmelzer. Die entsprechende Kleidung bestand aus Jacke, Hose, Helm mit Sicht- und Nackenschutz sowie speziellen Arbeitshandschuhen. Die Anzüge waren zunächst aus Asbest. Die Hosen waren so steif, daß man sie einfach auf den Boden stellen konnte, ohne daß sie in sich zusammenfielen. Die Arbeiter waren zwar dadurch enorm in ihrer Bewegungsfreiheit eingeschränkt, doch überwogen für sie die Vorzüge des größeren Schutzes. Mit der Erkenntnis, daß Asbest schwer krebserregend ist, wurden später alle Asbestmaterialien aus den Sicherheitsanzügen durch modernere Materialien ersetzt. Das Material wurde zunächst vom Unternehmen selbst getestet. Ein Sicherheitsbeauftragter berichtet:

*„ ... meine Aufgabe war, bei der Thyssen Stahl AG die entsprechenden Sachen zu koordinieren; Asbest-Ersatzstoffe zu erproben und im Rahmen dessen wurden auch Körperschutzartikel, die ja vorher auch aus Asbest hergestellt worden sind, zum Beispiel Schmelzermäntel oder Handschuhe, wurden durch andere Stoffe ersetzt; und bevor man diese Sachen natürlich im Betrieb einsetzt, müssen die Sachen erprobt werden, und es waren ja einige Materialien, die im Betrieb eingesetzt werden mußten, ... zum Beispiel im Stahlwerk, oder Hochofen und hier wurden dann entsprechende Schutzartikel aus den verschiedensten Stoffen auf der Schmelzbühne getestet."[62]*

Als in den sechziger Jahren die ersten Gastarbeiter in den Meidericher Betrieb kamen, wurden diese unterschiedlich aufgenommen. Die Sprachprobleme stellten ein Hindernis dar.[63] Als man erkannte, daß die Unfälle bei ausländischen Mitarbeitern im Verhältnis gesehen zunahmen, wurde zunächst für eine zweisprachige Beschilderung gesorgt, die auf die Gefahrenzonen aufmerksam machte. Schließlich wurden auch spezielle Sprachkurse eingerich-

*Abb. 12: Hochofenabstich 1983 (Archiv der ThyssenKrupp AG)*

tet. Das wurde um so dringlicher, als die Zahl der Nationalitäten im Laufe der Anwerbung von immer mehr Gastarbeitern zunahm:[64]

*„Man hat diese Leute alle zu Kursen geschickt, damit sie erst mal deutsch lernten, das [Sprachproblem] war ja das größte Problem überhaupt ... dann ist ja immer ein gewisser Druck da, man mußte nicht nur auf sich selber aufpassen, man mußte auch auf die Andern mit aufpassen ... und vor allem dann Sprachschwierigkeiten sind ja schon große Probleme."*[65]

In dieser Äußerung zeigt sich die Bemühung, den Gastarbeitern möglichst entgegenzukommen. Deutlich wird zudem, daß die Verständigungsschwierigkeiten zusätzliche Anstrengungen und Wachsamkeit aller Arbeitenden erforderten. Zu den Anstrengungen zugunsten aller Beschäftigten gehörte unter anderem die Bildung eines sogenannten Sicherheitsausschusses, der aus Sicherheitsbeauftragten und Vertretern der Betriebsleitung bestand. Dieser sollte sich mit den Fragen der Beschilderung, Anbringung von Hinweistafeln, der Optimierung von Schutzkleidung und technischen Verbesserungen auseinandersetzen. Als es dem Ausschuß nicht gelang, die Unfallzahlen weiter zu senken, mehrte sich die Kritik an seiner Arbeitsweise. Dabei darf nicht unbeachtet bleiben, daß sich die Unfallzahlen schon auf einem niedrigen Niveau befanden. Ein Hüttenwerker engagierte sich Ende der siebziger Jahre besonders:

*„Der ganze lahme Haufen war aber sozusagen eingeschlafen. Es kamen keine vernünftigen Vorschläge mehr, die Unfallzahlen waren nicht weiter mehr zu beeinflussen. Nach dem Streik habe ich gesagt, ... da kommt ja doch nichts bei rum, ich mache das jetzt anders. Und dann habe ich mich kurz vorbereitet, habe mir die Unfälle der letzten drei Monate in Kurzfassung geben lassen, ohne Nennung von Namen, und habe die hier kurz vorgelesen nach der Frühstückspause."*[66]

Die Aktion dieses Hüttenwerkers bewegte tatsächlich etwas, veränderte die Einstellung der Belegschaft. Die Unfälle wurden daraufhin diskutiert, wobei mögliche Veränderungen vorgeschlagen und in ihrer Durchsetzbarkeit überprüft wurden. Der Hinweis darauf, daß viele Unfälle selbstverschuldet waren, löste Betroffenheit aus und erhöhte die eigene Wachsamkeit um die eigene Person und die Kollegen, so daß die Unfallzahlen nach Aussagen des Interviewten noch einmal gesenkt werden konnten. Die Sicherheitsbeauftragten des Ausschusses waren seiner Meinung nach „betriebsfremd" geworden. Sie konzentrierten sich zu sehr auf die Schwachpunkte in den Anlagen und ließen seiner Ansicht nach die Gefahren, die von den Arbeitern selbst verursacht werden konnten und wurden, völlig außer acht.

## 4.5  Werkswohnungen und Heime: Ein Beispiel für die Sozialpolitik des Unternehmens

Zur Frage der Maßnahmen des Unternehmens für die Unterbringung der Beschäftigten muß der Blick noch einmal auf die frühe Nachkriegszeit gerichtet werden.

Als sich die wirtschaftliche Lage in Westdeutschland nach dem Weltkrieg stabilisiert hatte, führten die Betriebe wieder verstärkt Sozialmaßnahmen durch. Zu diesen Maßnahmen zählte der Werkswohnungsbau, die Schaffung von Fortbildungsmöglichkeiten, die Einrichtung von Erholungsheimen sowie die Organisation und Durchführung von Urlaubsreisen für die Arbeiter. Auf Antrag bekam fast jeder Arbeiter des Hüttenwerkes eine Werkswohnung zugeteilt, wie sie vornehmlich für die Betriebsangehörigen gebaut worden waren. In der frühen Nachkriegszeit gelang es durch den Werkswohnungsbau, einen Teil der allgemeinen Wohnungsnot zu lindern. So errichtete die „Hüttenwerke Ruhrort-Meiderich AG" im Zeitraum von 1949 bis 1951 1.035 Wohneinheiten,[67] die auch den Meiericher Arbeitern zugute kamen. Darüber hinaus wurde für die Unterbringung junger Arbeiter gesorgt, die in sogenannten „Ledigenheimen" ein vorübergehendes Domizil fanden, bis ihnen eine Wohnung zugeteilt werden konnte oder ihr Anspruch auf eine größere Wohnung nach Gründung einer Familie nachgekommen werden mußte. Mit der Anwerbung von Gastarbeitern war auch deren Bedarf an Wohnraum zu berücksichtigen.

Mit dem Werkswohnungsbau veränderte sich auch das Gesicht des Duisburger Nordens. Ein Schlosser faßt die von ihm wahrgenommenen Veränderungen zusammen:

> „Und hier, wo jetzt, [in] Röttgersbach die Häuser stehen, in Walsum genauso, in dem Sinne, da standen doch früher keine Häuser ... da waren doch nur Felder gewesen, da war doch nichts gewesen ... das ist doch alles erst nach dem Krieg entstanden, durch die Thyssen bauen und wohnen mit dem Siedlungsproblem. Und mit dem Bergbau, der hat natürlich auch gebaut ..."[68]

So verdichtete sich die Besiedelung um die Werksanlagen herum, neue Wohngebiete wurden erschlossen, um den Beschäftigten in der Nähe des Betriebes eine Wohnung zu bieten. Ein Arbeiter, der 1963 eine Werkswohnung bekam, schildert den besonderen Wert: „Ja, das war ein Vorteil ... Das war immer mein Bestreben, nicht weit zur Arbeit, nicht? ... ich bin gerade, also, keine zehn Minuten gelaufen. Sehr, sehr nah."[69]

Die Nähe zum Werk bot aber nicht nur Vorteile. Zum einen waren die Umweltbedingungen deutlich von den Industrieanlagen geprägt:

*„Ja, die Luftbelastung war, ich will es nicht sagen, schwer, aber sie war auch nicht leicht. Bei den alten Öfen hier, und zum Beispiel die alten Öfen mit der alten Sinterei haben zur gleichen Zeit produziert. Die Sinterei hat genauso einen Dreck gemacht wie die alten Öfen. Da kam unheimlich viel zusammen. Ich fange an: Staubpartikel ... so wie der Manganstaub ... der feine flimmernde Staub, konnten Sie sehen, wie der, Sie konnten den richtig flimmern sehen. Aber nachdem, wie das alles umgebaut worden war, auch die Sinteranlage umgebaut wurde, die Siebanlage da, da war es bedeutend besser.“[70]*

Zum anderen ging mit der Nähe zum Werk eine Veränderung im Arbeitsalltag einher. Die wegen des Schichtbetriebs schon schwierige Situation in den Familien wurde dadurch verschärft, daß die räumliche Nähe im Notfalle für zusätzlichen Arbeitseinsatz sorgte: „... das klappt ja nicht immer alles so, wie ich das gerne möchte oder wie man das haben will ... Und dann haben sie mich auch immer nachts geholt ... Sinterbänderbruch, ja, ganze Nacht durchgearbeitet bis zum anderen Tag morgens.“[71]

Für die Ehefrauen nahm die Belastung zu, denn sie mußten oft den zusätzlichen Druck im Betrieb auffangen oder ausgleichen. Denn so mancher Arbeiter brachte Sorgen und Streß mit nach Hause, wie ein Hüttenwerker bestätigt: „Das stimmt ... das stimmt ganz genau, da haben Sie Recht! Und meine Frau, die hat immer gesagt: ‚R. [...], ich kann das bald nicht mehr hören!‘“[72] Für diesen Interviewten spielte der Rückhalt in der Familie eine zentrale Rolle.

*„Ja, und die hat, also, ich muß ganz ehrlich sagen, die hat mir schwer geholfen, schwer! Die hat mir schwer geholfen insofern, daß ich manche Nacht ruhig schlafen konnte. Wenn da so Reparaturen waren, nicht? Weil das sind auch manchmal Reparaturen gewesen, wo sie gesagt haben, wenn Du das Reserveteil nicht hattest, hast Du etwas anderes da eingebaut, oder etwas gefummelt, ja, mußte der Betrieb ja laufen, nicht?“[73]*

Die Nähe zum Betrieb und die körperlichen und geistigen Belastungen waren stets präsent. Daraus läßt sich schließen, daß die Einbindung in das Werk das Leben weitgehend bestimmte.

Nach der Wiedereingliederung in den Thyssen-Werksverbund wurden die Sozialmaßnahmen ausgebaut. So baute die Firma Thyssen eigene Erholungsheime für ihre Arbeiter und Angestellten. Einen kostenlosen Aufenthalt im Erholungsheim bekamen etwa Lehrlinge zur bestandenen Abschlußprüfung.[74] Es bestand die Möglichkeit, dort den Urlaub zu verbringen. Ebenso bot das Unternehmen verbilligte Reisen für seine Mitarbeiter an. Die „Betreuung" durch den Betrieb konnte sich demnach auf die Freizeit und den Urlaub ausweiten.

## 4.6 Die Entscheidung für die Arbeit als „Hüttenknecht"[75]

Die Belegschaft des Hüttenbetriebs war aus Arbeitern unterschiedlicher beruflicher Herkunft zusammengesetzt. Viele der in Meiderich Arbeitenden waren fachfremd. Sie hatten entweder keine Ausbildung oder waren aus anderen Berufen in das Werk übergewechselt. Der Grund dafür war in der Nachkriegszeit und den fünfziger Jahren denkbar einfach. Die Arbeit im Hüttenbetrieb wurde dem Arbeiter im Vergleich zu seinem gelernten Beruf meist wesentlich besser bezahlt. Außerdem erforderte die Arbeit am Hochofen keine spezielle, langwierige Ausbildung.

> „Ich habe also im Hochofenbereich angefangen, als Schmelzer. Das war natürlich demgegenüber, was ich früher gemacht habe, also Kraftfahrzeugschlosser, also ein ganz gewaltiger Unterschied. Körperlich schwere Arbeit, dazu enorm hohe Temperaturen, aber des lieben Geldes wegen hat man es einfach auf sich genommen ... Bin dann auch bis in den Rentenstand also im Hochofenbereich tätig gewesen." [76]

Die Verdienstmöglichkeiten für gelernte wie auch für ungelernte Arbeiter waren so hoch, daß die Mühen nicht gescheut wurden. Die Arbeit wurde sogar als eine Statusverbesserung angesehen. Einige Träume der Nachkriegszeit konnten so in Erfüllung gehen:

> „Es ging damals nur ums Geldverdienen. Und das war schon horrend. Ich glaube, der erste Stundenlohn, als ich da anfing, der war schon auf DM 2,79, wo man sonst überall um die 1 Mark und nochwas verdiente. Und sonntags 12 Stunden, es lepperte sich so im Monat zusammen. Man konnte sich etwas erlauben als junger Mann, mehr als vorher." [77]

Die Erfüllung von materiellen Bedürfnissen nach den Entbehrungen des Krieges war vielen sehr wichtig. Der Hüttenbetriebler übte zudem einen angesehenen Beruf aus.

Um den Verdienst ein wenig aufzubessern, nahm der Arbeiter auch weitere Gefahren auf sich. Ein Schlosser, der im Erhaltungs- und Reparaturbetrieb tätig war, schildert seine Motivation wie folgt: „... da kriegten Sie ein paar Mark extra für. Gefahrenzulage ... Und ich will nicht sagen, daß sich da jeder drum gekloppt hat, aber in, zu der Zeit brauchte man ja Geld, nicht? Man war jung verheiratet, da hat man gesagt, komm, ich mache das!"[78] Dieser Arbeiter war mit der Reparatur der Seile an der Koksseilbahn beauftragt, die den Koks noch direkt bis an den Ofen beförderte. Dort rissen oft die Zugseile der mit Koks beladenen Wagen. Die Reparaturen mußten während des laufenden Betriebs durchgeführt werden. Hier mußte der Arbeiter schwindelfrei sein und höchste Konzentration aufbringen, sonst drohte ihm der Sturz von der Hochseilbahn.

Aufgrund der Modernisierungsmaßnahmen nahmen Arbeiten dieser Art jedoch ab. Dagegen wurden die angelernten Berufe seit den sechziger Jahren immer weiter in Fachberufe umgewandelt. Die Möglichkeit des beruflichen Aufstiegs wurde durch Fort- und Ausbildungsgänge erweitert. Wenn ein Arbeiter innerbetrieblich aufsteigen wollte, so war es erforderlich, daß er mehrere Tätigkeiten in den jeweiligen Produktionsprozessen kannte. So war es zum Beispiel üblich, daß man vor seiner Beförderung zum Oberschmelzer auch in der Hochofensteuerung gearbeitet hatte: „... unser Betriebschef und unsere Obermeisterschaft, die haben das gerne gesehen, bevor man zum Oberschmelzer wurde, daß man da eine Station durchgegangen ist."[79]

Prämienleistungen sorgten für einen weiteren Anreiz. Nach einem Prämienschlüssel wurden etwa Verbesserungsvorschläge bewertet und durch Auszahlung eines Geldbetrags belohnt. Da die Vorschläge eingehend geprüft und, wenn sie sich bewährt hatten, auch umgesetzt wurden, kamen die Veränderungen dem ganzen Betrieb zugute.[80] Zu Betriebsjubiläen erhielten alle Arbeiter und Angestellten Zuwendungen finanzieller Art. Bei den Ingenieuren gab es ein Monatsgehalt zum fünfundzwanzigjährigen, und zwei Monatsgehälter zum fünfunddreißigjährigen Jubiläum.[81] Die Regelungen galten für Arbeiter und andere Angestellte gleichermaßen.

Eine Bindung an den Betrieb, die die Entscheidung förderte, sich im Hüttenwerk um Arbeit zu bemühen, ließ sich auch jenseits von Verdienstmöglichkeit und Ausbildung denken. Ein 1922 geborener Arbeiter begründet seine Entscheidung für den Hüttenbetrieb mit einer persönlichen Deutung des Begriffes vom „Familienbetrieb": „Der Vater war Dreher, der war ja auch auf dem Hüttenbetrieb und mein Großvater auch. Mein Großvater war früher in der Schmiede als Schmied. Das ist schon eine ganz alte Thyssenfamilie, drei Generationen waren bei Thyssen."[82] Die Entscheidung, im Hüttenbetrieb zu arbeiten, wurde durch die schon zwei Generationen währende Verbindung der Familie mit der Firma Thyssen beeinflußt. Der Interviewte, Angehöriger der dritten Generation, gewinnt daraus seine besondere Identifikation mit dem Betrieb und der Firma Thyssen. Eine ähnlich enge Verbindung besteht vielleicht noch im Bergbau.

Sowohl der Betrieb auf der einen als auch der Arbeitnehmer auf der anderen Seite bemühten sich um den Zusammenhalt der „Thyssenfamilie". Dabei darf die Gegenüberstellung von zwei Seiten nicht als Konfrontation gesehen werden. Im Gegenteil, die Bemühungen ergänzten sich. Soziale Maßnahmen, umfassende Betreuung und ein Firmenbild, das Integration und Sicherheit versprach, waren die herausragenden Merkmale, die die Verbindung der Arbeiter prägten. Wie der Vater einen Beruf innerhalb eines Betriebes des Thyssen-Konzerns zu ergreifen, schuf eine gewisse Tradition bzw. setzte sie fort. Damit wurde auch ein Gefühl der Beständigkeit und einer soliden Basis, auf der die eigene Arbeit stand, gewonnen.

Aber selbst für den zuletzt zitierten Arbeiter spielte die Bezahlung bei Thyssen eine vordringliche Rolle. Er weist darauf hin, wie sich die Situation nach der Währungsreform von 1948 veränderte. Sie versprach die Beendigung der Hungerjahre und brachte so Zwang und Motivation zugleich, eine beruflich und finanziell gute Position zu erlangen. Das Unternehmen bot dabei eine vergleichsweise sichere Stellung, wie etwa auch ein Schlosser, der als Wassermann die ersten Jahre seines Berufslebens im Hüttenwerk verbrachte, in einer Äußerung andeutet: „… und zwischen 1955/56 Weihnachten bin ich hier angefangen … die Hütte hatte ja damals direkt keine Leute eingestellt, und wenn sie einigermaßen gut waren, wurden sie dann übernommen von Thyssen."[83] Zum Verständnis ist es nötig zu wissen, daß in den fünfziger Jahren viele Arbeiter über Subunternehmer angestellt wurden. Daraus ergab sich eine Motivation, die das Argument des höheren Verdienstes ergänzt. Zwar stieg mit der Übernahme in der Regel auch der Lohn, da der Arbeiter bei Anstellung durch einen Subunternehmer zweifellos weniger verdiente. Dennoch besaß die bessere Absicherung nach der Übernahme durch den Konzern eine mindestens ebenso große Bedeutung. Eine damit verbundene Motivation läßt sich in bezug auf die Einstellung zum Unternehmen erkennen. Der Wunsch, der „Thyssen-Familie" anzugehören, war groß. Mitglied dieser „Familie" zu sein, konnte dann als eine Art Privileg gelten, das seine Leistung kennzeichnete und ihn mit Stolz erfüllte.

## 4.7 Modernisierung und Rationalisierung

In der ersten Phase der sogenannten „Wirtschaftswunderzeit" war das Meidericher Hüttenwerk ein modernes Werk mit neuester Technik. Alle fünf ursprünglich gebauten Hochöfen standen zur Verfügung und wurden immer an den jeweils neuen Stand der Hüttentechnik angepaßt. Die Hochöfen wurden schnellstmöglich technisch verbessert. So führte die bereits erwähnte Einführung der Schrägaufzüge und die automatisierte Füllung der Trichter, die den Koks und die Erzmischung für den Ofen enthielten, zu einer wesentlichen Erleichterung der Arbeit in der Möllerung und bei der Hochofenbeschickung. Die Öfen 3 und 4 wurden noch über eine Hängebahn von der Kokerei direkt mit Koks beliefert. Die Loren, gefüllt mit dem Material aus der Möllerung, wurden über einen Vertikalaufzug zum Ofen befördert. Damals mußte man das sogenannte „Möllerrechnen"[84] beherrschen, also in der Lage sein, die Füllung einer Lore in Gewicht und Zusammensetzung ausrechnen zu können. Mit der Automatisierung fand aber auch dieser Arbeitsschritt sein Ende. Im Juli/August 1964 wurde die alte Koksseilbahn durch eine moderne Bandanlage in der Sinterei ersetzt.[85]

1968 war ein Jahr der großen Einschnitte durch Rationalisierungsmaßnahmen der Thyssen AG. Fast 50% der Arbeiter aus dem Erhaltungsbetrieb des Hüttenwerkes wurden nach Ruhrort umgesetzt. In Meiderich verblieben nur die Kernreparaturkolonnen. Damit fielen auch einige Facharbeiterstellen weg.[86] Überdies wurde die Produktionsanlage verkleinert. Die Öfen 3 und 4 wurden im Zuge der Rationalisierungsmaßnahmen 1968 und 1970 abgerissen.

Weiterentwicklungen der Hüttentechnik erlaubten es, die Eisenproduktion zu optimieren, was auf den Arbeitsprozeß und letztlich die Zahl der Beschäftigten zurückwirkte. So ließ sich mit der Einführung der Entschwefelungsanlage, die dem Hochofenabstich nachgeschaltet war, die Qualität des Roheisens erhöhen. Die Schwefelreduktion hätte auch im Hochofen erfolgen können, der Koksverbrauch ließ sich aber in der nachträglichen Entschwefelung erheblich senken.[87]

In den siebziger Jahren wurde die gesamte Anlage mehrfach umgebaut und erweitert. Inzwischen war der Hüttenbetrieb in Meiderich zum Standort für ein neues Großlabor der Thyssen Stahl AG gewählt geworden. Hier wurden künftig alle Chemielaboranten ausgebildet und die bestehenden Roheisensorten verbessert, neue Roheisenqualitäten erforscht.

Zudem erfuhr die Führung und Kontrolle der Öfen ständige Verbesserung. Zentrale Steuerung und Meßwarten erleichterten den Produktionsprozeß am Hochofen. Die Zentrale Meßwarte, „das war so eine kleine Hutze",[88] wurde den technischen Veränderungen entsprechend ausgebaut. Es „war nichts anderes früher als ein Holzbau. Das war hier alles bescheiden und primitiv".[89] 1974 wurde sie mit moderner Meß- und Regeltechnik ausgestattet.[90] Das führte aber dazu, daß am Ofen selbst immer weniger Beschäftigte benötigt wurden. „Also ein Ofen dieser Größe, wie wir ihn hier haben, bleiben wir mal bei dem Ofen 5, der wurde, als [er] noch von Hand beschickt wurde, von ca. dreißig bis fünfunddreißig Leuten bedient. Und jetzt diese modernen Öfen, wie sie jetzt zu sehen sind, sechs Leute insgesamt. So hat sich das gewandelt."[91]

Auch die mechanische Werkstatt wurde verkleinert und in die E-Werkstatt integriert.[92] Es kam zur Zusammenlegung der einzelnen Werkstatteinheiten. So wurden die Schlosser, die vorher in jedem Teilbetrieb eine eigene Kolonne gebildet hatten, in der E-Werkstatt zusammengefaßt. Das führte dann auch zur Ausweitung der Tätigkeit eines Schlossers auf den ganzen Betrieb. Hatte dieser vorher nur einen Teilbereich zu warten, mußten jetzt die Aufgaben in allen Betriebsteilen übernommen werden.

Mit der Modernisierung ging die körperliche Anstrengung zurück.[93] Gleichzeitig nahmen die sozialen Kontakte unter den Arbeitern durch den nun eintretenden Arbeitsplatzabbau ab. Die Angst um den Arbeitsplatz und die Sorge vor dem „Aussortieren"[94] traten immer mehr in den Vordergrund. Insgesamt wurde die Belegschaft weiter reduziert, weil auch die durch die Modernisierung neu geschaffenen Arbeitsplätze, z.B. in der Meß- und Steuerwarte eines Ofens, die Zahl der abgebauten Arbeitsplätze nicht kompensieren konnten.

Daran änderte auch das zunehmende Bemühen darum nichts, die Umweltbelastungen zu reduzieren. Die Rückwirkungen auf Beschäftigte und Anwohner waren jedoch nicht zu übersehen. Während es früher qualmte, die Anlagen ungefiltert waren, wurde die neue Technik schnell als „sehr sauber"[95] empfunden. Gerade die Produktion von Spezialeisen erforderte die Einrichtung weiterer Umweltschutzanlagen. Die Ferromanganproduktion, die der Hochofen 5 nach dem Umbau Anfang der siebziger Jahre übernahm,[96] erforderte bald eine zusätzliche Entstaubungsanlage, denn, wie ein ehemaliger Ingenieur erzählt, da „kommt es schon mal vor, daß schon mal eine braune Wolke hochschießt".[97]

Ebenso bemühte sich die Betriebsleitung recht früh um die Begrenzung der Lärmbelastung, die nicht nur die Arbeiter, sondern auch die in nächster Nähe liegenden Wohnbezirke betraf. Bei der Errichtung neuer Anlagen mußte schließlich auf die Minimierung der Lärmbelastung geachtet werden. Im Gebläsehaus wurde auf die Beschwerde der dort Arbeitenden und eine Initiative des Betriebsrats hin eine Lärmschutzkabine für die Pausen eingebaut. Schließlich mußten die Maschinisten dort bei laufenden Maschinen arbeiten und waren trotz der Ohrstöpsel und Kopfhörer, die sie trugen, einer immensen Lärmbelastung ausgesetzt.[98]

Das Gichtgas, welches zunächst einfach abgefackelt wurde, fand mit der Erkenntnis der energie- und kostensparenden Verwendungsmöglichkeit eine intensive Nutzung. Auf die Weise konnte eine große Energiemenge erzeugt werden, die wieder in die Produktion einging. Um das Gas nicht zu verschwenden, wurde auf ein dichtes Leitungsnetz und effektive Verbrennungsgerätschaften geachtet. Dabei wurden die Cowper, die für die Winderzeugung im Hochofen verantwortlich sind, und die Gasreinigungsanlagen entsprechend der Umweltschutzbestimmungen umgebaut.[99] Ebenso errichtete das Unternehmen in der Sinterei und an den Hochöfen Absauganlagen für das Gas ein. Neben der Verbesserung der Umweltbedingungen hatten die Absauganlagen einen weiteren, unmittelbaren Vorteil für die Beschäftigten, denn die Gasgefahr, der die Arbeiter früher immer ausgesetzt gewesen waren, wurde so auf ein Minimum heruntergefahren.

Großes Augenmerk legte die Unternehmensleitung zudem auf die Reduzierung des Wasserverbrauchs. Das Werk erhielt sein Nutzwasser aus dem Trinkwassernetz der Stadt Duisburg. Um die Kosten zu reduzieren, wurde das Wasser in einen Kreislauf gebracht, der die häufige Wiederverwertung des eingespeisten Wassers garantieren sollte. Ein Beispiel ist der geschlossene Verdampfungs-Kühlkreislauf des Hochofens 5, der die mit hohem Energieverbrauch verbundene offene Wasserkühlung ersetzte.[100]

Arbeiter wie Betriebsleitung sahen die Arbeitssicherheits- und Umweltschutzbemühungen bald als selbstverständlich an. So wurden verschiedene Schutzmaßnahmen von vornherein mit in den Bau neuer Anlagen integriert, auch wenn sie noch nicht in den gesetzlichen Bestimmungen zwingend enthalten waren. Nach Aussage eines Betriebschefs kontrollierten die Gewerbeaufsicht und die Berufsgenossenschaften jede Baumaßnahme so genau, daß die Unterlassung von Schutzmaßnahmen für Arbeiter und Umwelt (fast) nicht mehr möglich war.[101]

## 5. Der letzte Ofen und der letzte Abstich

Jahrzehntelang galt der Hüttenbetrieb in Meiderich als die „Apotheke des Ruhrgebiets".[102] Damit war der Tatsache Ausdruck verliehen worden, daß in Meiderich binnen kürzester Zeit Eisen verschiedener Sonderqualitäten produziert werden konnten:

> „Und es kam schon manchmal vor …, daß eine Qualität morgens noch nicht da war und wir wußten aber, es konnte kurzfristig eine Nachricht kommen, heute Nachmittag kommt ein LKW. Wir mußten dann den Ofen kurzfristig total ummodeln, daß am Abend zumindest neue Roheisenstof-

*fe da waren. Das wurde dann schnell über die Gießmaschine geschickt,
mit Wasser abgekühlt und auf den LKW oder auf DB-Wagen, je nachdem,
wie das Material rausging."* [103]

Es war diese Spezialisierung auf Sonderqualitäten, die den Hüttenbetrieb
Meiderich im ganzen Ruhrgebiet bekanntmachte.

Mit der Möglichkeit, die Produktion des Hüttenbetriebs in anderen Werken der Thyssen-Gruppe durchzuführen, reichte selbst diese Auszeichnung
nicht mehr aus, das Werk auf längere Sicht noch wirtschaftlich betreiben zu
können. Ein ehemaliger Mitarbeiter schildert die Veränderungen, die sich
bald für alle sichtbar vollzogen:

*„Ausschlaggebend war folgendes: die Gießereiindustrie hat immer weni-
ger Material abgenommen, zum anderen ein Hauptabnehmer war hier
die Gießerei Meiderich, die noch auf Werksgelände liegt, und ein Ofen
wurde nur dafür eingesetzt für die Kokillen-Produktion. Kokillen, das
sind Gefäße, in die Stahl abgegossen wird. Die Stahlverfahren haben sich
geändert, und von dem Kokillenguß, von dem Blockguß ist man abgegan-
gen, und man ist zum Strangguß übergegangen und brauchte dann keine
Kokillen mehr. Und das war natürlich dann auch, sagen wir mal, eine Sache, wo man sagte, wir brauchen nicht mehr so viel Gießerei-Roheisen,
und man kann das nachlesen, wenn man hier so die einzelnen Betriebsversammlungen verfolgt, daß immer wieder darauf hingewiesen worden
ist, was jetzt zu drosseln ist, was ich eben reduzieren kann, und ich selbst
hab mir die Daten mal rausgeschrieben über mehrere Jahre und anhand
dieser Daten kann man verfolgen, daß die normale Roheisenproduktion
für die Gießereiindustrie immer weiter zurückgegangen ist und die Ferro-
mangan-Produktion, die ist annähernd konstant geblieben, und das hatte
dann zur Folge gehabt, daß in der Endkonsequenz nur noch der Ofen 5,
der Ferromangan erzeugt hatte, lief."* [104]

Für denjenigen, der sich mit Produktions- und Absatzzahlen befaßte, konnte
die Einstellung des Hüttenbetriebs Mitte der achtziger Jahre danach keine
Überraschung mehr sein.

Als die Stillegung beschlossen war, bemühte sich der Werksschutz um
die reibungslose Schließung des Werkes. Da einige Teile des Werkes erst
später stillgelegt werden sollten, hatte der Werksschutz vor allem den stillgelegten Hochofenbereich zu sichern. Hier sollte das unbefugte Betreten,
welches mögliche Demontage und Zerstörung wie auch Gefahr für Unbefugte mit sich bringen konnte, vermieden werden. „... der Werksschutz ist da

noch geblieben, die haben das ja abgeschlossen, die haben das ja nicht so gelassen, weil auf der anderen Seite der Vorbahnhof, so mittelfristig ist der ja noch in der Produktion geblieben."[105] Aber selbst die Produktion von Ferromangan wurde anschließend in das Werk Hamborn verlagert, nachdem der letzte Abstich am Hochofen 5 am 4. April 1985 vorgenommen worden war. Der Hüttenbetrieb wurde „besenrein" und „wiederanblasefähig" stillgelegt.

# 6. Fazit und Ausblick: Das Arbeitsleben im Hüttenbetrieb Meiderich

Mit dem Blick auf den Arbeitsalltag im Hüttenwerk waren die fünfziger und sechziger Jahre die wohl interessanteste und spannendste Zeit des Hüttenbetriebs. In diesen Jahren spielten sich die entscheidenden Veränderungen in den Produktionsverfahren ab. Die körperlichen Schwerstarbeiten konnten durch die Einführung technischer Innovationen beseitigt werden, obwohl die Handarbeit ihre dominante Position beibehielt. Der Sicherheit der Arbeitenden wurde nun höhere Aufmerksamkeit geschenkt, zumal sich bei der Unternehmensleitung die Erkenntnis durchsetzte, daß die Arbeiter einen wichtigen Teil des „Betriebskapitals" ausmachten. Die Rationalisierungs- und Modernisierungsmaßnahmen in den darauffolgenden Jahrzehnten zeigen dann die Veränderung der Arbeitswelt im Zuge beschleunigter Technisierung und Automation, die in der heutigen Zeit Vorrang innerhalb der Arbeitsprozesse haben.

In den Rückblicken vieler Arbeiter findet sich die Auffassung, daß ihnen nicht viel anderes übrig geblieben sei, als die Entwicklung so, wie sie sich ergab, hinzunehmen. In folgendem Resümee, das ein Arbeiter über die Arbeitsjahre im Hüttenbetrieb Meiderich zieht, kommt die Gelassenheit und Bereitschaft zum Ausdruck, sich mit den vorgegebenen (Arbeits-)Bedingungen abzufinden:

*„Ach, in meinem ganzen Arbeitsleben hier, hatten wir gute Jahre und schlechte Jahre. Wir haben hier Kurzarbeit gemacht, wir mußten sonntags, wenn wir schwer gearbeitet haben, den Sonntag abfeiern, und in der Woche dafür einen Tag frei nehmen. Da haben wir uns den Sonntag kaputtgekrückt, und mußten dann einen Tag frei nehmen. Und dann waren Jahre, da haben wir uns kaputt verdient, da haben wir so viele Überstun-*

*den gemacht. So war es ein Auf und Ab, und so wird es auch bleiben. Wie es in der Bibel steht, gute sieben Jahre und schlechte sieben Jahre."* [106]

Wie die bisherigen Ausführungen gezeigt haben, setzten sich die Beschäftigten und ihre Vertreter in Betriebsrat und Berufsgenossenschaft sehr wohl für die Verbesserung der Arbeitswirklichkeit ein. So legt die Äußerung Zeugnis ab für ein zwar langes und anstrengendes Arbeitsleben, doch eines, mit dem sich der Betreffende identifizieren, in dem er seine eigene Arbeitsleistung und die anderer erkennen kann.

Was die wirtschaftliche Situation des Werkes in den ausgehenden siebziger und frühen achtziger Jahren betrifft, so zeigte sich, daß das Werk zu klein war, um sich den Anforderungen einer fortschreitenden Rationalisierung und dem sich immer schneller auswirkenden Strukturwandel des Ruhrgebiets und seiner Eisen- und Stahlindustrie anpassen zu können. Der Thyssen-Konzern bemühte sich um die sozialverträgliche Abwicklung der Schließung, was ihm in weiten Teilen auch gelang. Was der Konzern nicht erreichen konnte, war die Fortsetzung und Garantie des von den „Meiderichern" immer wieder hervorgehobenen Betriebsklimas, das die Arbeiter selbst mit dem Wort vom „Familienbetrieb"[107] charakterisierten. Viele von denen, die nicht durch den Sozialplan aus dem Berufsleben ausschieden, beklagten nach ihrer Umsetzung in andere Betriebe des Konzerns das dortige Betriebsklima. Enge persönliche Bindungen wie im Meidericher Werk gab es in den anderen Betrieben nicht oder nicht in dem Maße, so daß die Integration den Umgesetzten entsprechend schwer fiel. Die starke Bindung an den Betrieb, die bis zur Identifikation reichte, ging unter den veränderten Bedingungen an anderer Stelle nicht selten gänzlich verloren.

Silke Röllinghoff

# *„Wer nicht hier war, der kann das nicht so fühlen."* [1] –
# Die Wahrnehmung des Arbeitsklimas
# im Hüttenwerk Duisburg-Meiderich

## 1. Einleitung

„Es war einfach ein Familienbetrieb." [2] „Ich muß sagen, die Zeit war super." [3]
Aussagen wie diese scheinen symptomatisch für die Wahrnehmung des Arbeitsklimas im Hüttenbetrieb der Thyssen AG in Duisburg-Meiderich zu sein.
Ein Hüttenbetrieb als Familienidylle? Vor dem Hintergrund der Arbeitswirklichkeit in einem Industriebetrieb erscheint dies zunächst als idealisierte
Rückschau. Was hat es auf sich mit dem „Familienbetrieb Hüttenwerk"? Wor-
in liegen die Ursachen für diese Beurteilung? Handelt es sich um eine ver-
klärte Erinnerung an die „gute alte Zeit"?

Diese Fragen stehen im Mittelpunkt, wenn es nachfolgend darum geht, wie
ehemalige Beschäftigte des Hüttenbetriebes das Arbeitsklima, den Umgang
mit Kollegen und Vorgesetzten erlebten. Heute besuchen viele Duisburger
aber auch viele Menschen aus der Umgebung den Landschaftspark Duisburg
Nord; Besucher, die keine nähere Kenntnis von den Arbeitsbedingungen
oder den Menschen haben, die in dem ehemaligen Betrieb arbeiteten, der
heute die Kulisse des Landschaftsparks bildet. Mancher Besucher stellt sich
jedoch sicherlich angesichts dieser Industriekulisse die Frage, welches Verhältnis die Menschen, die Tag für Tag in einer sogenannten „Kolonne" auf einer Schicht zusammenarbeiteten, zueinander hatten. Wie beeinflußte die
harte körperliche Belastung dieses Verhältnis? Was für ein Umgangston
herrschte an einem Arbeitsplatz wie zum Beispiel dem Hochofen? In den
Köpfen vieler Besucher entsteht wahrscheinlich das Bild einer Männerwelt,
in der es hart zugegangen sein und in der die Zeit für persönliche Kontakte
gefehlt haben muß.

Die folgenden Ausführungen stützen sich auf eine Reihe von Interviews,
für die sich Arbeiter, Vorgesetzte, Angestellte und Mitglieder der Betriebsleitung zur Verfügung stellten. Aufgrund der begrenzten Zahl der Interviews
kann nicht der Anspruch erhoben werden, ein vollständiges Bild zu zeich-
nen. Es können daher nur Schlaglichter auf das Arbeitsklima im Hüttenbetrieb Meiderich geworfen werden. Sie vermögen allerdings aufgrund des per-

sönlichen, subjektiven Charakters der Aussagen einen Eindruck davon zu vermitteln, wie Alltag in den Werkshallen aussah bzw. wie er empfunden wurde und welche über den Arbeitsbereich hinausgehenden Kontakte bestanden. Hierbei steht der Versuch im Vordergrund, durch die Aussagen der ehemaligen Beschäftigten die frühere Atmosphäre, ein Stück gelebten Alltags, wieder lebendig zu machen. Der Blick auf die ohne Arbeiter zunächst leblos wirkende Industriekulisse des Landschaftsparks erfährt dadurch eine wesentliche Erweiterung.

Es ist darauf hinzuweisen, daß es sich bei nahezu allen Befragten um Beschäftigte handelt, die über einen langen Zeitraum, oft bis zur Schließung des Werkes, im Hüttenbetrieb gearbeitet haben. Durch diese Vorauswahl entfallen natürlich Stimmen von Arbeitern, die eventuell nur kurzfristig dort tätig waren und das Betriebsklima möglicherweise anders beurteilt hätten.

## 2. „Es hat jedem Spaß gemacht zu arbeiten. Und das kann man jeden fragen." [4] – Das Hüttenwerk als „Familienbetrieb"

In Meiderich wurden im Jahre 1903 die beiden ersten Hochöfen „angeblasen", wie es in der Sprache der Hüttenarbeiter heißt. Der Hüttenbetrieb in Meiderich war auf die Herstellung von Spezialroheisen ausgerichtet.[5] Aus dieser Spezialisierung leitete sich schon damals das Gefühl der Arbeiter ab, daß ihr Werk eine Besonderheit unter den eisen- und stahlerzeugenden Betrieben darstellte. Der Betrieb war die „Apotheke des Ruhrgebiets" und die Menschen, die dort arbeiteten, hatten – sogar bis unmittelbar vor der Schließung – das Gefühl, einen sicheren Arbeitsplatz zu haben, da das in Meiderich produzierte Eisen einen großen Absatzmarkt hatte und essentiell für die weiterverarbeitenden Betriebe war.[6]

Der Meidericher Hüttenbetrieb war immer schon ein Betrieb mit einer vergleichsweise überschaubaren Belegschaft gewesen. Im August 1950 etwa arbeiteten im Hüttenbetrieb 1.154 Beschäftigte; als das Werk im Jahre 1985 stillgelegt wurde, arbeiteten dort nur noch 682 Menschen.[7] Im Vergleich dazu waren 1950 im Thyssen-Werk in Hamborn/Beeckerwerth 2.469 Menschen beschäftigt, im Jahre 1982 bei Thyssen Hamborn insgesamt 21.830 Arbeiter und Angestellte.[8] Im Vergleich zum Hüttenbetrieb Meiderich war

Hamborn also ein regelrechter Riese. Aufgrund der relativ geringen Belegschaftsgröße im Meidericher Hüttenbetrieb war ein ganz anderer Umgang mit dem Personal möglich, als dies beispielsweise für den Werksbereich Hamborn denkbar gewesen wäre.

> *„Es war ganz anders. Die einzelnen Werksbereiche ... es entwickeln sich spezifisch, örtlich ... natürlich auch stark beeinflußt von den Vorgesetzten, ganz spezifische Betriebsklimata, die unterschiedlich sind. Hamborn ist alleine schon wegen der Größe her, ist immer mit sehr hohen Beschäftigtenzahlen konfrontiert gewesen, und die Vorgesetzten konnten sich nicht die Zeit nehmen, sich mit den einzelnen Leuten zu beschäftigen, so wie das hier möglich war."* [9]

Die geringe Größe der Belegschaft des Meidericher Betriebes erlaubte also nicht das Aufkommen einer Anonymität, wie sie in anderen Betriebsbereichen eher die Regel war. Ebenso überschaubar war der Hüttenbetrieb in Meiderich in seiner räumlichen Ausdehnung. Das Areal des Hüttenwerks – d.h. ohne Gießerei und Schacht 4/8 – umfaßte 43 Hektar oder 0,043 km$^2$. Im Vergleich dazu: Der Werksbereich Hamborn/Beeckerwerth dehnt sich heute auf einer Fläche von 12,5 km$^2$ aus.

Der Hüttenbetrieb in Meiderich war ein „klassischer" Hochofenbetrieb, in dem nur die Stahlerzeugung stattfand, weiterverarbeitende Werksteile waren, mit Ausnahme der eingegliederten Gießerei, nicht vorhanden. Der Werksbereich in Meiderich lag außerdem isoliert; Zugänge zu anderen Werksbereichen existierten nur über einen Schienenweg. An das Werk schloß sich die Werkssiedlung am Wasgauplatz an. In der zur Werkssiedlung gehörenden Sundgaustraße wohnten hauptsächlich einfache Arbeiter, in den besser ausgestatteten Häusern auf der Wasgaustraße eher Meister und Obermeister. Der Weg, der von der Arbeitersiedlung zum Werkstor des Hüttenbetriebes führte, war unter den Arbeitern und ihren Familien als „Henkelmannweg" bekannt. Über diesen Weg nämlich brachten Frauen und Kinder ihren Männern oder Vätern die Mahlzeit im „Henkelmann" in den Betrieb.[10] Ein ehemaliger Arbeiter des Hüttenbetriebes berichtet, wie er schon als kleiner Junge seinem Vater das Essen gebracht und dadurch das Werk und die Menschen im Werk kennengelernt habe. „Ich war ja auch bekannt von vorher schon. Ich habe meinem Vater als Schuljunge ... da habe ich meinem Vater schon Essen gebracht. Da bin ich über die Hütte gelaufen. Der Vater hatte mir den Weg gezeigt, wir kannten uns doch alle."[11] Räumliche Nähe, Bekanntheit untereinander, Vertrautheit mit mindestens einem Teil des Geländes verbanden sich und trugen dazu bei, Nähe herzustellen.

*Abb. 1: Auch nach dem Krieg ein gewohnter Anblick: Warten auf den Henkel-mann in der Mittagspause, 1938 (Foto: Evangelisches Familienbildungswerk e.V.; Quelle: Geschichtszentrum der DGfl)*

Die Atmosphäre des Familiären erhält im Hüttenbetrieb Meiderich ihre be-sondere Ausprägung aber auch dadurch, daß die Arbeit im Hüttenbetrieb in-nerhalb einer Familie regelrecht weitervererbt wurde. Es war keine Seltenheit, daß ein Mann, dessen Vater oder sogar Großvater schon im Hüttenbetrieb tätig gewesen war, später auch in diesem Werk arbeitete. Daraus ergab sich für vie-le Arbeiter eine tiefe Vertrautheit mit dem Betrieb, für den sich bald das Bild ei-ner Zusammengehörigkeit wie in einer Familie einbürgerte: „Das war ja ein Fa-milienbetrieb hier. Da kannte jeder jeden, das war hier schon gut."[12]

Diese Einschätzung herrschte nicht nur unter den Arbeitern vor, sondern besaß bis in die Spitzen der Werksleitung Gültigkeit. Ein ehemaliger Werks-direktor, der selbst im Hüttenbetrieb als Ingenieur tätig gewesen war, bevor er die Position des Betriebsleiters übernahm, bezog sich in einem Interview auf die Generationen, die in Meiderich angestellt waren, „Großvater, Vater, Enkel. Das waren alles ... die Arbeit war hier phantastisch und es war wie eine große Familie."[13]

In der angenehmen Arbeitsatmosphäre sieht ein anderer Betriebsleiter den Grund für die enge Bindung, ja sogar eine Identifikation mit dem Werk, die zur Folge hatte, daß die Arbeiter bereit waren, sich auch über die betrieblichen Verpflichtungen hinaus im Hüttenbetrieb zu engagieren. Besonders im Vergleich zu anderen Werken beurteilt er das Betriebsklima im Hüttenbetrieb als etwas Besonderes.[14]

> *„Das Betriebsklima war hier hervorragend, das war uns damals schon während der Betriebszeit bekannt, das ist uns aber auch dann nachträglich bestätigt worden … Da blieb es natürlich nicht aus, wenn man dauernd im Betrieb war und ständig mit den Leuten Kontakt hatte, daß man sich eben kannte und auch die Probleme des einzelnen erkannte … menschliche Zuwendung, die wir den Leuten entgegengebracht hatten. Das reflektierte eben so, daß die Leute auch im allgemeinen auch bereit waren, über das übliche Maß und über die exakten tariflichen Leistungen, die zu bringen waren, darüber hinaus auch bereit waren, etwas mehr zu tun.“* [15]

Wie dieser Betriebsleiter in seiner Stellungnahme erkennen läßt, war auch das Selbstverständnis der Werksleitung ein anderes als in Großbetrieben. Der Betriebsleiter sah sich nicht primär als anonyme Autoritäts- und Aufsichtsinstanz, sondern als Person, die mit den Arbeitern Kontakt hat, ja sogar die Probleme der Beschäftigten kennt und ihnen „menschliche Zuwendung“ entgegenbringt. Ein derartiges – „menschliches“ – Selbstverständnis der Betriebsleitung dürfte deutlich über das hinausgehen, was man sich gemeinhin unter der Rolle eines Betriebsleiters vorstellt.

Die Vermutung liegt nahe, diese Einschätzung beruhe nur auf der Meinung dieses Betriebsleiters. War er ein Einzelfall? Oder wurde seine Meinung womöglich von den Arbeitern geteilt? „Für uns die höchste Ebene war hier der Dr. I[…], der Dr. M[…], der Dr. F[…], der Dr. S[…], der A[…]. Das war unser Familienoberhaupt, wenn man so will.“[16] Dieses berichtet ein Schlosser und späterer Betriebsrat, ein Beleg dafür, daß das Bild vom Familienbetrieb auf verschiedenen Ebenen der Hierarchie existierte. Mit der Übertragung des Begriffs „Familienbetrieb“ auf die betriebliche Hierarchie war der Betriebsleiter nicht mehr (nur) die Spitze der Rangordnung im Werk. Er wurde zwar als oberste Autorität betrachtet, jedoch nicht nur in der Rolle des verantwortlichen Koordinators der Arbeitsabläufe gesehen, sondern mehr noch als eine Art *pater familias*. Es ist auffällig, daß die ehemaligen Beschäftigten den Betriebsleiter nie als leistungsorientiert denkenden und handelnden Chef beschrieben, der im Normalfall auch Druck auf seine Untergebenen ausübte. Vielmehr erscheint er als fürsorgliches Familienoberhaupt, an das man sich mit seinen Sorgen und Nöten wenden konnte.

Das Verhältnis von direktem Vorgesetzten und Untergebenen, im nächsten Beispiel zwischen Oberschmelzer und den übrigen Arbeitern der Schicht oder Kolonne, wurde in ähnlicher Weise wahrgenommen. Der Vorgesetzte stand nicht außerhalb der Gruppe, er war in sie integriert.

> „ ... es war einfach ein Familienbetrieb, und das ging von oben los. Deswegen sagte ich, der P.[...] war unser Betriebschef, aber er war mehr die Mutter der Kompanie. Der hat das einfach verstanden. Der kannte jede Sorge, und jeder konnte zu ihm hinkommen ... Und das fiel auch auf den Meister und Oberschmelzer ... der Oberschmelzer, nicht daß sie sich das vorstellen, daß der hier wie der Herrgott gestanden hätte! Man hat auch schon mal mitgeholfen. Das war Kameradschaft. "[17]

Es muß jedoch eine Veränderung in diesem Verhältnis zu den unmittelbaren Vorgesetzten stattgefunden haben, denn ein Schlosser und späterer Betriebsrat berichtet von einem anderen Verhältnis in „früheren" Tagen: „Aber der Meister, das war früher der liebe Gott. Wenn wir bei dem Obermeister ins Büro gingen, da hatten wir noch den alten Filzhut, da gab es noch keinen Helm, den haben wir schon drei Meter vorher abgenommen." Leider nimmt der Befragte keine nähere zeitliche Einordnung vor. Eine ungefähre Vorstellung des Zeitraums, über den dieser Schlosser spricht, ergibt sich vielleicht aus seinem Werkseintritt im Jahre 1923. Höchstwahrscheinlich bezieht sich der Befragte hier auf seine frühen Erfahrungen in den zwanziger und dreißiger Jahren, wobei sich im Weltkrieg und in den Jahren unmittelbar danach an autoritären Strukturen wohl wenig verändert haben dürfte.

Die Integration in die „Familie" erfolgte in einem relativ kurzen Zeitraum. So berichtet ein Hüttenarbeiter, der unter anderem für die Hochofensteuerung zuständig war: „... hier im Hüttenbetrieb, na ja, nach drei Monaten war man schon in eine Familie aufgenommen."[18] Durch diese schnelle Bindung an den Betrieb und die in ihm arbeitenden Menschen wurde das Gefühl der Zugehörigkeit natürlich verstärkt. War so eine Bindung erst einmal etabliert, war es umso schwerer, sich ihr zu entziehen. Offensichtlich ließen die Arbeiter diese Bindung jedoch gern zu. Die Belegschaft des Hüttenbetriebes war für diesen Hochofenarbeiter nicht nur Zweckgemeinschaft, sondern auch Familie, und zwar nicht im Sinne einer Belastung, sondern als Gewinn.

Viele der Befragten betonen die Vorbildfunktion und das Einfühlungsvermögen einzelner Betriebsleiter. Der eben zitierte Hüttenarbeiter etwa zeigte sich besonders beeindruckt von der Tatsache, daß der Betriebsleiter sich nicht nur für betriebliche Belange und Arbeitsabläufe interessierte, sondern auch genaue Kenntnis der Familienverhältnisse der einzelnen Arbeiter besaß.

*Abb. 2: Fünf Schmelzer am Hochofen 4, 1951 (Quelle: Geschichtszentrum der DGfI)*
*Abb. 3: Drei Schmelzer am Hochofen 3, 1961 (Foto: H. Pelschinski, Duisburg; Quelle: Geschichtszentrum der DGfI)*

„... das war damals der Direktor Dr. S[...], der sehr gut mit den Leuten umgehen konnte, auch dem einzelnen die Hand gegeben hat. Das ging dann über den Dr. A[...] und der Herr P[...], unser Betriebschef ... Der kannte von jedem Mann die Kinder, wieviel, und und und. Der hat sich einfach mit jedem befaßt ... Und so ging das dann auch runter von der Meisterschaft bis zu den Leuten."[19]

In einer Familie vertraut man einander. Dieser Gesichtspunkt, nämlich das gegenseitige Vertrauen, kommt in den Schilderungen der Arbeiter wiederholt zum Ausdruck. Die eigene Meinung durfte ausgesprochen werden, selbst wenn sie sich nicht mit der des Vorgesetzten deckte. Ein Arbeiter, der im Hüttenbetrieb unter anderem mit dem Abladen von Mangan beschäftigt war, berichtet: „Man konnte offen sprechen, auch mal auf den Tisch hauen, das haben die nicht übelgenommen. Im Gegenteil, denen war das lieber, mit der Tür ins Haus fallen, als hintenrum."[20] Offenheit und Ehrlichkeit waren also für die Arbeiter Grundprinzipien, die zum Bild der Familie dazugehörten. Die Äußerung eines Betriebsleiters belegt das zusätzlich: „... das war [es] eben, was den Betrieb [ausmachte], der Zusammenhalt, das Klima geprägt hat, daß man sich eben ausgesprochen hat."[21]

Das Wort Familienbetrieb definiert sich also nicht nur über die traditionelle Verbundenheit mit dem Werk aufgrund der Tatsache, daß ganze Generationen einer Familie dort tätig waren, sondern auch darüber, daß die Betriebsleiter ein fast väterliches Verhältnis zu ihren Untergebenen pflegten. Da viele Arbeiter etwas anderes gewöhnt waren oder von anderen Betrieben zu hören bekamen, machten sie um so nachdrücklicher auf diese Besonderheit aufmerksam. Da konnte die Begeisterung schon einmal hohe Wellen schlagen:

> „... Die Chefs wußten mit jedem was anzufangen ... Der wußte genau, den mußt du so anpacken und den so. Die kannten uns, ich würde sagen, die Chefs kannten uns vom dicken Zeh bis zur Haarwurzel. Das ist nicht übertrieben. Ich kann ihnen das gar nicht beschreiben. Wer nicht hier war, der kann das nicht so fühlen. Ich muß sagen, die Zeit war super."[22]

Nüchtern betrachtet ist es bemerkenswert, daß die Tatsache, der Chef habe die Mitarbeiter genau gekannt, keineswegs negativ bewertet wurde. Es wurde nämlich nicht, wie man vermuten könnte, als Einmischung in die Privatsphäre empfunden, sondern als Zeichen des Interesses für die Belange der Arbeiterschaft auf seiten der Betriebsleitung. Die Fürsorge eines bestimmten Hüttendirektors ging sogar so weit, daß er sich um Dinge kümmerte, die gar nicht zum Betriebsablauf gehörten. Wenn er etwa auf dem Vorbahnhof ein defektes Fahrrad entdeckte, wies er den Wächter an: „Sorgen Sie dafür, daß ein Mann kommt, der das machen [reparieren] kann, damit er [der Besitzer des defekten Fahrrades] mittags nach Hause fahren kann."[23] Angesichts der heutigen Situation in Wirtschaft und Gesellschaft läßt sich ein derartiges Engagement nur schwer vorstellen.

Eine wichtige Rolle spielte, daß für die Vorgesetzten nicht die Hierarchie entscheidend war und sie nicht ein Machtgefälle ausspielten. Sie versuchten vielmehr, eine gemeinsame Ebene mit den Mitarbeitern zu finden. Der letzte Betriebsleiter des Hüttenbetriebes beschrieb seine Erfahrungen folgendermaßen:

> *„… Wenn man nicht auf dem hohem Roß sitzt, sondern mit den Leuten denkt, und deswegen auch meine Erfahrungen, die ich seinerzeit mit der Schichtdienstzeit hatte, wo ich viel länger als nachher mit den Leuten zusammenkam, dann entwickelt sich natürlich ein ganz anderes Verhältnis zu den Leuten, als wenn man irgendwo hingesetzt wird und kennt nur die Direktoren und die Chefs, und das ganze Fußvolk ist dann mehr oder weiniger unter ‚ferner liefen‘."* [24]

In das Bild des Familienbetriebes paßt auch, daß derselbe Betriebsleiter Menschenführung nicht als Umsetzung theoretischen Wissens betrachtete, sondern sich vielmehr bemühte, durch persönliche Gespräche ein gutes Verhältnis zu seinen Untergebenen herzustellen. „Man weiß zwar theoretisch eine ganze Menge, aber mit Menschenführung, da hatten wir zwar irgendeine Vorlesung gehört, aber das kann man nur vor Ort lernen … insbesondere nachts war man ja der Chef hier. Und man hat sich mit den Leuten unterhalten können, man hat dann über private Dinge gesprochen."[25] Im Sinne dieser „familiären" Menschenführung ist es auch zu verstehen, daß die Arbeiterschaft nicht als anonymes Kollektiv betrachtet wurde, sondern als Gruppe von Individuen, die es verdienen, daß man sich etwas Zeit für sie nahm. „… wir kannten auch Einzelprobleme, Einzelschicksale, die wir dann versucht haben, mitzulindern oder mitzuhelfen, diese zu lösen."[26] Die Fürsorge beschränkte sich also nicht nur auf innerbetriebliche Belange, sondern es wurde gemeinsam nach Lösungen auch für persönliche Probleme gesucht.

Viele Interviewpartner sehen das gute familiäre Betriebsklima auch darin begründet, daß die Erfahrung eines noch nicht lange zurückliegenden Weltkrieges und die sich daran anschließende Nachkriegszeit, ein gemeinsam erlebtes Schicksal, ein wichtiges verbindendes Element lieferte.

> *„Das Betriebsklima war besser wie heute, also unter den Kollegen. Wir hatten ja alle nichts, die hier gearbeitet haben. Wir mußten ja alle wieder von vorne anfangen, wir haben unser Geld verloren, die meisten waren*

*ausgebombt, die hatten keine Wohnung oder nur so eine Notwohnung, und so war der eine nicht neidisch auf den anderen, und so war das Betriebsklima hervorragend, unter den Kollegen sowieso. Da gab es an und für sich keinen Ärger oder Krach.*"[27]

Da im Gegensatz zu den meisten umliegenden Stahlwerken im Hüttenbetrieb Meiderich nach dem Zweiten Weltkrieg keine Demontage stattfand, blieb die Stammbelegschaft des Betriebes weitestgehend erhalten. Die „Schicksalsgemeinschaft" der Hüttenarbeiter in Meiderich bestand folglich nicht primär darin, außerordentlich harte Kriegsfolgen erlebt zu haben, sondern eher in der Erfahrung, Kontinuität zu erleben und zu leben.

*„ … das Werk hier, der Hochofenbetrieb Meiderich, und auch das Werk Ruhrort waren von der Demontage verschont gewesen, und es war hier die entsprechende alte Belegschaft, die auch schon während des Krieges hier gearbeitet hat, und diese Belegschaft ist nachher durch die Kinder der ehemaligen Belegschaftsmitglieder verjüngt worden, und in Bruckhausen drüben, haben sehr viele neue Leute angefangen, sehr viele Leute aus dem Bergbau, und dadurch war auch der Umgangston in Bruckhausen anders gewesen als im Werk Ruhrort und hier im Werk Meiderich.*"[28]

Die Verbundenheit, die so entstand, war erstaunlich dauerhaft. Auch Jahre nach der Schließung ist sie noch vorhanden: „Es kribbelt. Jetzt nach fast fünf Jahren den alten Wirkungskreis zu sehen, es kribbelt ein bißchen im Magen. Heimweh. Ich muß mich konzentrieren, etwas zu sagen, weil es schwirrt noch etwas anderes durch den Kopf. Ich sehe manche Kollegen jetzt vor mir. Wir waren richtige Kollegen. Man freute sich, hierhin zu gehen, weil man sich so gut verstand."[29] Der Besuch seines ehemaligen Arbeitsplatzes fünf Jahre nach der Schließung des Werkes löste bei diesem Oberschmelzer, der zum Zeitpunkt der geschilderten Rückkehr an seinen Arbeitsplatz vierundfünfzig Jahre alt war, eine starke emotionale Reaktion aus. Er erinnerte sich plötzlich an seine Kollegen, an die Atmosphäre im Werk, an das Arbeitsklima. Diese nostalgisch anmutende Rückschau ist typisch für die Wahrnehmung der Arbeitsatmosphäre im Hüttenbetrieb; viele der ehemaligen Beschäftigten würden vermutlich von ähnlichen Gefühlen bewegt, wenn sie an ihren alten Arbeitsplatz zurückkämen.

Eine wesentliche Auswirkung des vorher beschriebenen guten Betriebsklimas scheint, zumindest in der subjektiven Wahrnehmung der ehemaligen Beschäftigten, darin zu bestehen, daß die Arbeitssicherheit erhöht und damit die Unfallgefahr reduziert wurde. Die betrieblichen Arbeitsbedingungen in

*Abb. 4: Schmelzer in der Arbeitspause 1961 (Foto: H. Pelschinski, Duisburg; Quelle: Geschichtszentrum der DGfI)*

einem Hüttenbetrieb sind mit einer hohen Unfallgefahr verbunden.[30] Eine Reduzierung dieser Unfallgefahr erfordert neben technischen Maßnahmen auf der menschlichen Seite ein gutes Zusammenspiel der einzelnen Mitglieder einer Kolonne. „... Das waren Teams, die jahrelang zusammengearbeitet hatten, da ging praktisch einer für den anderen durchs Feuer. Man konnte sich blind auf den anderen verlassen, das war einfach wichtig bei solchen Arbeiten."[31] Fehler einzelner, aber auch eine gestörte Kommunikation in der Gruppe, konnten unter Umständen schwere Schäden für Mensch und Material nach sich ziehen: „... Wenn am Arbeitsplatz keine Treiberei herrscht und es herrscht ein vernünftiger Umgangston, dann sinkt ja alleine schon die Unfallhäufigkeit."[32]

Bemerkenswert ist die Bereitschaft der Hüttenwerker, sich für ihre Kollegen in Notsituationen einzusetzen. Ein Schmelzer berichtet von einer Hilfsaktion der Beschäftigten für einen anderen Kollegen.

> *„Ich kann mich erinnern, da ist mal kurz vor Weihnachten eine[m] Arbeitskollegen vom Elektrobetrieb die Wohnung ausgebrannt ... Und dann wurde hier spontan für die Leute gesammelt. Da kam ein ganz schönes Geld zusammen. Da wurde nicht gefragt, ob der von der Elektroabteilung war, da wurde am Hochofen genauso gesammelt wie woanders auch. Und so war es auch bei anderen Notfällen.“* [33]

Diese Aktion war nicht etwa einmalig, sondern die Beschäftigten waren offensichtlich schnell bereit, in solchen oder ähnlichen Notsituationen zu helfen, und das unabhängig davon, aus welchem Bereich des Hüttenbetriebes derjenige, dem geholfen werden sollte, nun kam.

## 3. *„Wir haben nie das Betriebsverfassungsgesetz gebraucht. Wir haben das alles so geregelt.“* [34] – Die Wahrnehmung von Konfliktsituationen

Konflikte scheint es im Hüttenbetrieb Meiderich nicht oder kaum gegeben zu haben, zumindest wenn man den Äußerungen der Mehrheit der ehemaligen Beschäftigten Glauben schenken will. Als Konfliktherd kommen mehrere Bereiche in Frage: die Beziehungen der Beschäftigten untereinander, dann die Beziehungen zwischen Vorgesetzten und Untergebenen. Dabei erscheint äußerst unwahrscheinlich, daß es in einem Betrieb, in dem zeitweilig über 1.100, danach mehrere Hundert Menschen arbeiteten, keine nennenswerten Konflikte gegeben haben soll. Es läßt sich die Tendenz ausmachen, daß viele der interviewten Beschäftigten des Hüttenbetriebes in ihren Äußerungen Konfliktsituationen bagatellisieren.

Schwer zu beantworten bleibt die Frage, ob innerbetriebliche Konflikte größeren Ausmaßes tatsächlich existierten und bewußt negiert und ausgeblendet wurden oder ob die Beschäftigten in ihrer Wahrnehmung Konfliktsituationen unbewußt relativierten. Unangenehme Aspekte des Arbeitslebens werden in den Interviews zwar immer wieder geschildert, doch wird ihre Bedeutung sogleich eingeschränkt. Auch wird häufig darauf verwiesen, daß der Arbeitsalltag hart gewesen sei, der innerbetriebliche Zusammenhalt aber habe die Arbeiter letztlich für all ihre Mühen entschädigt.

„Kameradschaftlich und alles drumherum ... es war eine Knochenarbeit, aber es war eine Kolonne, die fest zusammenhielt. Da konnte kommen, was wollte, da gab es nichts … also es war schon eine Knochenarbeit. Aber es war schon eine schöne Zeit."[35] Es „konnte kommen, was wollte", die Kolonne hielt zusammen, dieser Umstand war wichtig, um den Arbeitern ihre „Knochenarbeit" erträglich zu machen. Betrachtet man diese Aussage vor dem Hintergrund der tatsächlichen Arbeitsbedingungen in einem Hochofenbetrieb und der Motivation für die Arbeit dort,[36] läßt sich eine solche Haltung auch heute noch gut nachvollziehen. Die Tatsache, daß sich Aussagen wie diese in den durchgeführten Gesprächen in Variationen wiederholen, verstärkt den Eindruck, es habe tatsächlich keine größeren innerbetrieblichen Konflikte gegeben.

Die Solidarität zwischen den Arbeitern bezog die Vorgesetzten mit ein. „Das Verhältnis zu dem Meister war kameradschaftlich. Der Meister kam ja meistens selber auch hier raus und ist hier großgeworden."[37] Natürlich ergab sich aus dem Grund auch eine größere Akzeptanz des Vorgesetzten durch die Untergebenen.

Ehrlichkeit der Vorgesetzten im Umgang mit ihren Untergebenen wurde ihnen hoch angerechnet. Erstaunlich erscheint in dem Zusammenhang, daß, wie oben schon einmal angesprochen, die Betriebsleitung eine Distanz zwischen den „Chefs" und den Arbeitern nicht schuf oder aufrechterhielt. Jeder Arbeiter konnte mit seinen Problemen privater oder betrieblicher Natur bei seinen Vorgesetzten vorsprechen. Gespräche fanden auf einer Basis des Vertrauens statt.

> „… Wenn wir auch schon mal Probleme hatten, wenn sie jetzt privat Probleme hatten, konnten sie schon mal zum Meister gehen oder zu den Chefs oder zu den Assistenten. Sie konnten da ein offenes Wort sagen. Man hat ja als junger Bursche schon mal was gehabt. Die haben immer alle, wie die hier waren … immer ein offenes Ohr gehabt, für jeden. Auch angehört worden. Nicht blabla oder haben da gestanden, ‚komm mach, daß Du rausgehst'… wenn Sie da was hatten, wirklich Probleme hatten, Sie sind mit offenen Armen empfangen worden und sind auch nicht verkohlt worden. Die haben gesagt, so wie es ist, die haben auch die Wahrheit gesagt, und das ist auch unter vier Augen geblieben. Das hat viel geholfen bei manchem und es war auch ganz gut gewesen. Damals haben Sie nicht so weit gedacht, aber jetzt, wenn Sie so viele Jahre da sind, die hatten das richtige Händchen. Bei vielen hat es nichts genützt, aber es hat doch hochgeschlagen, weil die waren unsere Chefs, die waren offen … Die hatten für jeden ein offenes Ohr. Ob das der Direktor war … keiner hat die Nase hochgehalten. Alles Superleute."[38]

Die Aussage, daß es bei vielen Arbeitern „nichts genützt" habe, läßt darauf schließen, der Gesprächspartner laste dieses Versagen nicht etwa dem entsprechenden Vorgesetzten an, sondern vielmehr dem Umstand, daß diese Arbeiter nicht bereit waren, sich helfen zu lassen.

Es kann jedoch noch eine andere Tendenz in der Wahrnehmung und Beurteilung von innerbetrieblichen Konfliktsituationen festgestellt werden. In dem weitaus größeren Teil der Interviews werden Konfliktsituationen zwar genannt, aber bagatellisiert. Nur wenige der Interviewten sprechen offen von größeren Konflikten. Auseinandersetzungen werden als Reibereien heruntergespielt, die einfach zum betrieblichen Alltag gehörten. Auffällig ist auch in diesem Kontext wieder der Vergleich mit der Familie, so daß die Konflikte aus der Sicht der Arbeiter als unvermeidbar erscheinen. Reibereien waren in der Wahrnehmung der Beschäftigten meist nur von kurzer Dauer und wurden als Ausnahme betrachtet.

> *„Ärger gibt es immer, es läuft nie alles glatt, sogar in der Ehe läuft es nicht immer gleichmäßig."* [39]

> *„... das ging nur um so Kleinigkeiten, die man überall hat. Jeder wollte sich durchsetzen oder bestimmen ... aber im allgemeinen nicht, im allgemeinen war die Einsicht da, daß es nur so oder so gehen kann. Und je öfter man mit den Leuten zusammenkam und solche Situationen hatte, je reibungsloser ist das gelaufen."* [40]

> *„Wie es überall vorkommt, daß man immer schon mal Reibereien hat, mal mit dem, mal mit dem ... das waren Ausnahmen und die beschränkten sich meistens nur auf den Tag beziehungsweise den anderen Tag hat man das wieder vergessen. Ich meine, je länger [man] auch gearbeitet hat miteinander, man hat auch schon mal, gut mit dem arbeite ich lieber zusammen, mit dem nicht so, und je nachdem, was es auch für eine Arbeit war, dann spielte das auch keine Rolle, dann konnte man das gut überbrücken. Ich meine, die Reibereien sind wie überall im täglichen Leben, ob Familie, ob unter Freunden, Bekannten oder im Verein."* [41]

Das Bild der Familie stellt Konflikte auf eine alltägliche Ebene, erklärt sie zur Normalität und mildert so ihre Bedeutung ab. „... Das war wie in einer Familie, in einer Familie gibt es auch manchmal Ärger. Da will der Sohn nicht wie der Vater will, aber wir haben hier an einem Strick gezogen." [42]

Der häufige Gebrauch von Redensarten ist auffällig. Ob sich die Interviewten nicht wohl fühlten, wenn sie sich zu dem Thema äußern sollten? Durch den Gebrauch von feststehenden Wendungen läßt es sich jedenfalls vermeiden, konkretere Äußerungen zu dem Themenbereich Konflikte zu machen. Folgende Aussage eines ehemaligen Betriebschefs bietet geradezu eine Aneinanderreihung von Redensarten: „Die [Konflikte] gab es immer mal. Das ist genauso wie in Familien, und wenn Menschen zusammenarbeiten, gibt's natürlich auch Stänkereien. Es ist nicht alles Gold, was glänzt. So darf man das nicht sehen. Wo gehobelt wird, da fallen Späne. Und so ein Hochofenbetrieb ist ja kein Mimosenbetrieb. Da geht es ja zur Sache."[43]

Interessant ist die Äußerung eines Schlossers, der gleichzeitig Vorarbeiter einer Kolonne war. Als er von dem Interviewer auf mögliche Konfliktsituationen angesprochen wird, reagiert er folgendermaßen:

> *„Hier? Nein, groß nicht. Das würde ich auch gar nicht erwähnen, weil das uninteressant ist, darüber zu sprechen … Kommt schon einmal vor, daß der eine dem anderen mal etwas sagen wollte, der eine war wieder schöner als der andere, oder der eine hat einmal etwas liegen lassen, was der brauchte, nicht wahr, dann wehrt man sich eben. Aber sonst im allgemeinen, ist nicht interessant, darüber zu reden."*[44]

Eine gewisse Unwilligkeit, das Thema zu erörtern, scheint den Arbeiter zu bestimmen. Auseinandersetzungen sind für ihn nicht erwähnenswert, wenn dann „schon einmal" Konflikte auftraten, „dann wehrt man sich eben". In einigen Fällen führten andere Arbeiter Schwierigkeiten im Umgang mit Kollegen sogar eher auf sich selbst oder auf die eigene Verhaltensweise zurück, als die anderen oder die Situation dafür verantwortlich zu machen.

Insgesamt drängt sich ein Bild auf, das von Harmonie beherrscht ist, sofern der einzelne bereit war, sich an- und einzupassen. Solange man sich also im Betriebsleben unauffällig verhielt, konnten auch keine Konflikte entstehen.

> *„… Sie sind aufgenommen worden, als wenn Sie schon ewig da gewesen wären. Oder es hat an uns selber gelegen, daß man ein sturer Bock war oder nicht reagiert hat. So wie ich in den Wald reingeschrien habe, so ist es auch wieder rausgekommen. War ich ein vernünftiger Kerl, so bin ich auch vernünftig behandelt worden. War ich ein Blödmann, bin ich auch als Blödmann behandelt worden."*[45]

Es verwundert daher nicht, daß innerbetriebliche Rivalitäten von den meisten interviewten Arbeitern ähnlich relativiert werden wie andere Konflikte. Das Betriebsklima jedenfalls sei durch Rivalitäten nie beeinträchtigt gewesen. „Ja, so kleine Sachen gab es immer und wird es immer geben, aber so extreme Rivalitäten eigentlich nicht. Ich meine, jeder hat natürlich versucht, höhere Stufen zu erklettern, da in der Hierarchie, das ist normal, aber das war nie so, daß darunter das Klima gelitten hat."[46]

Erstaunlich ist, daß die Sicht auf den Betrieb als quasi konfliktfreien Raum auch dann noch vorherrschte, als durch Rationalisierungsmaßnahmen und die damit verbundene Einsparung von Arbeitskräften die Arbeit auf immer weniger Mitarbeiter verteilt wurde und der Druck auf den einzelnen zunahm. Allerdings wird davon berichtet, daß im Zuge der Rationalisierungen eine vorher in dem Maße nicht bekannte Unzufriedenheit aufkeimte. „Die Kollegen haben mehr geschimpft, das ist ganz klar, die waren unzufriedener. Aber gegeneinander ... hier fiel schon mal das eine oder andere Wort, aber daß wir uns deswegen in die Wolle kriegten, kann ich nicht sagen. Aber wir waren unzufriedener, weil immer mehr auf uns zukam."[47] Das gute Betriebsklima, so die Sicht dieses Arbeiters, sei durch die Einsparungen nicht ernsthaft gefährdet gewesen.

Die Zahl der Interviewten, die auch negative Aspekte im Zusammenhang mit dem Betriebsklima ansprachen, ist, wie bereits erwähnt, gering. Nur drei Interviewpartner trübten mit ihren Stellungnahmen das Bild von der weitgehend konfliktfreien Idylle. Dennoch läßt sich auch anhand der wenigen Aussagen ein etwas differenzierteres Bild des Familienbetriebes entwerfen. Einer der drei Arbeiter äußert sich außerordentlich negativ über seine Vorgesetzten:

> „... Der Herr L[...], direkt bösartig war der. Da habe ich bloß immer gesagt, gehe mir bloß aus der Quere. Ich bin gutmütig, aber nicht auf die krumme Tour, so aushorchen, was denkst du über den Obermeister. Die Frage allein war schon wieder ein Zeichen, da will schon wieder einer schwätzen. Ich sage, wenn ein Mensch nur Menschen hier morgens hundertmal abzählen läßt und will hier den großen Mann markieren und [da-]durch seine Macht zeigen ... manche waren schon schlimm."[48]

Derselbe Arbeiter schildert dann einen Vorfall, bei welchem er einen Streit sogar handgreiflich ausgetragen hat: „... Und mit dem [Obermeister] habe ich mich in die Wolle gekriegt ... Da hat der mich am Kragen gepackt, da habe ich ihn über die Drehbank gelegt, wollte ich ihm eine zimmern, weil der mich angepackt hatte. Und dann kam der Meister ... und dann ist das nachher geregelt worden ... Da waren ... ein paar Bazillen drunter..."[49] Hier entsteht allerdings der Eindruck, daß nicht eine innerbetriebliche Konfliktlage vorgelegen hat, sondern daß der betreffende Arbeiter ein Mensch ist, der empfindlich reagiert und möglicherweise Anpassungsschwierigkeiten hat. Bemerkenswert ist jedoch, daß die handgreifliche Auseinandersetzung, die arbeitsrechtliche Konsequenzen bis zur Entlassung hätte nach sich ziehen müssen oder zumindest können, unter der Hand „geregelt", also offensichtlich ohne größeres Aufheben beigelegt wurde.

Im zweiten Beispiel berichtet ein Maschinist davon, sein Obermeister sei sogar für seine gesundheitlichen Beschwerden verantwortlich gewesen.

> *„Die erste Zeit war sehr schwer gewesen und ... mit dem Magengeschwür, ich halte das auf die Wechselschicht [geschoben], aber plötzlich, wo der eine Oberschmelzer ... pensioniert war, waren die Magengeschwüre weg ... Der hatte die Angewohnheit, einen zu ärgern. Und wenn Sie jetzt darauf eingegangen sind und haben zurückgestichelt, dann war der beleidigt, dann war es aus, dann hat der versucht, Sie irgendwie arbeitsmäßig dranzukriegen."* [50]

In diesem Fall wird der Konflikt personalisiert, d.h. mit einer einzelnen Person verbunden. Als Beleg für ein schlechtes Betriebsklima galt er dem Arbeiter folglich nicht.

Ein anderer Schmelzer erzählt von einem Meister, der dem Zusammenhalt in einer Gruppe entgegenarbeitete. „Manche Meister haben das nicht gerne gesehen. Wir hatten einen gehabt, wenn der gesehen hatte, daß eine Kolonne gut zusammenpaßte, hat der die auseinandergerissen."[51] Das läßt sich als Maßnahme zur Unterbindung der Solidarisierung innerhalb einer Gruppe von Arbeitern auffassen. Konflikte konnten also auch daraus entstehen, daß sich Arbeiter in einer Kolonne ‚zu gut' verstanden und der Vorgesetzte befürchtete, daß sich die Gruppe womöglich gegen ihn solidarisiert. Unter Umständen war dann ein regulierendes Element wie der Vorgesetzte nicht mehr unbedingt nötig, die Anordnungen des Meisters wurden dann nicht mehr unbedingt befolgt. Da der betreffende Arbeiter dieses Thema nur andeutet, aber nicht weiter ausführt, kann man darüber jedoch nur spekulieren.

Als ein Konfliktherd anderer Art erschien in einigen Aussagen das Verhältnis von jung und alt. So beschreibt ein Schlosser Schwierigkeiten, die er bei seinem Eintritt im Verhältnis zwischen Arbeitern verschiedener Altersgruppen erlebte. „Das war auch schwer so, bei den Alten so reinzukommen, die haben ja noch so das Herrschaftsdenken, das Bestimmende, das ich nur und kein anderer. Die Meinung der jungen Leute, die galt nichts ... da waren ja auch Welten dazwischen .. Und so ist das dann damals bei uns auch gewesen. Bei den Alten, da hat man immer Schwierigkeiten gehabt ... also die haben einen getriezt, wo sie nur konnten."[52] Hier wird also schon ein ernstzunehmender Generationskonflikt geschildert; dieser fügt sich aber ein in das Bild vom familiären Hüttenbetrieb, denn auch in einer Familie, in der mehrere Generationen vertreten sind und somit auch verschiedene Werthaltungen und Normen aufeinanderprallen, kann es zu vergleichbaren Konflikten dieser Art kommen. Erschienen sie dem Betrachter dann doch nicht als so gravierend?

Bleibt noch eine letzte Art von Konflikten zu erwähnen, nämlich innerbetriebliche Konkurrenzverhältnisse zwischen verschiedenen Berufszweigen. Arbeiter ist keineswegs gleich Arbeiter. Traditionell besteht in vielen Betrieben ein Konkurrenzverhältnis, etwa zwischen Ofenarbeitern und Handwerkern oder zwischen Elektrikern und Schlossern. Elektriker zum Beispiel waren der Meinung, daß ihre Arbeit wirkliche Kopfarbeit sei, wohingegen Schlosser sich auch mal die Hände dreckig machten.[53] „Ja, die Elektriker", so ein Schlosser, „die waren so halbe Herrgötter. Die dachten immer, was sie machten, das war das Richtige. Aber nachher hat sich das gelegt, es war wirklich eine gute Zusammenarbeit. Aber im Anfang hatte ich da auch Schwierigkeiten gehabt."[54] Aus dem Mund eines Elektrikers klingt das so: „… Wir haben uns dauernd gekabbelt, die Elektriker und die Schlosser … Aber wir kamen immer wieder auf einen Nenner. Am Ende haben wir uns vertragen. Das war nicht immer der Fall. Öfters haben wir gesagt: ‚Schlosser sind doof, die können nicht denken, ein Elektriker kann denken.'"[55] Die Beispiele verdeutlichen, daß die Befragten darum bemüht scheinen, ihre Aussagen zu diesem bestimmten Thema zu relativieren, und dies, obwohl es offensichtlich ein Konkurrenzverhältnis gegeben haben muß, das denn Umgang miteinander erschwerte.

Wie aber wurden Konflikte oder Problemsituationen gelöst, wenn sie denn einmal auftraten? Typisch scheint zu sein, daß, aufgrund der zuvor geschilderten Vertrauensbasis, die Betriebsleitung und die unmittelbaren Vorgesetzten Toleranz und Milde walten ließen. Ein Schlosser-Vorarbeiter berichtet über eine Begebenheit, die sicherlich keine Bagatelle war:

*„Wir hatten hier Dieselkarren, und es durften nur an und für sich bestimmte Leute diese fahren … Und an diesem Morgen fahre ich durch die Möllerung, unter den Öfen durch … da steht ein großer Lastwagen, da ist rechts eine Straße nicht allzu breit, ich gucke mir das an; oh, dachte ich, da mußt du ja durchkommen. Da habe ich nicht gesehen, daß der LKW von der Bracke, der Haken, der war verbogen und stand zur Straße hin. Und ich will vorbeifahren und reiße das ganze Führerhaus von der Dieselkarre … Da mußte ich natürlich oben [bei der Betriebsleitung] antanzen … Zu unserem Chef … Als ich reinkam, lachte er schon … Das wurde auch nicht übelgenommen."* [56]

Der Betriebsleiter reagierte nicht mit Unverständnis oder Verärgerung, sondern er lachte über diesen Vorfall, obwohl dadurch ein hoher Sachschaden entstanden war. Ohne das immer wieder zitierte „großartige" Betriebsklima wäre ein solch guter Ausgang der Begebenheit vermutlich nicht zustande gekommen.

Auch Situationen, die auf den ersten Blick verfahren erschienen, wurden nach anfänglichen Schwierigkeiten wieder „geradegebogen". Das läßt sich etwa aus der Erzählung eines Schlossers ableiten, der sich gegenüber seinem Meister behauptete:

> „... Mein Patenkind ging zur Kommunion, und da wollte ich einen Sonntag frei haben. Und da wurde gesagt, das geht nicht. Wie, das geht nicht? Du weißt genau, sagt er, ich brauche dich, wir haben Reparaturen. Ich sage nein, ich komme nicht. Wie, du kommst nicht, sagt er, das wollen wir sehen. Ich bin nicht gekommen, und dann kam ich dann montags wieder, und dann kam er zu mir und sagte, nimm das nicht so tragisch, du weißt ja, wie das ist, ich brauche dich besonders, wie so die Lobhudelei dann eben ist. Vergessen wir alles, sagt er. Ja, warum schreist du mich denn dann so an? Ja, ich war aufgeregt, ich habe die Verantwortung, daß alles läuft ... und das waren so Sachen, wo ich mich dann gewehrt habe ... Ich würde sagen, das war die Ausnahme. Die saßen ja auch tagtäglich unter Druck. Erst einmal die Verantwortung, die sie hatten, daß nichts kaputtging und so weiter. Und wenn dann mal so ein Ding war, dann sind sie ausgeflippt, aber das war die Ausnahme." [57]

Zunächst schreien sich die Beteiligten an, es wird „Dampf abgelassen". Nach dem ersten Ärger entkrampft sich die Situation aber schnell wieder und bald geht es darum, eine Verständigung herbeizuführen. Offenbar setzte man eher auf Kooperation als auf Konfrontation. Beide Seiten versuchten, die Situation nicht eskalieren zu lassen, denn offensichtlich war dieser Schlosser ein zu wichtiges Mitglied der Belegschaft, als daß der Vorgesetzte ihn dauerhaft verärgern wollte.

Um zu zeigen, daß es sich dabei nicht um einen Einzelfall handelte, sei noch ein weiteres Beispiel angeführt.

> „... da hatten sie nachts meinen Wagen angefahren, und ich wußte, wer das war, und dann ... am nächsten Morgen bin ich zum Rechtsanwalt gegangen ... Und dann wollte mir hier der Hüttenchef ... also der Aufseher hatte ins Buch geschrieben „fehlt". Damals war es so, bei drei „fehlt" gab es einen blauen Brief, und beim nächsten Mal flog man raus. Und dann

*bin ich hingegangen und habe gesagt ... und da hat der gesagt, da kann
ja jeder kommen. Ich sage: Herr [...], für die Arbeit, für die Ordnung sind
Sie da und für meine Privatsachen bin ich zuständig, für mich zählt der
Tag als entschuldigt. Tür auf und weg war ich. Und da sagte der Meister
noch, hör mal, du bist aber giftig gewesen. Ich sage, ich will nur die Ge-
rechtigkeit. Am nächsten Tag stand im Buch „entschuldigt". Aber das war
das einzige Mal.“* [58]

Auf die meist übliche Form, in der innerbetriebliche Konfliktsituationen geregelt wurden, trifft wohl die folgende Aussage zu: „... wir haben hier unser
Süppchen gekocht und haben uns dann selber geeinigt. Das wurde dann
nicht erst an die große Glocke gehängt, das haben wir selber alles gemacht.
So war das; wie eine Familie zusammengewachsen.“ [59]

## 4. Außerbetriebliche Aktivitäten

Viele Beschäftigte des Hüttenbetriebes Duisburg-Meiderich, wenn nicht sogar die meisten, schätzten also das Klima an ihrem Arbeitsplatz als überdurchschnittlich gut ein. Wer sich bei der Arbeit gut versteht, der trifft sich
auch zur außerbetrieblichen Freizeitgestaltung, so ließe sich erwarten. Tatsächlich geschah das bei weitem nicht so häufig.

Gemeinsame Aktivitäten stellten eher die Ausnahme dar. Die Gründe dafür waren vielfältig. Außerbetriebliche Aktivitäten waren oft erschwert durch
die Tatsache, daß die Beschäftigten in einem System der Wechselschicht arbeiteten, so daß sich die jeweiligen Arbeitszeiten von eventuell befreundeten
Arbeitern nicht deckten. Man hatte einfach keine Zeit und vielleicht auch keine Kraft und Lust, nach einem anstrengenden Arbeitstag noch etwas zu unternehmen.[60] Eine andere Ursache mag in der Tatsache begründet liegen, daß
die Wohnorte der Arbeiter, zumindest in den letzten Jahren vor der Stillegung des Werkes, nicht mehr in unmittelbarer Nähe zum Werk lagen.
Überdies bildeten Arbeitswelt und Privatsphäre mit Familie und Freunden
zwei voneinander getrennte Bereiche.

Die Wahrnehmung der außerbetrieblichen Aktivitäten ist hingegen nicht
einheitlich. Einige Befragte bestätigen Kontakte nach der Arbeit; und in einigen Fällen bestand diese Beziehung sogar über die Stillegung des Betriebes hinaus fort. Ehemalige Hüttenarbeiter haben sich in diesem Sinne geäußert, so daß sich ein Blick auf gemeinsame Aktivitäten von Kollegen lohnt.
So wird erkennbar, welche Arten der Freizeitgestaltung es gab, wer sich

traf, aber auch, warum man sich nicht nach der Arbeit traf. In den fünfziger und sechziger Jahren war die Mobilität von Arbeitern noch nicht sehr groß. Lange Arbeitszeiten und fehlende Motorisierung stellten ein nicht zu unterschätzendes Hindernis dar. Ein Arbeiter, der 1952 in den Betrieb eintrat, erzählt:

> *„Nein, das ist nicht der Fall gewesen. [Daß man nach der Arbeit mal ein Bier trinken ging zusammen] das hat man damals nicht so sehr gehabt. Man hat auch zu sehr auseinander gewohnt. Ich habe damals in Meiderich gewohnt, die anderen in Hamborn, in Holten, in Oberhausen, und wenn sie die damalige Zeit rechnen mit den … man hat kein Auto gehabt. Das einzige, was man hatte, war Fahrrad, Moped, und dadurch waren auch schon die Aktivitäten nach der Arbeitszeit unwahrscheinlich eingeschränkt."*[61]

Ein Schmelzer, der 1974 ins Hüttenwerk kam, äußert folgende Vermutung:

> *„Wenn das in der Regel so gewesen wäre, [sich nach Feierabend noch zu treffen,] vielleicht wäre das Klima dann gar nicht mehr so gut gewesen. Wenn man sich acht Stunden sieht, die sind schnell vorüber, gerade in diesem Arbeitsprozeß, und jetzt noch privat. Das wird einfach zuviel. Würde ich meinen, ich habe es noch nie versucht, aber ich könnte es mir vorstellen."*[62]

Die Aussage, „ich habe es noch nie versucht", deutet darauf hin, daß dieser Arbeiter offensichtlich keine außerbetrieblichen Kontakte zu anderen Beschäftigten pflegte. Er sagt zwar, daß es „… so ein paar Mann [gab], die sich auch privat getroffen haben", hielt es aber für besser, daß Berufliches und Privates „im großen und ganzen … schon auseinandergehalten" wurde. Bei einem langen Arbeitstag wurde Zeit, die verbleibende freie Zeit, zu einem kostbaren Gut: „Man hatte ja auch einfach keine Zeit dafür."[63] 1957 beispielsweise betrug die Arbeitszeit in der Eisen- und Stahlindustrie noch 45 Stunden in der Woche, 1966 wurde die 40-Stunden-Woche eingeführt und erst 1984 wurde dann die 38-Stunden-Woche als wöchentliche tarifliche Arbeitszeit festgelegt.[64] Zeit war also knapp, zumal auch andere, Familienangehörige oder Freunde, erwarteten, daß man sich ihnen widmete. Ein Schmelzer aus dem Hochofenbetrieb ließ keinen Zweifel daran, daß er seine Freizeit lieber mit seiner Frau verbrachte. „Ich wüßte nicht also, ich nicht. Gut, wir waren schon mal … auf dem Sportplatz gewesen oder schon mal zum Skat getroffen, aber an und für sich direkt, daß man so privat … Also, ich nicht, weil ich mit meiner Frau immer viel unternehme."[65]

Daß andere Beschäftigte sehr wohl Freizeitkontakte außerhalb des betrieblichen Lebens pflegten, bestätigen die Aussagen anderer Beschäftigter. Ein Betriebsleiter berichtet von ausgedehnten Kontakten nach Feierabend.

> *„Das war von Anfang an, würde ich sagen. Die gemeinsame Freizeitgestaltung war damals intensiver als sie heute ist. Heute gehen die jungen Leute meistens nach Hause und wollen vom Betrieb und den Kollegen nichts mehr wissen. Da gibt es bei uns noch ein paar, die sich privat öfters treffen, aber damals war das eine schöne Einrichtung. Man hat sich alle vierzehn Tage bis drei Wochen getroffen, man hat zusammen gekegelt, man hat zusammen Spaß gehabt."* [66]

Die Tatsache, daß hier von einer „Einrichtung" gesprochen wird, deutet daraufhin, daß das Kegeln betrieblich organisiert war. Gekegelt wurde „mit den Ruhrorter und den Hamborner Hochöflern". Es scheint sich also um einen „Thyssen-Kegelclub" gehandelt zu haben. Solche Kegelclubs existierten in vielen Betrieben, „auf den einzelnen Schichten. Da ist noch ein Kegelclub vorhanden von den Ingenieuren und Meistern hier, die sich noch einmal im Monat treffen."[67] Kegelclubs für die Arbeiter einer Schicht, dann solche für Meister und Ingenieure: Die Vermutung liegt nahe, daß eine Freizeitgestaltung, wenn sie betrieblich organisiert war, eine Trennung der einzelnen Berufsgruppen vorsah. Bestätigt wird dieser Eindruck durch die Aussage eines Schlossers:

> *„Meistens waren da doch die Handwerker für sich, und die vom Ofen hatten auch ihre eigene Veranstaltung. Wir haben vier- oder fünfmal unten in Dinslaken unseren Kameradschaftsabend gehabt. Immer schön. Dann haben wir natürlich auch kolonnenweise unsere Feiern gemacht. Also, der Zusammenhalt war immer da. Man hatte immer seine festen Kollegen gehabt, wo man was mit unternehmen konnte."* [68]

Bei den erwähnten Kameradschaftsabenden handelte es sich um Zusammenkünfte, „die von zwei Mann vom Betrieb aufgezogen wurden".[69] Weiter heißt es über diese Veranstaltungen: „... da waren nicht nur die Kollegen von der Schicht, da waren die Kollegen vom ganzen Betrieb. Da waren Schlosser, Elektriker, alles, was hier an Handwerkern war."[70] Die Kameradschaftsabende fanden über einen Zeitraum von zwölf Jahren statt. „1958 war der erste, aber bis 1970 hat es sich gezogen."[71] Bei diesen Abenden waren „auch die Frauen"[72] der Hüttenwerker mit von der Partie.

Es gab sogar noch engere Kontakte. Auf manche traf die Aussage zu: „... Wir waren viel zusammen."[73] Es ergaben sich ohne Zweifel Freundschaften, die über die betriebliche Zusammenarbeit hinausgingen. „Wir hatten mehr

Freunde wie Kollegen. Ich würde sagen, ich hatte hier mehr Freunde. Wir haben zusammen verkehrt, wir sind zusammen ausgegangen. Das war immer."[74] Und das ging weit über die organisierten Zusammenkünfte hinaus. So schildert der Hüttenarbeiter weiter, daß eine „Fahrradtour" gemacht oder „Silvester zusammen gefeiert" wurde.[75] An diesen außerbetrieblichen Aktivitäten waren oft auch die Ehefrauen beziehungsweise die ganze Familie der Beschäftigten beteiligt. „Einmal die Männer natürlich auf der Arbeit. Und dann haben sie sich mal verabredet, gehen wir doch heute abend mal aus, und dann sagten wir den Frauen auch Bescheid, und die lernen sich dann auch kennen. Da gab es schon Cliquen, die sich dann auch mit den Frauen getroffen haben."[76] Mitunter entstand daraus eine dauerhafte Freundschaft. In manchen Fällen wurde die Verbindung über die Stillegung des Betriebes hinaus aufrechterhalten, von einigen sogar bis heute:

> „Kontakte gab's, ich sag mal so, auf einer Schicht waren wir so dreißig Leute; Elektriker, Mess- und Regelleute, Kranführer, Maschinisten. Und da gab es auch private Freundschaften. Ich habe zum Beispiel auch heute noch ... und auch noch einige andere, die ich heute noch sehe ... Wir haben uns getroffen, auch manchmal mit den Frauen, mal essen gegangen oder gemeinsam gekegelt, nicht regelmäßig, aber so doch zwei- bis dreimal im Jahr. Oder dann waren wir auch im selben Sportverein ..."[77]

Ein Schlosser berichtet lebhaft von den Freundschaften unter den Hüttenwerkern, die die Zeit überdauert haben: „... der Herbert, den rufe ich heute abend noch an, dann kommt der mit seiner Frau zu mir. Der S[...] kommt zu mir und dann gehe ich auch schon mal rüber zu denen, wir machen das immer reihum."[78] Dieser Arbeiter war zum Zeitpunkt des Interviews bereits neunundsechzig Jahre alt und noch immer hatten die erwähnten Freundschaften offenbar große Bedeutung für ihn. Manche außerbetrieblichen Kontakte unter den Beschäftigten gingen sogar so weit, daß man sich zu Familienfeiern traf, „wenn mal eine Feier war oder ein runder Geburtstag, dann sind wir eingeladen worden, wenn ein Kind da war oder so etwas."[79] Die meisten Kontaktmöglichkeiten waren allerdings während der Arbeitszeit gegeben. Beziehungen, die über das betriebliche Zusammenarbeiten hinausgingen, bildeten sich natürlich auch innerhalb der Werkshallen. Sie stellten für die Beschäftigten eine willkommene Möglichkeit dar, sich auszutauschen. „... [das] gehört dazu, ein persönliches Gespräch."[80] Viele erzählen, daß sich besonders die Nachtschicht zu solchen Unterhaltungen eignete. „Gerade auf der Nachtschicht ... da wurde dann erzählt über Gott und die Welt ... sehr viel über Religion ... auch über Politik, hier die SPD-Wähler, da die CDU-Wähler, da wurde schon heiß diskutiert. Es wurde über alle Lebensbereiche gesprochen, der eine hatte Sorgen mit seiner Familie."[81] Aus solchen „Diskussionsrunden" entstanden sicherlich auch Freundschaften, denn man lernte die Menschen, mit denen man tagtäglich zusammenarbeitete, durch die Gespräche besser kennen.

Sogar Weihnachten wurde im Betrieb gefeiert. Ein Schlosser-Vorarbeiter berichtet, wie so ein Weihnachtsfest im Hüttenbetrieb aussah: „... Heiligabend sind wir hier, wir haben Mittagschicht ... dann feiern wir zusammen ... in den Werkstätten [hatten wir] Weihnachtsbäume stehen. Und die Tische schön gedeckt ... mit Papiertischdecken. Also ganz gemütlich." Eine einfache aber gemütliche Atmosphäre herrschte wohl bei diesen Weihnachtsfesten. Die Hüttenarbeiter konnten bedingt durch die Wechselschicht Weihnachten nicht zu Hause bei ihren Familien verbringen, versuchten aber, ein Stück der „Heimeligkeit" mit in den Betrieb zu bringen und feierten das Fest mit ihrer „zweiten Familie". Auch Silvester wurde im Betrieb gefeiert, denn: „... Silvester Nachtschicht, so ganz ohne alles kann man das auch nicht."[82]

*Abb. 5: Arbeiter im Pausenraum von Hochofen 1 und 2 – Zeit für Gespräche (Foto: J. Dreide, Duisburg; Quelle: Geschichtszentrum der DGfI)*

Insgesamt ergibt sich ein uneinheitliches Bild. Freizeitkontakte kamen vergleichsweise selten zustande. Hierfür scheinen in der Anfangszeit in erster Linie eingeschränkte Kontaktmöglichkeiten durch lange Arbeitszeit und das Wechselschichtsystem sowie die lange Zeit eingeschränkte Mobilität verantwortlich zu sein, später dann ein wachsendes Desinteresse an einem Treffen mit Kollegen in der Freizeit. In Einzelfällen gab es allerdings auch weitgehende Freizeitkontakte, sogar unter Einbeziehung der Frauen. Dabei entstanden mitunter Freundschaften unter Kollegen, die auch die Schließung des Werkes überdauert haben.

*Abb. 6: Silvester 1963 im Hüttenwerk (Quelle: Geschichtszentrum der DGfI)*

## 5. *„Es war auch mal hart, aber wir haben mehr gute Zeiten gehabt wie schlechte.“* [83] – Eine Zusammenfassung

Fügt man die Aussagen der befragten ehemaligen Beschäftigten des Hütten-betriebes in Meiderich zusammen, so entsteht ein beinahe idyllisches Bild. Jedenfalls schildern die Interviewten fast durchgängig und übereinstimmend den Hüttenbetrieb als einen „Familienbetrieb". Diese Idylle scheint wirklich-keitsfern, zumal dann, wenn man die Arbeitswirklichkeit in einem Betrieb der Eisen- und Stahlindustrie berücksichtigt. Die Arbeit war harte, schwere, oft monotone und nicht selten auch gefährliche „Knochenarbeit", wie viele der Befragten selbst berichteten. Wie aber läßt sich vor diesem Hintergrund die überaus positive Erinnerung erklären?

Sie ist wohl kaum alleine dadurch zu begründen, daß es in der menschli-chen Natur liegt, negative Erlebnisse in der Erinnerung weitgehend auszu-blenden. Das Verdrängen der negativen Aspekte einer meist jahrzehntelan-gen schweren Arbeit und die Bindung an das Bild einer Familienidylle, wobei der Arbeiter in dieser Familie einen festen Platz einnahm, kann vielmehr als Reaktion auf eben diese harten Arbeitsbedingungen gewertet werden. Ar-beitsbedingungen wurden dann „schöngeredet", um sich am Ende eines lan-gen Arbeitslebens nicht eingestehen zu müssen, unter welch objektiv harten Bedingungen die Arbeit hatte geleistet werden müssen.

Bemerkenswert ist, daß sich in den Berichten der Interviewten kaum Äu-ßerungen finden lassen, die zeigen, die Arbeiter hätten sich mit politischen Fragen und Problemen auseinandergesetzt oder hätten klassenkämpferische Ideen entwickelt oder verbreitet. Daß solche Bereiche nicht angesprochen wurden, ist um so auffälliger, als sich unter den Befragten mehrere Betriebs-räte, also gewerkschaftlich engagierte Arbeitnehmervertreter befunden ha-ben. Doch selbst für sie besaß anscheinend das klassenkämpferische Ideen-gut weniger Überzeugungskraft als das Bild von der Gemeinschaft der Hüt-tenwerker als Familie. Offensichtlich waren die Arbeiter mehrheitlich wil-lens, sich dem Prinzip des Familienbetriebes unterzuordnen, vielleicht sogar bereit, sich bis zu einem gewissen Grad der eigenen Verantwortlichkeit zu entledigen, da die Familienstruktur auch eine Art Entlastung bot.

Als das Werk geschlossen wurde, erlebten das nicht wenige, als sei ihnen ein vertrauter Ort, ein wichtiger Teil ihrer Identität, geprägt durch den „Fami-lienbetrieb", abhanden gekommen. Mit der Stillegung des Industriebetriebes wurde daher gleichzeitig ein Teil von jedem einzelnen „stillgelegt", eben das einmalige „Wir-Gefühl" der Hüttenwerker. „Wir waren ja schon traurig, wie sie das Werk hier zugemacht haben. Gerne sind wir alle hier nicht weggegangen. Vor allen Dingen war das ja hier ein Familienbetrieb..."[84]

Es wäre interessant zu erfahren, ob diese familiäre Atmosphäre auch in größeren Betrieben vorhanden war oder ob es sich hier um ein spezifisches Phänomen des Meidericher Werkes gehandelt hat. Ebenso könnte der Frage nachgegangen werden, ob es sich um ein auf die damalige Zeit beschränktes Phänomen gehandelt hat und ob die Sichtweise in der heutigen, von immer größerem Konkurrenzdruck beherrschten Wirtschaftssituation noch denkbar ist. Die Antworten darauf können aber nur die betroffenen Arbeiter selbst geben.

Marion Müller

# „Also, ... ich habe mit den Türken keine Last gehabt ... Hauptsache, der macht seine Arbeit und fertig." – Ausländische und deutsche Mitarbeiter im Hüttenwerk

## 1. „Irgendwie müssen Arbeitskräfte her" – Wie die ausländischen Arbeiter nach Meiderich kamen

Am Ende des Zweiten Weltkriegs lebten in Deutschland trotz der Verluste während des Krieges mehr Menschen als 1939. Flüchtlinge aus den ehemaligen deutschen Ostgebieten und der SBZ bzw. DDR strömten auch in den nächsten Jahren vor allem in den westlichen Teil Deutschlands, so daß dort schließlich zwölf Millionen Menschen zusätzlich ein Heim und einen Arbeitsplatz suchten. Da längst nicht alle versorgt werden konnten, war die Zahl der Arbeitslosen hoch und blieb es über Jahre hinweg. In den fünfziger Jahren trat jedoch bereits eine Änderung ein. Als sich ein Arbeitskräftemangel abzuzeichnen begann, sah die Bundesregierung mit der Unterstützung von Landwirtschaft und Industrie die Lösung darin, über Anwerbeverträge mit anderen Staaten neue Arbeitskräfte ins Land zu holen. Der erste Vertrag wurde am 20. Dezember 1955 mit Italien geschlossen. Er ermöglichte italienischen Staatsangehörigen die Einreise und den Aufenthalt in der Bundesrepublik als sogenannte „Gastarbeiter".

Zunächst wuchs der Anteil der ausländischen Arbeiter an den insgesamt in deutschen Betrieben beschäftigten Menschen nur langsam. Daß dann aber mit Beginn der sechziger Jahre die Zahlen der ausländischen Arbeiter rasch anstiegen und bis zum Anwerbestopp 1973 weitere Verträge abgeschlossen wurden – mit Griechenland (1960), Spanien (1960), der Türkei (1961), Marokko (1963), Portugal (1964), Tunesien (1965) und Jugoslawien (1968)[1] –, hatte mehrere Gründe. Zunächst einmal war ein Bedarf da. Die bundesdeutsche Wirtschaft hatte die Vollbeschäftigung erreicht, benötigte für die bereits auf Hochtouren laufende Industrieproduktion aber weitere Arbeitskräfte. Auf dem deutschen Arbeitsmarkt waren diese nicht mehr in ausreichendem Maße zu finden. Das lag einerseits an einem starken Geburtenrückgang, an verlängerter Schul- und Ausbildungsdauer, am Entzug von rund 500.000 jungen Männern, die den Wehrdienst ableisteten, an einem früheren Übergang der Arbeiter in den Ruhestand.[2] Andererseits hatte sich der Zustrom von Menschen aus dem Osten merklich verringert. Aus der sowjetisch besetzten Zone bzw. aus der DDR konnten nach dem Mauerbau nur noch einzelne, nicht mehr Zehntausende wie zuvor, nach Westdeutschland gelangen.

Seit Mitte der sechziger Jahre erhöhte sich dann die Zahl der Beschäftigten ausländischer Herkunft in den Industriebetrieben der Bundesrepublik Deutschland stetig. Im verarbeitenden Gewerbe, zu dem neben der chemischen Industrie, dem Maschinen- und Fahrzeugbau, der Elektrotechnik, dem Bekleidungsgewerbe und der Nahrungs- und Genußmittelproduktion ebenso die Metallindustrie zählt, stieg die Zahl der ausländischen Beschäftigten von ca. 424.000 im Jahr 1963 auf ca. 1.102.000 im Jahr 1981 an. Ihren Höhepunkt erreichte die Zahl 1969 mit ca. 1.364.000, um in den folgenden Jahren auf einem niedrigeren Niveau zu stagnieren.[3] Hatte der prozentuale Anteil ausländischer Beschäftigter an den Arbeitnehmern in der Bundesrepublik im Jahr 1955 noch bei lediglich 0,4% gelegen, wuchs diese Quote bis 1973 auf rund 12% an.[4]

In den Jahren des größten Arbeitskräftemangels war es nur durch die Anwerbung ausländischer Arbeitskräfte möglich, das Wirtschaftswachstum und die Produktivität weiter zu steigern.[5] Mit ca. 530.000 angeworbenen Arbeitern bildeten türkische Staatsbürger Ende der siebziger Jahre die mit Abstand größte Gruppe unter den ausländischen Migranten, gefolgt von ca. 370.000 Jugoslawen, ca. 295.000 Italienern, ca. 140.000 Griechen, ca. 91.000 Spaniern und ca. 58.000 Portugiesen.[6] Die Gründe der meisten ausländischen Arbeiter für eine – in der Regel nur für die Dauer einiger Jahre geplante – Migration nach Deutschland waren meist Arbeitslosigkeit, drückende Armut oder fehlende Perspektiven auf eine gesicherte Existenz in ihrem Heimatland. Viele Einwanderer wollten mit den vergleichsweise hohen deutschen Löhnen ihre im Heimatland zurückbleibende Familie unterstützen und hofften, nach wenigen Jahren in der Fremde genug Geld für ein gesichertes Auskommen nach der meist fest beabsichtigten Rückkehr verdient zu haben.[7]

Die Eisen- und Metallindustrie bot der größten Zahl von Migranten Beschäftigungsmöglichkeiten.[8] Im Rahmen der Anwerbung ausländischer Arbeiter wurde auch die Aktiengesellschaft Phoenix-Rheinrohr, zu der das Meidericher Hüttenwerk damals gehörte, aktiv und bemühte sich durch Werber in den Herkunftsländern sowie durch Zeitungsanzeigen, Plakat- und Kinowerbung um die Gewinnung der dringend benötigten Beschäftigten.[9] Für das Hüttenwerk selbst liegen keine Zahlen über die ausländischen Mitarbeiter vor, doch waren im September 1964 insgesamt 2.336 Migranten bei Phoenix-Rheinrohr beschäftigt, von denen mit 1.050 beinahe die Hälfte die türkische Staatsangehörigkeit besaßen.[10] Am 30. September 1965 entsprach der Anteil der Ausländer rund 11% der Gesamtbelegschaft.[11] In den Werken Ruhrort und Meiderich lag der durchschnittliche Anteil der ausländischen Arbeiter jedoch deutlich niedriger als in anderen Betrieben der Phoenix-Rheinrohr AG. Am 30. September 1965 arbeiteten dort insgesamt 13.170 Beschäftigte, von denen lediglich 762, also 5,8% ausländischer Herkunft waren. Die meisten Migranten stammten bereits zu der Zeit aus der Türkei (369), danach folgten Italiener (76), Griechen (31), Jugoslawen (30) und Spanier (22). Weitere 234 Beschäftigte besaßen eine andere Nationalität.[12]

## 2. Das Miteinander von deutschen und ausländischen Arbeitern in Interviews mit ehemaligen Beschäftigten

Wie in anderen Großbetrieben des metallverarbeitenden Gewerbes trafen auch im Hüttenbetrieb in Duisburg-Meiderich seit Mitte der sechziger Jahre in zunehmendem Maße deutsche und ausländische Arbeiter aufeinander. Dabei handelte es sich beinahe ausnahmslos um Männer. Nur unter den Reinigungskräften, die Büros und Laboratorien putzten, befand sich eine namentlich nicht genannte Türkin, die nach einiger Zeit wieder in ihr Heimatland zurückkehrte.[13] Ein knappes Jahrzehnt nach dem Abschluß der ersten Anwerbeverträge war der Prozentsatz der ausländischen Arbeiter im Meidericher Hüttenwerk auf 20% angewachsen. Die Zahl der türkischen Arbeiter war da schon besonders hoch. Von den im Jahr 1974 rund 300 beschäftigten Ausländern waren insgesamt 200 (= 13,3% der Gesamtbelegschaft) türkischer Herkunft.[14]

Zuvor hatte die Belegschaft des Werks zum größten Teil aus deutschen Arbeitern bestanden, die meist aus der unmittelbaren Umgebung des Werks stammten, in Meiderich geboren und aufgewachsen waren. In vielen Fällen gehörte es zur Familientradition, daß die Söhne nach der Schulzeit ihren Vätern an den Arbeitsplatz im Hüttenwerk folgten. Da die Belegschaft im Vergleich zu anderen Werken der Eisen- und Stahlindustrie eher klein war, konnte sich ein Arbeitsklima entwickeln, das von Vertrautheit geprägt war.

Der alltägliche Kontakt brachte sowohl für Deutsche als auch für Ausländer eine Vielzahl neuer Erfahrungen, führte auch zu Problemen und Konflikten am Arbeitsplatz und im zwischenmenschlichen Bereich. In Teilen der

Forschungsliteratur, auch in vielen industriegeschichtlichen Darstellungen, werden diese Schwierigkeiten oft nur am Rande oder recht pauschal vermerkt, wie etwas folgendes Beispiel zeigt.

*„Die Reaktion der deutschen Hüttenarbeiter auf die Ausländer ist zwiespältig. Das Spektrum reicht von Unverständnis, Ignoranz und Mißtrauen bis hin zur offenen Ablehnung gegenüber der islamisch geprägten Lebensweise. Andererseits gibt es auch Bemühungen, den ausländischen Kollegen Hilfestellungen am Arbeitsplatz zu geben und sie durch Gespräche in den Arbeitsalltag zu integrieren."* [15]

Es drängt sich die Frage auf, wie sich das tägliche Neben- oder Miteinander tatsächlich gestaltete: Wie arbeiteten deutsche und ausländische Arbeiter in einem Industriebetrieb wie dem Meidericher Hüttenwerk zusammen? Es liegt auf der Hand, daß die Beschäftigten selbst darüber am besten Auskunft geben können. Die folgenden Ausführungen stützen sich daher auf Interviews mit ehemaligen Beschäftigten des Hüttenwerks. Da aus der Gruppe der ausländischen Mitarbeiter zu wenige in einem Interview über ihre Erfahrungen berichteten, nimmt die folgende Darstellung allein die Wahrnehmung der deutschen Kollegen in den Blick. Daß so wenige Interviews mit ehemaligen ausländischen Arbeitern zur Verfügung stehen, hat vielfältige Gründe. Ein deutscher Hüttenarbeiter äußerte sich in einem Interview skeptisch über die Möglichkeit, Tonbandbefragungen mit dieser Arbeitergruppe durchzuführen. „Schade, … wenn ich gewußt hätte, wie das Gespräch hier verläuft, hätte ich gerne einen türkischen Kollegen mitgebracht … Die sind natürlich ein bißchen scheu." [16] Sprachliche Probleme, die Angst, falsch verstanden zu werden, und die Schwierigkeit, Kontakt zwischen deutschen Interviewern und ausländischen Arbeitern herzustellen, sind die Hauptgründe dafür, daß sich nur überaus selten Ausländer zu Gesprächen über den Arbeitsalltag bereit erklärten.

Die Sicht der deutschen Beschäftigten bildet allerdings schon ein Thema für sich, das Einblicke in ein facettenreiches Miteinander hauptsächlich am Arbeitsplatz zu geben vermag. Wie schildern ehemalige deutsche Arbeiter des Hüttenwerks ihre ausländischen Kollegen aus der Erinnerung? Wie erlebten sie die erste Begegnung mit den Migranten? Welche Probleme traten bei der Eingliederung der Neuankömmlinge in den Arbeitsprozeß auf? Wie gingen die beiden Gruppen im täglichen Arbeitsalltag miteinander um? Wichtig ist dabei die Frage, ob und inwiefern Sprachprobleme und kulturelle, religiöse oder in der Mentalität der beiden Gruppen begründete Unterschiede sich auf den Kontakt zwischen ihnen auswirkten. Wo lagen die Möglichkeiten und Grenzen gegenseitiger Annäherung, und welche Faktoren entschieden, wie sich das Verhältnis zwischen den beiden Gruppen im Lauf der Zeit entwickelte?

Aus den Aussagen der Interviewten wird ersichtlich, daß sie die Beziehungen zu ihren ausländischen Kollegen am Arbeitsplatz klar vom privaten Kontakt außerhalb des Betriebes und der Arbeitszeit trennten. Während der Kontakt innerhalb des Hüttenbetriebes teilweise eng und gelegentlich auch freundschaftlich sein konnte, lebten die deutschen und ausländischen Arbeiter außerhalb der Arbeitszeiten weitgehend isoliert nebeneinander im Kreis ihrer Familien. Engere Kontakte blieben die Ausnahme.[17] Daher geht es nachfolgend auch zunächst um den Bereich des Arbeitsplatzes. Im Anschluß daran stehen die eher seltenen privaten Kontakte zwischen ausländischen und deutschen Beschäftigten im Mittelpunkt.

Allgemeingültige Aussagen über das Verhältnis zwischen deutschen Industriearbeitern und ihren ausländischen Kollegen, den sogenannten „Gastarbeitern", sind nicht das Ziel. Es versteht sich, daß die Beziehungen zwischen deutschen und ausländischen Arbeitern stark variierten, je nachdem, in welchem Betrieb sie beschäftigt waren, in welchen Teams, Kolonnen und Schichten sie arbeiteten, welche Tätigkeiten sie dort ausübten, ob die Belegschaft von Rationalisierungsmaßnahmen und Entlassungen betroffen war, wie stark sich der Betriebsrat für das Wohl der Mitarbeiter engagierte und wie sich die wirtschaftliche Gesamtlage an ihrem Wohnort entwickelte. Hier kann es nur darum gehen, Einblicke in die Kontakte zwischen ausländischen und deutschen Kollegen in einem ausgewählten deutschen Industriebetrieb zu geben. Dabei sind teilweise oder völlig voneinander abweichende Aussagen durchaus möglich, da es sich immer um die sehr individuellen Erinnerungen einzelner Personen handelt, die meist nur für sich, nicht aber für den gesamten Betrieb sprechen können und wollen.

Wann immer das Verhältnis zwischen Deutschen und Menschen ausländischer Herkunft zur Sprache kommt, wird rasch deutlich, daß es sich dabei um ein äußerst sensibles Thema handelt. Viele Menschen scheuen sich augenscheinlich, offen und spontan zu ihren alltäglichen Erfahrungen mit Ausländern Stellung zu nehmen, da sie fürchten, man könne sie pauschal der Ausländerfeindlichkeit oder gar des Rassismus verdächtigen. Die Ereignisse der vergangenen zehn Jahre, die in den Anschlägen von Mölln und Solingen und in den sich anschließenden bundesweiten Kundgebungen gegen Ausländerfeindlichkeit gipfelten, fortgesetzte Übergriffe auf ausländische Mitbürger sowie die weiterhin andauernde Diskussion über Rassismus in der deutschen Gesellschaft haben die öffentliche Meinung verändert. Direkt oder indirekt beeinflussen diese Ereignisse auch die Äußerungen der interviewten Hüttenarbeiter, zumal die meisten Gespräche in den Jahren 1992 bis 1994 geführt wurden, zu einer Zeit also, als ausländerfeindliche Ausschreitungen und Lichterketten eine ähnlich starke Präsenz im öffentlichen Bewußtsein hatten wie gewalttätige Übergriffe zum gegenwärtigen Zeitpunkt.

Vor diesem Hintergrund erklären sich die wiederholten Bemühungen von Interviewten, möglicherweise negative Erinnerungen an ehemalige ausländische Kollegen zu relativieren, um so nicht in den Verdacht einer allgemeinen Ausländerfeindlichkeit zu geraten. Symptomatisch für die Tendenz ist die Aussage eines Arbeiters, der, ehe er seine Erinnerungen an ausländische Kollegen wiedergibt, zunächst einmal seinen Standpunkt erklärt: „Ich bin kein Ausländerfeind und auch kein Ausländerfreund."[18] Die Zurückhaltung erschwert häufig eine eindeutige Interpretation der Interviews. Eine unmißverständlich negative Haltung gegenüber ausländischen Arbeitskräften deutet sich nur in wenigen Fällen an: „Heute sind es die Türken, die sie hereingeholt haben, und die kriegten sie nicht mehr los."[19] Ein weiterer Befragter wiederholt ein Klischee, das zu den gängigsten fremdenfeindlichen Argumenten zählt, revidiert diese Aussage jedoch noch im gleichen Satz, um zu zeigen, daß es sich hierbei um ein Vorurteil und nicht etwa um seine eigene Meinung handelt:

> *„Ja, am Anfang war es vielleicht so, daß da Schwierigkeiten waren, ja, wie soll man sagen, da kommen plötzlich irgendwoher fremde Leute, und die nehmen Einheimischen die Arbeit weg, trotzdem das ja im Grunde gar nicht stimmte. Die sind ja nur geholt worden, weil wir ja keinen Nachwuchs mehr hatten, auf Deutsch gesagt." [20]*

Ein weiteres Problem bei der Auswertung der Interviews ist die Neigung der Befragten, sich bereitwillig und ausführlich zu den technischen Details ihrer Beschäftigung zu äußern. Demgegenüber stoßen Fragen zu den zwischenmenschlichen Beziehungen der Arbeiter nicht selten auf große Zurückhaltung. Dies gilt vor allem dann, wenn möglicherweise unangenehme Erinnerungen angesprochen werden. Hinzu kommt, daß das Thema der Beziehungen zwischen ausländischen und deutschen Arbeitern häufig nur am Rande gestreift wird. Bei den Interviews aus den frühen neunziger Jahren handelte es sich um eine Frage unter vielen anderen, durch die der allgemeine Aspekt des Betriebsklimas beleuchtet werden sollte. Daher fragten die Interviewer häufig nicht weiter nach, wenn sie zunächst bei ihrer Frage nach den ausländischen Arbeitern auf Zurückhaltung und sehr pauschal gehaltene Antworten stießen. Nur selten nahmen die Befragten ausführlicher zum

Thema Stellung. Ebenso fällt auf, und das gilt zugleich für die 1999/2000 durchgeführten Interviews, daß die Interviewten immer erst auf Nachfrage auf ehemalige ausländische Kollegen zu sprechen kamen.

Schließlich muß daran erinnert werden, daß es sich bei allen aufgezeichneten Gesprächen um höchst subjektive Erinnerungen handelt, die sich auf einen teilweise mehrere Jahrzehnte zurückliegenden Zeitraum beziehen. Es ist daher zu bedenken, daß einzelne Beobachtungen verschwimmen und nur bruchstückhaft wiedergegeben werden können. Aus der großen zeitlichen Distanz rührt möglicherweise auch die häufig beobachtete Zurückhaltung und Vorsicht bei der Beantwortung von Fragen her. Das gilt insbesondere für Meinungen über politische Zusammenhänge und ökonomische Entscheidungen. Ein gutes Beispiel dafür ist die folgende Antwort eines Arbeiters auf die Frage, ob er es richtig gefunden habe, daß türkische Gastarbeiter angeworben wurden:

> *„Ich kann das nicht sagen, ich kann das nicht beurteilen. Ich weiß nur, daß, ich meine, man kommt mit den Leuten auch gut aus ... Ich will jetzt nicht sagen, daß das jetzt verkehrt ist. Irgendwie müssen Arbeitskräfte her, und andere machen ja die Arbeit nicht, nicht? Das ist schon richtig, daß die da waren.“* [21]

Der Befragte hält sich nicht für qualifiziert, ein gesichertes Urteil abzugeben. Die Entscheidung, ausländische Arbeitskräfte anzuwerben, sei nicht seine, vielmehr die von „denen da oben“ gewesen. Er habe nur mit deren Auswirkungen zu leben gehabt.

Nur selten finden sich klare Stellungnahmen, statt dessen überwiegen abwägende Urteile, wie etwa im folgenden Fall. Auf die Frage, ob er sich an Konflikte zwischen deutschen und ausländischen Arbeitern erinnern könne, antwortet ein Mann: „Das gab es immer mal. Das ist genauso wie in Familien, und wenn Menschen zusammenarbeiten, gibt es natürlich auch Stänkereien ... Wo gehobelt wird, da fallen Späne.“[22] In eine ähnliche Richtung geht eine weitere Äußerung, in der sich der Befragte bemüht, sich in die Lage türkischer Kollegen hineinzuversetzen: „Das sind genauso Menschen wie wir auch. Die wollen nur leben, genau wie wir auch leben wollen.“[23] Schließlich bittet noch ein Interviewter darum, das Tonband abzustellen, als ihm die Frage nach Problemen mit ausländischen Arbeitern im Hüttenbetrieb gestellt wird.[24]

## 3. *„Es gab da mal eine Schlägerei zwischen Kranführer und Türke."* – Die ausländischen Mitarbeiter in der Erinnerung ihrer deutschen Kollegen

Viele deutsche Hüttenarbeiter erinnern sich auf eine bestimmte Weise an ihre ausländischen Kollegen: „Wir hatten keine [ausländischen Arbeiter, M.M.], ich hatte einen Rumänen hier, der, das war ein sehr guter Arbeiter, aber sonst waren wir im Anfang, waren es nur noch unsere hier, Deutsche."[25] Was an dieser und vielen ähnlich lautenden Aussagen auffällt, ist der Umstand, daß die ausländischen Arbeiter im Gegensatz zu ihren deutschen Kollegen nur selten mit ihren Vor- oder Nachnamen oder einem Spitznamen genannt werden. Statt dessen werden ausländische Arbeiter fast immer über ihre Nationalität identifiziert. „Es gab da mal eine Schlägerei zwischen Kranführer und Türke."[26] In den Interviews finden sich zahlreiche Äußerungen, welche die Staatszugehörigkeit, nicht aber den Namen der Mitarbeiter erwähnen. Interessant ist, daß der – vermutlich deutsche – Kranführer über seinen Beruf identifiziert wird, während der türkische Mitarbeiter hingegen „der Türke" ist. Ein weiterer Befragter berichtet: „Ja, ich hatte ... öfter mal etwas mit Ausländern zu tun. Ich fand die Burschen ganz in Ordnung, ich kam mit denen prima klar. Und in den letzten acht Jahren hatte ich einen Mitarbeiter, der mir zur Seite stand, das war ein Kroate, und der war sehr fleißig, fleißiger wie manch anderer in unserer Gruppe."[27] Obwohl der kroatische Mitarbeiter hier als außerordentlich kompetenter und arbeitswilliger Kollege geschildert wird, nennt der deutsche Befragte nicht seinen Namen. Nach einer mehrjährigen, offenbar guten Zusammenarbeit ist es unwahrscheinlich, daß er diesen vergessen hat. Möglicherweise intensivierte die Neigung, ausländische Mitarbeiter zunächst als Teil einer nationalen Gruppe und nicht als Einzelpersonen mit Stärken, Schwächen und eigenen Namen wahrzunehmen, die Abgrenzung zwischen den beiden Gruppen.

Eine Ausnahme bildet hier nur ein Arbeiter, der sich konkret und auch namentlich an mehrere ehemalige türkische Kollegen erinnert: „Ich kann mich noch erinnern an den Günay, das waren zwei Brüder gewesen, der Ahmed sprach nicht ganz so gutes Deutsch, aber der Bruder war Pädagoge in der Türkei gewesen."[28] Die Tatsache, daß dieser deutsche Arbeiter auch Auskünfte über das Leben der beiden Brüder vor deren Emigration nach Deutschland geben kann, signalisiert, daß es vereinzelt auch unter den deutschen Arbeitern ein über den unmittelbaren Arbeitsprozeß hinausgehendes Interesse an Leben und Herkunft der ausländischen Kollegen geben konnte. Dieser Befragte

*Abb. 1: „Der türkische Kollege Hussein ..." – türkischer Arbeiter (links) und zwei deutsche Kollegen in der Elektrowerkstatt Anfang der achtziger Jahre (Foto: G. Nowak, Duisburg; Quelle: Geschichtszentrum der DGfI)*

hat die türkischen Beschäftigten, die unter den im Hüttenwerk arbeitenden Migranten eindeutig in der Mehrzahl waren, in besonders guter Erinnerung behalten. So äußert er sich spontan über den guten Kontakt, den er zu türkischen Mitarbeitern hatte: „Wenn man mit denen arbeitet, das sind sehr nette Arbeiter ... arbeitsmäßig ... da waren so nette Leute drunter."[29] Er unterscheidet klar zwischen den einzelnen ausländischen Beschäftigten, mit denen er während seiner Arbeitszeit in Kontakt kam, und erinnert sich hauptsächlich an diejenigen, zu denen er ein gutes Verhältnis hatte. In diesem einen Fall erstreckte sich das gute Verhältnis auch in den privaten Bereich: „Ich habe auch schon privat einen damals eingeladen, den Osman und einmal den Kemal. Die waren auch so herzlich."[30] Das setzte sich selbst nach dem Ende der Zusammenarbeit fort:

> *„Kurz bevor der Hüttenbetrieb hier zumachen mußte, ist dieser besagte Günay zur Türkei zurück mit seiner Familie, der hatte sich in der Zwischenzeit was erspart, um ein ziemlich großes Haus mit zwei Geschäfts-*

*räumen und oben vier Privatwohnungen zu bauen, die er dann vermietet hatte ... Und dann kurz, zwei oder drei Monate, bevor wir hier zumachten, ging dann auch der Bruder rüber. Und sonst sind die anderen ... ich treffe jetzt auch noch ... türkische Mitarbeiter in Hamborn."* [31]

Wie das Beispiel eines anderen Arbeiters zeigt, konnte sich ein Besuch im Herkunftsland des Kollegen unmittelbar auf den Kontakt in Deutschland auswirken: „Und wie gesagt, wir haben jetzt eine Autobustour nach Istanbul gemacht und haben mal Land und Leute richtig kennengelernt. Ich habe meine Meinung in vielen Sachen geändert."[32] Erst diese Reise regte zum Nachdenken über die Lage der türkischen Mitarbeiter und ihre Kultur an. „Man hat früher immer gedacht, ... der ihr Glaube ist alles Firlefanz. Aber wenn man mal richtig hinguckt, hat jeder seinen Glauben. Der eine geht in die Kirche, der andere geht in die Moschee. Man soll jedem seinen Glauben lassen."[33] Aspekte der türkischen Kultur und Mentalität – früher zwar weitgehend toleriert, aber nicht verstanden – ließen sich so besser begreifen, als Bestandteile einer anderen Lebensweise einordnen und nicht zuletzt durch Parallelen zur eigenen Lebenswirklichkeit akzeptieren. Die türkischen Migranten waren danach nicht mehr Fremde mit eigenartigen Sitten, sondern Menschen, die ebenso wie ihre deutschen Kollegen religiöse Bedürfnisse haben. Daß diese Religiosität auf andere Weise gelebt wurde und wird, spielte dann nur noch eine untergeordnete Rolle.

Größere Offenheit und ein gesteigertes Interesse am Leben der türkischen Einwanderer in Deutschland waren als Ergebnis einer Reise in das Heimatland der Migranten denkbar. So äußert sich der gleiche Befragte mit Bewunderung über das Engagement, mit dem sich türkische Einwanderer dem Bau einer kleinen Moschee widmen: „Ich bin sprachlos, wie die das selbst bauen. Die haben das Haus von innen ganz renoviert, die haben da eine schöne Teestube reingebaut, von außen sind die das Haus am Verklinkern. Die investieren unwahrscheinlich viel, und man hört die Leute gar nicht."[34] Statt sich durch die deutlichen Signale der Aktivität im Zeichen des Islam gestört oder gar bedroht zu fühlen, reagiert der Befragte also mit Interesse. Aussagen wie diese finden sich in den Interviews überaus selten.

In der Wahrnehmung der deutschen Hüttenarbeiter war „Ausländer" längst nicht gleich „Ausländer". „Wir hatten keinen [Ausländer, M.M.] gehabt. Wir hatten wohl einen aus der damaligen Zone gehabt, das ist auch so eine spaßige Sache gewesen. Der hatte damals den Hennecke-Orden gekriegt für Fleißarbeit. Und das haben wir natürlich bei dem auch ausgenutzt, und das war so ein ... na, der ließ sich eben alles bieten. Dem haben wir immer so in den größten Dreck reingeschmissen, das hat dem auch wirklich nichts ausgemacht."[35] Offenbar wurden mit dem Begriff „Ausländer" in erster Linie Menschen verbunden, die aus süd- und südosteuropäischen Ländern stammten. Unter den im Hüttenwerk beschäftigten Migranten sind es besonders Türken, Griechen und Italiener, an die sich die deutschen Kollegen erinnern. Es scheint, als ob nicht in erster Linie die andere Staatszugehörigkeit, sondern Unterschiede in Kultur, Aussehen und Mentalität bestimmten, welche Mitarbeiter als „Ausländer" empfunden wurden. Deutsche aus der SBZ bzw. der DDR, aber auch Österreicher und Niederländer wurden anders als Türken, Italiener und andere Süd- und Südosteuropäer in der Regel nicht als „Ausländer" eingestuft. Dies galt auch, wenn sie sich durch ihr erkennbar anderes Arbeitsverhalten von den bundesdeutschen Kollegen unterschieden.

Nur wenige der befragten Arbeiter machen sich bewußt, daß auch Menschen aus west- und mitteleuropäischen Staaten „Ausländer" sein können: „Ach, wir hatten doch ... sagen wir mal, zwanzig Österreicher gehabt. Das ist auch eine Nationalität. Aber man sagt ja, der kommt aus Wien, aus Graz in dem Falle."[36] Noch deutlicher drückt diese unterschiedliche Wahrnehmung ausländischer Kollegen ein anderer Arbeiter aus: „Es waren ja im wesentlichen Türken, wobei wir auch ein paar Holländer hier hatten, die ich aber nicht in dem Sinne als Ausländer zähle."[37] Wie sehr sich die Sprache des Anderen vom Deutschen unterschied, könnte überdies dazu beigetragen haben, eine Person als „Ausländer" wahrzunehmen oder eben nicht.

# 4. Deutsche und Ausländer im Hüttenwerk

## 4.1 *„Die haben eine ganz andere Mentalität als wir Deutsche."* - Erste Begegnungen von Deutschen und Ausländern am Arbeitsplatz

Die tägliche Zusammenarbeit im Hüttenwerk erforderte sowohl von deutschen als auch von ausländischen Beschäftigten Toleranz und gegenseitiges Verständnis. Spätestens seit Mitte der siebziger Jahre wurde die Arbeitsgemeinschaft zwischen den beiden Gruppen zum Thema in den Betriebszeitschriften. Unter dem bezeichnenden Titel „Knoblauch und so welter" beschäftigte sich das Magazin Thyssen aktuell 1978 im Rahmen einer mehrmonatigen Serie über Arbeitsmigranten mit Vorurteilen und Toleranz zwischen Deutschen und Ausländern. Dabei beschrieb das Journal die ausländischen

Kollegen relativ ausgewogen, ging aber auch auf mögliche Ursachen für Schwierigkeiten ein.

> *„Gastarbeiter – Menschen mit Vorzügen und Fehlern, Menschen, die angenehme und weniger angenehme Eigenschaften haben – wie die Deutschen auch. Menschen aber, die dabei anders sind. Menschen sind das, die in der Bundesrepublik Deutschland durch ihre Arbeitskraft Probleme gelöst haben, unter anderem durch ihr bloßes Anders-Sein jedoch auch Probleme bringen."* [38]

In der folgenden Ausgabe[39] veröffentlichte Thyssen aktuell zwei Fotos freundlich lächelnder ausländischer Hüttenarbeiter. Die Bildunterschriften „Auch er ist einer von uns – Gastarbeiter bei der Thyssen AG" mahnen zu Solidarität und verweisen auf ein Gemeinschaftsgefühl zwischen deutschen und ausländischen Arbeitern, das so wohl nicht der Wirklichkeit in allen Arbeitsbereichen entsprach.

*Abb. 2: „Auch er ist einer von uns" (Thyssen aktuell 1978)*

Als die ersten ausländischen Beschäftigten kamen, waren viele deutsche Arbeiter erst einmal neugierig: „Nein, das hat uns damals auch gar nicht gestört, weil es sehr wenige waren. Damals hat man ja die Leute noch bestaunt, oh, das ist ein Italiener, ein Grieche."[40] Durch ihre andere Nationalität, ihre ungewohnte Kleidung und Sprache waren die Neuen zunächst Exoten in der deutschen Umgebung des Hüttenwerks. „Ja, die ersten [Ausländer, M.M.] haben sich ganz gut geführt. Die sind auch gut aufgenommen worden."[41] In einzelnen Fällen mag das Interesse an den Fremden zu einem leichteren Einstieg in den Arbeitsalltag beigetragen haben. Als zunehmend mehr Migranten eingestellt wurden und ein Ausländer auf dem Betriebsgelände keine Besonderheit mehr war, verlosch offenbar die Neugierde auf die Neuankömmlinge.

Für die Mehrzahl der ausländischen Arbeiter war das Hüttenwerk, das sie in Duisburg-Meiderich erlebten, ein gänzlich ungewohnter Arbeitsplatz. Gerade türkische Migranten stammten mehrheitlich aus ländlichen Gebieten und industriell rückständigen Gemeinden, in denen sie meist keine Arbeitserfahrung in modernen Industriebetrieben hatten sammeln können. Ihre erste Begegnung mit der hochindustrialisierten Arbeitsstätte Hüttenbetrieb konnte daher zu Situationen führen, die deutschen Beobachtern komisch erschienen. „Das Problem kam nachher erst einmal mit den ... Türken ... die hatten das erste Mal in ihrem Leben Schuhe an den Füßen ... und einen Helm und einen Anzug, kriegten einen Arbeitsanzug ... Das war ja ganz gediegen, wie die herumrannten. So steif wie noch etwas, nicht?"[42] Die ungewohnte Erfahrung mit der für deutsche Arbeiter selbstverständlichen Schutzbekleidung illustriert eindrücklich die Fremdheit, die wohl viele der Migranten bei ihrer Ankunft empfanden.

Um den deutschen Arbeitern die Unterschiede zwischen Deutschland und der Heimat der meisten ihrer ausländischen Kollegen verständlich zu machen, verwies die Werkszeitschrift Thyssen aktuell 1978 auf folgendes: „Deutsche übersehen ... häufiger, daß insbesondere viele Türken aus der mittelalterlichen Gemeinschaft ihres Dorfes plötzlich in eine moderne Industriegesellschaft gestellt sind." Das Magazin beschränkte sich jedoch nicht darauf, alleine von den deutschen Beschäftigten Rücksichtnahme und Verständnis zu fordern, sondern betonte, daß Toleranz und Offenheit gegenüber den jeweils Anderen keine Einbahnstraße sein dürften, „daß ein Sich-Abkapseln und das kritiklose Beharren auf Überkommenem in einer veränderten Umwelt und in einem anderen Land zu keiner Zeit und nirgendwo gut war."[43] Wenn die ausländischen Hüttenarbeiter von ihren deutschen Kollegen Verständnis erwarteten, sollten auch sie bereit sein, sich an die deutsche Umwelt und deren Gebräuche und Regeln anzupassen.

Mehrere Befragte bestätigen, daß gerade die Arbeiter türkischer Herkunft als „fremdartig" empfunden wurden. „Wir haben ja hier Leute aus der Türkei gehabt, das ist natürlich eine total andere Sache, sage ich mal. Wir haben hier natürlich damals immer gesagt, besser wäre gewesen, man hätte aus allen europäischen Ländern Leute hergeholt, die besser hierher gepaßt hätten als diese Volksgruppe eben. Aber das ging nun eben nicht anders, und man mußte damit auch klarkommen."[44] Es waren die anderen Sitten, die fremde Sprache und vor allem die islamische Religion der türkischen Neuankömmlinge mit ihren auffallenden Riten und Vorschriften, die auf

Unverständnis bei den deutschen Kollegen stießen. Ein Arbeiter erinnert sich an die Unterschiede im Verhalten der ersten ausländischen Beschäftigten. „Die haben eine ganz andere Mentalität als wir Deutsche ... die waren so hartnäckig ... die kannten es von zu Hause, da mußte sich der Stärkere durchsetzen. Und jetzt haben sie gedacht, so könnten sie es hier auch machen. Da mußte man manchen doch zurückweisen."[45] Ungewohnte Verhaltensweisen wurden also häufig der fremden Mentalität angelastet und von den deutschen Kollegen nicht akzeptiert. Dies trifft gerade auf die als aggressiv empfundene Hartnäckigkeit zu, mit der sich einige der ausländischen Arbeiter für ihre eigenen Interessen einsetzten. Deutsche Vorgesetzte forderten von ausländischen Mitarbeitern demgegenüber Anpassung an eigene Sitten und Gepflogenheiten sowie Beachtung der im Hüttenwerk üblichen Regeln und ungeschriebenen Gesetze.

Wenn Vorkenntnisse fehlten, konnte sich der Einstieg in den deutschen Arbeitsalltag für den Neuankömmling aus dem Ausland als schwierig gestalten. Dies galt nicht nur für ungelernte Arbeiter, die hauptsächlich manuelle Tätigkeiten zugewiesen bekamen, sondern gerade auch für qualifiziertere ausländische Beschäftigte: „Ich habe ein paar Mal Ausländer bekommen, das waren alles Ingenieure. Als ich dann feststellte, wenn sie die erste Arbeit machten, da hätte ein Lehrjunge von uns mehr machen können wie die."[46] Selbst wenn diese Erinnerung eines Befragten übertrieben und einseitig verzerrt sein mag, war doch die Mehrzahl der Ausländer deutlich geringer oder anders qualifiziert als ihre deutschen Kollegen.[47] Dadurch fühlten sich die deutschen Beschäftigten ihren ausländischen Mitarbeitern im Hinblick auf Wissen und Fähigkeiten im hochtechnisierten Arbeitsprozeß häufig überlegen. „Einer muß ja das Sagen haben, in dem Falle, und wenn einer das Sagen hat, dann wissen die Leute, wo das langgeht, und dann ist es gut, nicht?"[48] Deutsche Vorgesetzte und Kollegen beanspruchten in den meisten Fällen die Führungsrolle und erwarteten, daß sich die ausländischen Arbeiter ihnen unterordneten. Geschah dies, war die tägliche Zusammenarbeit weitgehend problemfrei.

> „Ich hatte hier mal einen Türken bei mir, den sollte ich anlernen für unten zum Saubermachen. Den habe ich zwei, drei Tage mitgenommen und habe dann für beide zusammen die Öfen saubergemacht. Das war auch einer, dem konnte man ruhig Feuer zwischen die Beine legen, der lief nicht schneller ... So, sage ich, ab heute gehst Du da, und ich gehe hierhin. Besser wir beide zusammen. Ich sage, nix, Du gehst da, und ich gehe hierhin. Also, der hatte sich darauf verlassen."[49]

Möglicherweise erklären mangelnde Vorkenntnisse und fehlendes Verständnis für die komplexen technischen Abläufe im Hüttenwerk die Unselbständigkeit des türkischen Arbeiters, der vermutlich noch nie zuvor in seinem Leben einen Hochofen gesehen hatte. Die Maschinen, die Hitze und die beeindruckende Größe der Anlage müssen auf ihn äußerst einschüchternd gewirkt haben. Den zu seiner Betreuung während der ersten Arbeitstage abgestellten kompetenten deutschen Kollegen empfand er wohl als Beruhigung und Schutz angesichts der vielen neuen Eindrücke und Anforderungen. Der Befragte wollte ihn jedoch so schnell und so gründlich wie möglich in seine zukünftige Tätigkeit einweisen und überschätzte dabei offensichtlich die Selbständigkeit und das Lerntempo des ihm zugewiesenen Ausländers.

## 4.2 „Und die Türken haben reingehauen." – Arbeitsbereiche und Aufstiegsmöglichkeiten ausländischer Arbeitnehmer im Hüttenbetrieb

Ausländische Arbeiter konnten im Bereich des ehemaligen Hüttenwerks in verschiedenen Arbeitsbereichen Beschäftigung finden. Nicht in allen Teilen des Betriebs arbeiteten ausländische Arbeiter und ihre deutschen Kollegen Seite an Seite. Während manche Aufgaben zu verschiedenen Zeitpunkten fast ausschließlich von Ausländern übernommen wurden, gab es in einigen – vor allem in den qualifizierteren – Arbeitsbereichen nahezu ausnahmslos deutsche Beschäftigte. Die ungleichmäßige Verteilung deutscher und ausländischer Arbeitskräfte galt vor allem für den Hochofenbereich, wo deutsche Arbeiter nach einiger Zeit fast nur noch als Aufsicht und Vorgesetzte beschäftigt waren, während Ausländer – und unter diesen wiederum die türkischen Arbeitnehmer – die eigentliche Arbeit am Hochofen erledigten. „Nachher waren wir ja praktisch nur noch, gerade die Oberschmelzer waren noch Deutsche ... Und als wir dann nicht mehr gewechselt haben, da war am Ofen 5 eine ganze türkische Kolonne."[50] An ähnliche Entwicklungen erinnert sich auch ein anderer Arbeiter: „Und in einigen Betrieben konnte man feststellen, daß die Basis überwiegend ausländische Mitarbeiter waren und nur die Vorgesetzten noch Deutsche."[51] In anderen Werksbereichen, so zum Beispiel in der Kraftzentrale, blieben die ausländischen Arbeiter jedoch eindeutig in der Minderzahl.[52]

Die Aufgaben, die Migranten zugewiesen bekamen, waren stark von ihren jeweiligen Qualifikationen abhängig. Ungelernte Ausländer blieben so zumindest in den ersten Jahren meist auf einfache, manuelle Tätigkeiten beschränkt, die keine großen Vorkenntnisse erforderten. Generell waren nur

*Abb. 3: Manche der ausländischen Beschäftigten arbeiteten auch an qualifizier-ten Arbeitsplätzen – der Schlosser Muzaffer Özdemir (oben Mitte) und seine deutschen Kollegen in der Elektromechanischen Werkstatt, 1982 (Foto: W. Schulden, Duisburg; Quelle: Geschichtszentrum der DGfI)*

wenige der ersten Generation ausländischer Beschäftigter in Bereichen be-schäftigt, in denen eine qualifizierte Ausbildung benötigt wurde. Ein ehema-liger Meister etwa erinnert sich nicht an türkische Arbeiter in der von ihm ge-leiteten Elektrowerkstatt, gibt aber an, er habe mehrere Beschäftigte aus der Türkei in den Reinigungskolonnen der Gasreinigung und am Klärteich beauf-sichtigt.[53]

> „Und … manche schwere Arbeit wollten die Deutschen ja auch nicht mehr machen, es gab ja viel leichte Arbeit. Damals gab es ja noch Vollbe-schäftigung, da haben sich die Leute leichtere Arbeit gesucht. Dann blieb die Arbeit meistens so für Ausländer. Die Ersten, die ja Geld verdienen wollten, haben auch die schwere Arbeit gemacht. Später haben die auch versucht, die ausländischen Kollegen, leichtere Arbeit zu kriegen."[54]

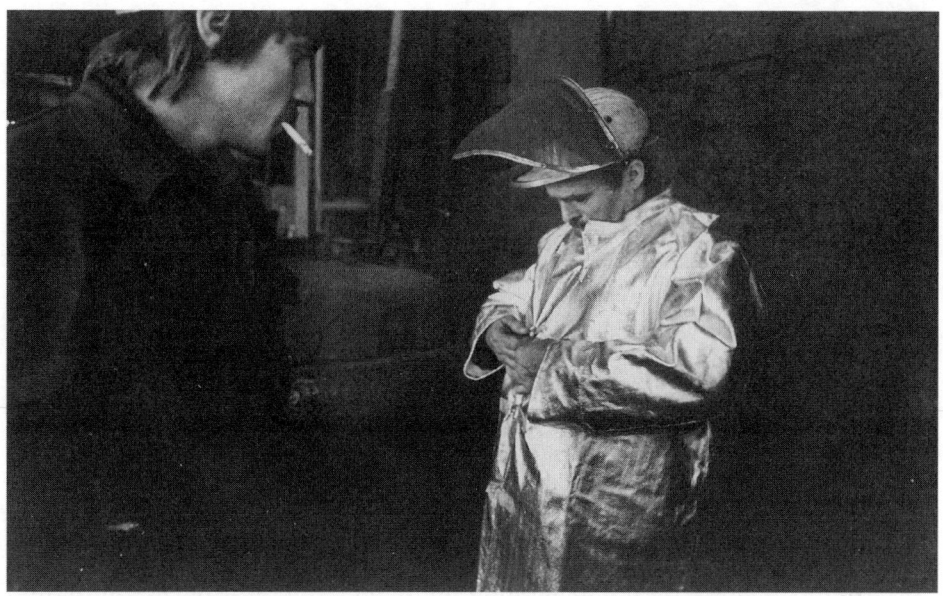

*Abb. 4: Türkischer Schmelzer am Hochofen (Foto: Wolfgang Staiger; Quelle: Geschichtszentrum der DGfI)*

In den ersten Jahren ihres Aufenthalts in Deutschland gaben sich viele Ausländer auch mit schweren und unangenehmen Tätigkeiten zufrieden, weil sie unbedingt Geld verdienen wollten bzw. mußten. So füllten sie zunächst die Lücken, die durch das Abwandern deutscher Beschäftigter in angenehmere und leichtere Positionen entstanden waren. Mehrere Befragte bestätigen, daß ausländische Beschäftigte zunächst für all jene Tätigkeiten eingesetzt wurden, in denen deutsche Arbeiter nicht mehr arbeiten wollten, weil sie möglicherweise anstrengend, eintönig, gefährlich oder schlecht bezahlt waren.[55] „[Und] die türkischen Kollegen ... haben ihre Arbeit sehr gut gemacht, wenn man denen das gezeigt hat, ... wurden die auch relativ gut fertig. Es war ja nicht eine besonders hochwertige Arbeit, und das haben die ja auch relativ schnell begriffen. Aber eine harte körperliche Arbeit, nicht?"[56] Viele der Interviewten äußern sich ausdrücklich positiv über Durchhaltevermögen, Energie, Lernbereitschaft und Arbeitseinsatz der ausländischen Kollegen. Bisweilen mußten deutsche Vorgesetzte allzu eifrige ausländische Arbeiter auch in Schutz nehmen, da sonst offenbar die Gefahr bestand, daß deutsche Kollegen ihren Leistungswillen ausnutzten. „Türken hatten wir eine ganze

99

Menge, und die Türken haben reingehauen, wo ich manchmal unseren Leuten sagen mußte, so, jetzt laßt die Leute mal aus der Rinne raus. Die sind in der heißen Rinne stehengeblieben, bis sie Blasen an den Füßen hatten."[57] Ein weiterer Befragter lobt nicht nur den Arbeitseifer, sondern auch die charakterlichen Eigenschaften seiner ausländischen Kollegen: „Wir hatten auch Marokkaner gehabt, und da muß ich ja sagen, das waren feine Kerle, ganz bescheiden. Die haben die Arbeit nur gemacht, es gab keine Reibereien ... haben ... auch nicht große Ansprüche gestellt."[58] Hier gab es offenbar wenig grundsätzlichen Konfliktstoff. Voraussetzung war allerdings stets, daß die ausländischen Arbeiter engagiert die ihnen zugewiesenen Aufgaben erfüllten. Hier bestand keinerlei Unterschied zwischen Deutschen und Ausländern, da von allen Beschäftigten des Hüttenwerks gleich welcher Nationalität Leistungswillen und Einsatz verlangt wurden.

Wie sah es mit den Möglichkeiten aus, in besser bezahlte Positionen aufzurücken? „Wenn der gut war, der Mann ... da gab es bei den Türken welche, die waren darin noch ein bißchen fleißiger und haben sich mehr angeeignet. Und die kriegten dann auch einen Vorgesetztenposten."[59] Leistung und überdurchschnittliches Arbeitsengagement fanden allgemein Anerkennung und eröffneten einigen fleißigen Migranten ebenso wie ihren deutschen Kollegen Aufstiegschancen, die häufig an berufliche Fortbildung geknüpft waren. Engagierte Ausländer konnten so innerhalb des Hüttenbetriebes durchaus in Positionen gelangen, die mit Autorität und Verantwortung verbunden waren.

> „Aber wir hatten zum Beispiel auch einen Türken gehabt, der war sehr fleißig, der war dann sogar auch erster Schmelzer, der konnte vertreten, und der hatte sogar noch nebenbei Schulung gemacht als Schweißer ... Der hatte zum Beispiel dann, wenn wir einen neuen Türken bekommen hatten und der nicht richtig spuren wollte, dann hat man den bloß bei dem hingeschickt, entweder hat er die Papiere genommen und ist abgehauen oder er ist ein vernünftiger Mann geworden."[60]

In solchen Funktionen wurden ausländische Arbeiter von ihren deutschen Kollegen nicht nur akzeptiert, sondern wegen ihrer Professionalität und ihres guten Kontakts zu anderen ausländischen Beschäftigten geschätzt. Sie übernahmen, wie das Zitat belegt, gerade wegen ihrer Sprachkenntnisse häufig die Rolle von Kontaktpersonen zwischen deutschen und ausländischen Kollegen. Allerdings gelangte nach einem mehrjährigen Aufenthalt in Deutschland nur etwa ein Viertel (25,5%) aller ausländischen Beschäftigten der ersten Einwanderergeneration in Meister-, Facharbeiter- oder Vorarbeiterpositionen. Deutlich niedriger ist diese Quote noch einmal für Arbeiter türkischer Herkunft (15,1%).[61] Zu vermuten ist, daß sprachliche Defizite und ein Mangel an berufsrelevanten Vorkenntnissen, der sich in Deutschland nicht mehr ausgleichen ließ, den beruflichen Aufstieg bei vielen ausländischen Beschäftigten verhinderten. Fehlende Angebote zur Weiterqualifizierung ausländischer Arbeiter könnten ebenfalls zu den Ursachen für diese relativ niedrige Quote zählen.

Neid wegen der Entlohnung der ausländischen Kollegen ist in den Interviews nicht feststellbar. Ein Befragter betont ausdrücklich, daß die ausländischen Hüttenarbeiter den gleichen Lohn erhielten wie ihre deutschen Kollegen. Durch höhere Stundenlöhne, wie sie etwa für Wechselschichtarbeit gezahlt wurden, konnten Angehörige beider Gruppen auf einen überdurchschnittlich guten Verdienst kommen.[62] „Wir hatten bei uns zwei Türken als Schweißer, und die kriegten genau das gleiche Geld wie jetzt ein deutscher Schweißer ... Da hat auch nicht der deutsche Schweißer gesagt, warum, Du kriegst jetzt das gleiche Geld? Das gab es nicht ... Er hat die Arbeit ausgeführt, wie jeder andere auch ... da gab es keinen Ärger."[63]

Ausländer, die aus unterschiedlichen Gründen Möglichkeiten zur Weiterqualifizierung nicht nutzen konnten oder wollten, kamen auch nicht in den Genuß der höheren Facharbeiterlöhne. Während Ausländer zu Beginn ihres Aufenthalts in Deutschland noch mit beinahe jeder Entlohnung zufrieden gewesen waren, lernten sie bald, die Verhältnisse in deutschen Industriebetrieben besser einzuschätzen. Da sie gleichzeitig erfuhren, wie teuer das Leben in Deutschland sein konnte, strebten nach einigen Jahre auch viele Migranten in angenehmere und besser bezahlte Positionen.

## 4.3 „Das geht nicht an, daß unsere arbeiten, und die machen Betstunde." – Glaubensvorschriften und ihre Einhaltung am Arbeitsplatz

Für die Zusammenarbeit im Hüttenwerk spielten Sprachkenntnisse, Herkunft und Verhalten der ausländischen Mitarbeiter eine besonders wichtige Rolle. Meist waren es in der Erinnerung der deutschen Kollegen religiöse Vorschriften, die im Arbeitsalltag für massivere Probleme sorgten. „Am Anfang war es doch so, ich weiß jetzt, wie die Zeit nicht war, dann hauten die ab, dann gingen die runter in den Keller, dann gingen die beten. Nicht, wenn ihre Zeit war, fünf Uhr ... geht doch nicht, so geht das doch nicht."[64] Mehrere Huttenarbeiter erwähnen die Gebetszeiten des Islam, die gerade von den türkischen Arbeitern zu Beginn ihrer Beschäftigung eingehalten wurden, wie sie es aus ihrem Heimatland gewohnt waren. Dieses Verhalten der ausländischen Arbeiter, die während ihrer Gebetszeiten natürlich die Arbeit unterbrechen mußten, stieß bei den deutschen Kollegen zumeist auf Unverständnis und Empörung. Sie fühlten sich benachteiligt, weil sie selbst die Arbeit nicht unterbrechen durften. Vorgesetzte mußten dann eine für beide Gruppen akzeptable Lösung finden, die in der Regel von den islamischen Kollegen den Verzicht auf religiöse Rituale und Pflichten am Arbeitsplatz verlangte. Ein Meister schildert das Problem folgendermaßen: „Ja ... am Anfang mußten wir die schon ... die haben dann ja ihre Betstunde, und dann habe ich gesagt, sie möchten die Betstunde anders verlegen, das geht nicht an, daß unsere arbeiten, und die machen Betstunde. Das hat aber nachher alles hingehauen. Haben das eingesehen."[65]

Auch während des Fastenmonats Ramadan, wenn Arbeiter islamischen Glaubens tagsüber weder essen noch trinken durften, wurde keine besondere Rücksicht auf sie genommen. „Und das Problem war mit diesen Leuten, wenn Ramadan war ... Ach, da waren die unausstehlich, unausstehlich! Da haben die immer nur geguckt, wann es dunkel wurde."[66] Wollten Arbeiter islamischen Glaubens ihre religiösen Vorschriften befolgen, wurden sie von deutschen Vorgesetzten nicht daran gehindert, solange ihr Verhalten den effizienten Arbeitsablauf nicht gefährdete. Ein besonderes Entgegenkommen konnten sie jedoch nicht erwarten. Waren die islamischen Arbeiter während des Fastenmonats Ramadan aufgrund religiöser Vorschriften in ihrer Leistungsfähigkeit stark eingeschränkt, wurde dennoch erwartet, daß sie ihre Arbeit so zielstrebig und fleißig wie während des übrigen Jahres verrichteten. Die Befolgung islamischer Vorschriften in einer nichtislamischen Umwelt stellte sie also vor besondere Probleme.

Auf der anderen Seite mußten sich die deutschen Beschäftigten erst an die Gebräuche ihrer ausländischen Kollegen gewöhnen. Vieles erschien ihnen fremdartig. Ein deutscher Befragter schildert seine Erfahrungen in dem Zusammenhang:

> *„In der Umkleidekabine ... da hatten wir mal einen Türken als Kauenwärter. Der hatte Nachtschicht, und wie ich morgens kam, ziemlich früh, da hatte er so einen kleinen Gebetsteppich da ... ich wußte ja wohl, was der da machte. Ich sage, ... komm mal, ich glaube, dem ist schlecht geworden, der ist immer am Nicken mit dem Kopf. Ach, sagt er [ein weiterer deutscher Kollege, M.M.], der ist verrückt."* [67]

Die Tätigkeit des Waschkauenwärters, zumal wenn sie während der Nachtschicht ausgeübt wurde, bot dem türkischen Arbeiter also ausreichend Gelegenheit, seinen religiösen Pflichten ungestört nachzukommen. Die Erinnerungen seines deutschen Kollegen lassen zwar kein besonderes Verständnis für die islamischen Gebetsvorschriften erkennen, sind aber eher von verwunderter Neugier und augenzwinkerndem Amüsement über das auffällige „Kopfnicken" als von aggressiver Intoleranz geprägt. Er weiß, was passiert und erlaubt sich einen gutmütigen Scherz über die Gebetsrituale des Türken. Die Reaktion des ebenfalls anwesenden deutschen Arbeiters spiegelt hingegen Desinteresse oder sogar ein größeres Unverständnis.

## 4.4 *„Es war schwierig, die türkischen Kollegen saßen meistens still und stumm."* – Migranten zwischen Isolation und Integration

Nur wenige der befragten Hüttenarbeiter schildern Konflikte zwischen deutschen und ausländischen Beschäftigten, die über das Maß dessen hinausgingen, das an jedem Arbeitsplatz üblich war.

> *„Da gab es deswegen [wegen der ausländischen Herkunft eines Arbeiters, M.M.] keinen Ärger, das wüßte ich nicht. Es ging höchstens mal um kleinere Dinge, ... die es auch unter Deutschen gab ... fauler Hund, pack mal an ... aber nicht böse gemeint, weil er Ausländer war, sondern wie es üblich war, es gab ja auch Leute, die fleißiger waren, und andere, die weniger fleißig waren. Da hat der eine oder andere auch schon mal gesagt, nun hau mal rein. Das gab es dann mit den Türken auch. Das war aber nicht, weil der Türke war."* [68]

Ausdrücklich wird hier betont, daß nicht die Nationalität eines Arbeiters Grund für kleinere Streitigkeiten war, sondern sein Arbeitsverhalten. Ein anderer Befragter bestätigt dies: „Es ist einfach so, man hat ja überall ... in dieser Richtung Probleme, es gibt immer den einen oder anderen, den man nicht mag, das ist aber ganz normal. Das hat jetzt nicht speziell mit Ausländern zu tun ... das ist einfach der normale Fall."[69]

Nur ein Befragter kann sich an einen gewaltsamen Streit zwischen einem deutschen und einem ausländischen Arbeiter erinnern. Gleichzeitig betont er ausdrücklich, daß es sich bei dieser Auseinandersetzung um einen Einzelfall gehandelt habe.

> *„Ein Ausnahmefall mal, das war ein Oberschmelzer hier von unserer Schicht und ein türkischer Kollege, aber das war ein Ausnahmefall ... ich weiß nicht mehr genau, worum es ging. Ich weiß nur, daß dieser türkische Kollege den Oberschmelzer immer derart gereizt hat und daß der eines Tages die Nerven verloren hat und hat dem dann links und rechts eine um*

*die Ohren gehauen. Ich meine, die Kollegen, die dabei waren, die wußten wohl, daß irgendwann mit Sicherheit mal etwas passieren würde, aber so schnell konnte keiner reagieren. Er wurde dann strafversetzt nach Ruhrort damals, der Oberschmelzer, wogegen man den türkischen Kollegen ungeschoren ließ. Das hat natürlich gewisse Leute in Wallung gebracht, aber da war eben nichts gegen zu machen.*"[70]

Die Ursache für den offenbar schon seit langem schwelenden Streit sieht der Befragte eindeutig im Verhalten des ausländischen Kollegen. Er lastet dies aber ausdrücklich nicht der Tatsache an, daß es sich bei ihm um einen Ausländer handelte. Die Betriebsleitung bewertete hingegen das Verhalten des deutschen Oberschmelzers als schwere Entgleisung. Von ihm wurde offenbar erwartet, daß er in der Lage war, Konflikte mit den ihm unterstellten Arbeitern gleich welcher Herkunft ohne die Anwendung von Gewalt zu lösen. Daß der Ausländer, von dem die Aggressionen jedoch ursprünglich ausgegangen waren, im Gegensatz zu seinem deutschen Vorgesetzten nicht bestraft wurde, sorgte bei einigen seiner deutschen Mitarbeiter für Unverständnis und Empörung. Das könnte ein Indiz dafür sein, daß deutsche Arbeiter in Konflikten mit Ausländern eher geneigt waren, die Partei ihrer ebenfalls deutschen Kollegen zu ergreifen, doch sollte die Aussage nicht überbewertet werden, da es sich um einen Einzelfall handelt und der Oberschmelzer an dem geschilderten Streit mit dem türkischen Arbeiter tatsächlich schuldlos gewesen sein kann.

Ressentiments und fremdenfeindliche Parolen gegenüber ausländischen Migranten und ihren Familien werden von den befragten Arbeitern als etwas geschildert, das im Bereich des Meidericher Hüttenwerks keinen Platz hatte. Zu intensiv war das Gefühl, in einem „Familienbetrieb" zu arbeiten, in dem menschliche Umgangsformen herrschten. Die meisten Arbeiter in dem relativ kleinen Betrieb fühlten sich als Mitglieder einer großen Gemeinschaft und wehrten sich gegen alles, was das Gemeinschaftsgefühl und die über weite Strecken gute Zusammenarbeit beeinträchtigen konnte. Dennoch erinnern sie sich an ausländerfeindliche Äußerungen, die – besonders als die Ehefrauen und Kinder der türkischen Beschäftigten im Rahmen des Familiennachzuges nach Deutschland kamen – außerhalb der Werkstore fielen: „Und das Verhältnis war am Anfang, als erst nur ein paar da waren, gar nicht schlecht. Erst als die Frauen nachkamen, und als Wohnungen für die bereitgestellt werden mußten, und als immer mehr kamen. Ich kenne keinen, der jetzt hier einen Haß hatte, aber draußen hörte man es doch, langsam wird es Zeit, daß das gestoppt wird, wie es heute jetzt wirklich so ist. Es sind zu viele."[71] Selbst wenn solche Aussprüche in einzelnen Fällen der privaten Meinung deutscher Arbeiter entsprochen haben sollten, waren ausländerfeindliche Parolen im Hüttenwerk nicht willkommen und werden in keinem Interview erwähnt.

Nur ein Befragter schildert einen Fall, in dem einem ausländischen Arbeiter – möglicherweise wegen seiner Herkunft – besonderes Mißtrauen entgegengebracht wurde. „Als ich Betriebsrat war, da hatten wir einen [ausländischen Kollegen, M.M.] gehabt, der hatte einen Sack Zement weggenommen, der wurde dann entlassen ... ob das bei einem Deutschen auch passiert wäre, weiß ich nicht, jedenfalls in der Sitzung oben habe ich wohl dagegen gestimmt, habe gedacht, das ist kein Grund, daß man den jetzt entläßt."[72] Der Befragte kann zumindest nicht ausschließen, daß ein deutscher Arbeiter in einem vergleichbaren Fall mit mehr Nachsicht behandelt worden wäre. Persönlich war er aber der Überzeugung, die Tat sei kein ausreichender Grund für eine Entlassung.

Benachteiligungen und Diskriminierung ausländischer Arbeiter traten durchaus auf. Sie konnten sehr subtile Formen annehmen. Ein gutes Beispiel für die Ungleichbehandlung deutscher und ausländischer Arbeiter bietet die folgende Geschichte:

> „Es war Weihnachten oder Neujahr, da ist es bei uns so Sitte, wenn man zum Schichtanfang kommt bzw. Silvesternacht nach 12 Uhr, es geht einer zum anderen Kollegen hin und wünscht ihm alles Gute. Und dann hatten wir einen jungen Meister gehabt, er muß vor mir vorbeigegangen sein und hat den Deutschen gratuliert und den Türken nicht. Und ich kam dann, und so, wie die gerade standen, dann gehe ich da durch und gehe doch nicht erst da hin und dann laufe ich zurück. Und dann sagt der eine Türke bloß, Du guter Mensch. Ich, warum das denn? Und später hörte ich das, daß die Türken sich beim Obermeister beschwert hatten über den Meister, daß der nicht gratulierte."[73]

Oft waren es gerade die kleinen Gesten und die vermeintlich harmlosen Zwischentöne, die verletzend und erniedrigend auf ausländische Arbeiter wirkten. Der junge Vorgesetzte ignorierte die ausländischen Beschäftigten vielleicht eher durch Unachtsamkeit und Gedankenlosigkeit als aus böser Absicht. Dennoch setzte er sie hinter ihre deutschen Mitarbeiter zurück und sorgte so ungewollt für erhebliche Verstimmungen. Auch bei den ausländischen Beschäftigten war längst eine besondere Sensibilität für solche vermeintlich beiläufigen Akte der Diskriminierung entstanden. Sie reagierten darauf sehr empfindsam. Mochten sie auch keine Christen sein und das deutsche Neujahrsfest für sie keine große Bedeutung haben, so erwarteten sie doch als Angehörige einer Arbeitsgruppe, als ein Teil von ihr anerkannt und behandelt zu werden.

Eine wichtige Rolle spielten im Arbeitsalltag die Pausenzeiten, da sie besonderen Raum für Unterhaltungen und private Kontakte zwischen den Arbeitern boten.

> *„Ja ... und dann einmal in der Woche, auch mit den türkischen Kumpels, auch mit den deutschen, die saßen zusammen im Frühstücksraum in der Pause, die haben zusammengesessen und versucht herauszufinden, wo drückt bei denen der Schuh? Aber ... es war schwierig, die türkischen Kollegen saßen meistens still und stumm, hat sich selten mal einer gerührt und hat gesagt, das gefällt mir nicht, oder jenes gefällt mir nicht ... Die waren also relativ, zufrieden kann man nicht sagen, aber sie waren nicht ... laut, nicht aufsässig. Sind nicht groß hervorgetreten, die saßen da still und stumm."* [74]

Offenbar fiel diesem Befragten erst im Rückblick auf, daß die deutschen und ausländischen Arbeiter ihre Pausen oft getrennt voneinander verbrachten. Trotz einzelner Bemühungen der deutschen Arbeiter kam offenbar kein intensiveres Gespräch zustande. Die Ursache für Kommunikationsschwierigkeiten und mangelnden Kontakt untereinander wird in erster Linie in sprachlichen Schwierigkeiten zu suchen sein. Das Schweigen der türkischen Arbeiter mag ihre deutschen Kollegen zu der Annahme verleitet haben, sie seien relativ zufrieden mit ihrer Situation oder hätten kein Interesse an einem Meinungsaustausch. So konnten beide Gruppen ihre Pausen zwar gemeinsam verbringen, mußten jedoch nicht zwangsläufig miteinander in Kontakt treten.

Allgemein wurden im Meidericher Hüttenbetrieb sowohl während der Arbeit als auch in den Pausen möglichst große Harmonie und ein gutes Betriebsklima angestrebt. Das konnte auch dann entstehen, wenn kein besonderer Austausch zwischen ausländischen und deutschen Arbeitern stattfand. In einigen Arbeitsgruppen führte der durch die Pausen geschaffene Freiraum jedoch auch zu Begegnungen, die den Befragten in guter Erinnerung geblieben sind.

> *„Die hatten ihre Gerichte gehabt. Die haben das richtig nett gemacht, wie eine Hausfrau. Da wurde Paprika kleingeschnitten, dann hatten die ihre Türkenwurst gehabt, die wurde kleingeschnitten, in Silberfolie eingepackt, dann kamen Tomaten, Porree, alles dazu. Und dann wurde mit dem Probelöffel in den Sand ein kleines Loch gemacht, dort wurde flüssiges Eisen reingegeben, ganz klein bißchen erkalten lassen, dort kam die*

*Abb. 5: Türkische Arbeiter (die beiden Männer hinten rechts) und deutsche Arbeiter im Pausenraum am Hochofen 5 (Foto: F. Kusak, Duisburg)*

*Silberfolie mit dem Inhalt rein. Nach 10-15 Minuten, wenn sich das beulte, der stand nur davor, der hatte das genau gesehen, dann war das richtig. Dann wurde das ausgepackt, und dann durfte jeder zugreifen. Und ich habe gerne zugegriffen ... Ich konnte nicht viel davon essen, aber so zwei, drei Scheiben, und es war einfach lecker."* [75]

Gemeinsames Essen wurde als besonderes kameradschaftliches Erlebnis empfunden. Auch die Gastfreundschaft der türkischen Beschäftigten, die wie in diesem Fall ihr Essen bereitwillig mit den Deutschen teilten, wirkte sich positiv auf das Gemeinschaftsgefühl unter den Arbeitern aus. Dabei erschienen die ausländischen Kollegen vielfach als gute Gastgeber. Das von ihnen zubereitete Essen roch und schmeckte zwar unter Umständen ungewohnt, brachte aber die beiden Gruppen näher zusammen. So entstand unter Umständen eine entspannte Atmosphäre, in der die Fähigkeiten des jeweils anderen Anerkennung finden konnten. Die Kommunikation der Arbeiter untereinander wurde so beträchtlich gefördert: „Und wir saßen zusammen und haben uns unterhalten ... es war einfach phantastisch."[76] Die oben geschilderten Erinnerungen einer harmonischen und zufriedenen Gemeinschaft beim gemeinsamen Essen illustrieren in idealer Weise das Bild des Familienbetriebs, das viele der Interviews mit ehemaligen Beschäftigten des Meidericher Hüttenwerks beherrscht.[77]

Unterschiedliche Eßgewohnheiten der ausländischen Mitarbeiter konnten hingegen auch trennend wirken. So erinnert sich ein Interviewter ausdrücklich daran, daß türkische Arbeiter im Betrieb zumindest belächelt, wenn nicht gar verspottet wurden, wenn sie während der Arbeit islamische Speisevorschriften befolgten. „Auch mit dem Schweinefleisch essen. Da sind die auf den Werken verpönt worden."[78] Unter den für deutsche Arbeiter ungewohnten Gewürzen war es vor allem der Knoblauch, der auf große Ablehnung stieß.

> *„Ich habe einen gehabt … ich sage immer nur Knoblauchfresser für den, … den brauchten sie nicht zu suchen, da gingen sie nur dem Geruch nach … Und wir kamen morgens zum Schalthaus 3 … den hatte ich da eingesetzt, da roch schon das ganze Schalthaus nur nach Knoblauch … der kam auch vom Osten irgendwo her … ein Jugoslawe, die fressen ja furchtbar viel Knoblauch."[79]*

Wie in diesem Fall gaben fremdartige Eßgewohnheiten einigen deutschen Arbeitern Anlaß zur Erfindung von „Spitznamen" für ausländische Mitarbeiter, die sie fortan ausschließlich verwendeten, wenn sie über die oder mit der betreffenden Person sprachen. Dabei bedachten sie nicht, daß extrem abwertende Bezeichnungen wie „Knoblauchfresser" von den so Benannten als schwere Beleidigung verstanden werden konnten. Dies erscheint im oben zitierten Beispiel durchaus denkbar, auch wenn dem Befragten auf der Basis seiner Erzählung nicht grundsätzlich ausländerfeindliche Motive unterstellt werden können. Gedankenlosigkeit konnte mindestens ebenso diskriminierend wirken. Sollte diese Aussage als humorvolle Anekdote gedacht sein, verkennt der Interviewte ganz offenbar, wie verletzend Worte sein können.

Erwähnt wird in den Interviews auch, daß einige der türkischen Arbeiter unter bestimmten Bedingungen durchaus bereit waren, religiös bedingte Essensvorschriften wie etwas das Verbot von Schweinefleisch zu brechen.

> *„Wir hatten ja … wenn bei uns Überstunden gemacht wurden, … dann wurde das Essen bestellt … Dann kriegten die [türkischen Kollegen, M.M.] auch Essen. Da haben wir auch Türken gehabt, die haben nicht lange gefragt, ob das jetzt Schweinefleisch ist, nicht? Und da haben sie auch gesagt, ich muß arbeiten, da muß ich auch essen, was die ja zu Hause dann nicht machen dürfen. Die haben sich nachher schon viel unseren Gewohnheiten angepaßt, auf der Arbeit, nicht?"[80]*

Nach längerem Aufenthalt in Deutschland erschien manchen Ausländern offenbar die Befolgung heimischer Eßgewohnheiten und religiöser Speisevorschriften nicht mehr so wichtig. Der tägliche Kontakt zu deutschen Arbeitern konnte schrittweise zu einer Änderung des Verhaltens führen. Zudem war zumindest in den Anfangsjahren ein Teil der aus der Heimat gewohnten Nahrungsmittel in deutschen Geschäften nur schwer erhältlich. Eine partielle Anpassung an deutsche Lebensmittel war daher oft unvermeidlich.

Anerkennend bewerten viele der Befragten den durch den Islam verordneten Verzicht auf Alkohol. Während es offenbar unter den deutschen Arbeitern immer wieder Probleme mit zu starkem Alkoholkonsum gab, trat dieses für den erfolgreichen Arbeitsprozeß hinderliche Problem bei türkischen Arbeitern so gut wie nie auf. „Bei den Türken gab es das nicht, da brauchte man keine Angst zu haben. Die brachten ihre großen Kannen türkischen Tee mit, da haben die den ganzen Tag von gelebt. Da gab es ja auch die Kaffee- und Teeautomaten, die waren immer von denen besetzt. Die tranken keinen Alkohol. Das war sehr, sehr viel wert. Da waren die uns weit überlegen."[81] Im direkten Gegensatz dazu berichtet ein anderer Befragter allerdings auch: „Die [Muslime, M.M.] dürfen ja auch an und für sich keinen Alkohol trinken, aber die haben auch schon mal getrunken. Ich sage, wenn das der Allah sieht. Der sieht uns hier nicht, sagten die dann."[82] Ähnlich wie bei den Ernährungsgewohnheiten paßten sich einige der ausländischen Beschäftigten des Hüttenbetriebs auch hier schrittweise an ihre deutschen Kollegen an. Außerdem hing es wohl von der jeweiligen persönlichen Religiosität der Arbeiter islamischen Glaubens ab, wie streng sie sich in der deutschen Umgebung an Speisevorschriften hielten. Den „typischen Türken" gab es im Meidericher Betrieb ebensowenig wie den „typischen Deutschen".

Friedliche, weitgehend reibungsfreie Zusammenarbeit zwischen Deutschen und Ausländern scheint – so legen es zumindest die Erinnerungen der deutschen Interviewten nahe – im Meidericher Hüttenwerk die Norm und nicht die Ausnahme gewesen zu sein. Dabei wurde durchaus in Kauf genommen, daß deutsche und ausländische Arbeiter weitestgehend unter sich blieben. Sowohl während der Arbeitszeit als auch in den Pausen blieben die Kontakte zwischen den beiden Gruppen meist auf das Notwendigste beschränkt. Wie stark die ausländischen Beschäftigten dabei isoliert wurden, hing wohl davon ab, ob sie einer mehrheitlich mit Landsleuten besetzten Kolonne oder Schicht zugeteilt wurden oder ob sie alleine beziehungsweise mit wenigen anderen Migranten unter lauter Deutschen arbeiteten. Je weniger Ausländer der gleichen Nationalität und Muttersprache in einer Gruppe zusammenarbeiteten, desto stärker waren sie auf engere Kontakte zu ihren deutschen Kollegen angewiesen. Da sich jedoch im Laufe der Zeit, wie etwa an den Hoch-öfen geschehen, regelrechte „Teams" mit Angehörigen der gleichen Nationa-lität herausbildeten, dürften Ausländer und Deutsche in vielen Arbeitsberei-chen eher nebeneinander als miteinander gearbeitet haben.

Angesichts dieses Befundes erscheint der Streik von 1978/79 besonders bedeutsam, da die ausländischen Beschäftigten während dieses Ereignisses offenbar fest in die Gemeinschaft der deutschen Arbeiter integriert waren. Ihre Solidarität und Mitwirkung an den Streikwachen sind einigen deut-schen Kollegen lebhaft in Erinnerung geblieben und werden ausdrücklich ge-lobt: „Und auch die türkischen ... Kumpels hatten ... einen Stand gemacht, und da haben sie gegrillt und gebraten, Hammelfleisch in großen Mengen. Das hat uns allen sehr gut geschmeckt. Also, es war wirklich ein Zustand, den man bezeichnen kann, ja, man war solidarisch."[83] Offenbar bewirkte die Aus-nahmesituation des gemeinsamen Streikens zumindest zeitweise eine Auf-hebung der sonst üblichen Zurückhaltung. Das Gemeinschaftsgefühl fügte sich nahtlos in den Kontext allgemeiner Solidarität mit den Zielen des Streiks ein. „Man kämpfte gemeinsam. Es war toll. Da waren auch ausländische Kumpels oder auch deutsche Kollegen, es war ein einheitlicher Wille da, so, den Streik stehen wir gemeinsam durch."[84] Die Arbeiter gleich welcher Natio-nalität erlebten sich als *eine* Gruppe, vereint durch das gemeinsame Streben nach Verbesserung ihrer Arbeitsbedingungen. Möglicherweise trug auch die Tatsache, daß der Streik schließlich entgegen den Wünschen der meisten Ar-beiter von der Gewerkschaft abgebrochen wurde, dazu bei, daß den Befragten die besondere Solidarität zwischen Deutschen und Ausländern im Gedächt-nis geblieben ist.

Besondere Unterstützung erfuhren die ausländischen Beschäftigten sei-tens des Betriebsrates und der Gewerkschaft. So wurde beispielsweise ver-sucht, ausländischen Arbeitern, die in den Ferien in ihr Heimatland reisen wollten, durch die Zusammenlegung von Urlaubsansprüchen entgegenzu-kommen. Auf diese Weise konnten sie Geld für Flüge sparen und mehr Zeit mit ihren Familien verbringen. Dafür werden viele Migranten dankbar gewe-sen sein, da sie meist erst nach einigen Jahren ihre engsten Angehörigen im Rahmen der Familienzusammenführung nach Deutschland holen konnten.[85] Auch die Haltung der Gewerkschaften zur Beschäftigung von Ausländern in deutschen Industriebetrieben war weitgehend positiv, ermöglichte sie doch deutschen Arbeitern die Übernahme qualifizierterer Arbeitsplätze. Da viele Migranten den Gewerkschaften beitraten, erhöhten sich deren Mitgliedszah-len und ihr gesellschaftlicher und politischer Einfluß beträchtlich. Im Gegen-zug bemühten sich die Institution um eine Verbesserung der Situation ausländischer Arbeitnehmer. Dabei verstanden die Gewerkschaften ihren Einsatz auch als „ein selbstverständliches Gebot gewerkschaftlicher Solidarität."[86] Diese gewerkschaftliche Ideologie beeinflußte auch das Verhalten der Betriebsräte im Meidericher Hüttenwerk. Ein früherer Betriebsrat betont, daß er sich nicht nur als Vertreter der deutschen Arbeiter verstanden habe:

> *„In Ruhrort ist ja sogar ein Betriebsrat freigestellt bei den Türken. Aber bei uns nicht, denn die waren hier ja noch in der Minderheit. Aber ich würde sagen, die wurden gut vertreten von uns … Das wäre ja auch schlecht gewesen, wir waren ja die Gewerkschaft, und die Gewerkschaft ist ja ganz entschieden gegen Ausländerhaß; und so haben wir keinen Haß gegen die gehabt, ganz im Gegenteil, wir haben versucht, nach Möglichkeit auch für die immer etwas zu erreichen."*[87]

Aus dem Zitat geht jedoch nicht eindeutig hervor, ob der Interviewte ausländischen Kollegen nur deshalb half, weil dies von der IG Metall gefordert wurde oder ob er sich hauptsächlich aus eigener Motivation für sie engagierte. So mußten sich die Migranten im Hüttenwerk über Jahre darauf verlassen, daß die deutschen Betriebsräte sich auch für ihre Interessen einsetzten, da sie zunächst keinen eigenen Vertreter in den Betriebsrat entsandten. Interessant ist an der obigen Stellungnahme auch, daß der Befragte klar zwischen deutschen und ausländischen Arbeitern unterscheidet; „die" und „wir", eine Trennung, die das alltägliche Arbeiten im Hüttenwerk und die gegenseitige Wahrnehmung der beiden Gruppen nachhaltig beeinflußte.

## 4.5 „Die machen doch untereinander auch Unterschiede." – Der Umgang ausländischer Arbeiter miteinander

Viele der Befragten erinnern sich auch an Details zum Umgang der ausländischen Mitarbeiter untereinander. Zwar war die Mehrzahl der ausländischen Beschäftigten türkischer Herkunft, doch werden in verschiedenen Interviews auch Griechen, Jugoslawen, Marokkaner, Italiener und Angehörige anderer Nationalitäten erwähnt. Arbeiteten mehrere ausländische Beschäftigte aus dem gleichen Herkunftsland zusammen in einer Schicht, verstärkte das die Tendenz unter ihren deutschen Kollegen, sie nicht als Individuen, sondern eher als Angehörige einer nationalen Gruppe wahrzunehmen. Allerdings konnte es gelegentlich auch unter Arbeitern, die aus dem gleichen Land stammten, zu heftigen Konflikten kommen. „Die machen ja untereinander auch Unterschiede … Welchen Bildungsgrad der hat … Wenn der Feld-

111

webel bei der türkischen Armee war, und der andere war nur Gefreiter, also, das ist doch schon ein Unterschied. Das sind ja aber Welten da, nicht?"[88] Streitigkeiten konnten die unterschiedlichsten Gründe haben, beruhten jedoch häufig auf sozialen Ungleichheiten zwischen ausländischen Arbeitern. Das Bild vom ungebildeten Arbeitsuchenden aus einem armen anatolischen Dorf entsprach eben nicht der Wirklichkeit der gesamten Migrantengruppe. Jeder einzelne hatte eine Vorgeschichte und war tief geprägt von seiner jeweiligen nationalen und sozialen Herkunft, der Erziehung, Schulbildung und Religiosität. Nicht immer konnten deutsche Beschäftigte die gesellschaftlichen Unterschiede unter ihren ausländischen Kollegen verstehen. Oft wußten sie zu wenig über die politischen, religiösen, gesellschaftlichen und sozialen Verhältnisse in den Heimatländern der Migranten.

Von einem Fall, in dem es offenbar zu heftigeren Auseinandersetzungen zwischen zwei ausländischen Arbeitern kam, berichtet ein Befragter: „Wir haben Türken dabei gehabt in der Kolonne, zwei Stück ... Das war besser, man hat die nicht zusammen zum Arbeiten gesteckt, man hat die besser auseinander getan ... Vielleicht waren sie beide aus einer anderen Gegend heraus, und daß die sich dann schon einmal nicht einverstanden waren."[89] Zwar nahm der Befragte wahr, daß die beiden in seiner Arbeitsgruppe beschäftigten Türken Schwierigkeiten miteinander hatten, doch wußte er wenig Genaues über die Ursachen. Wurden deutsche Arbeiter mit Konflikten zwischen ihren ausländischen Kollegen konfrontiert, reagierten sie häufig mit Desinteresse oder Unverständnis und beschränkten sich darauf, die Arbeiter so einzuteilen, daß der effiziente Ablauf des Arbeitsprozesses nicht gefährdet wurde. Nur in seltenen Fällen bemühten sie sich, die Hintergründe der Auseinandersetzungen zu verstehen. „Der eine, der kam aus der Ecke von der Südtürkei schon an der libanesischen Grenze, und der andere, der war wohl ein Kurde gewesen, ja? Der kam oben vom Schwarzmeer, da oben jetzt schon, wenn man die Ecke nach dem Kaukasus und da hinauf. Die haben sich nicht gut miteinander verstanden."[90] Die Herkunft aus geographisch weit auseinander liegenden Gebieten oder ethnische Auseinandersetzungen im Heimatland konnten durchaus in Konflikte münden. Allerdings setzten sich nicht alle ethnischen und politischen Konflikte aus dem Heimatland im deutschen Hüttenwerk fort. So berichtet ein Befragter, daß auch in Deutschland lebende Türken und Griechen ungeachtet der Schwierigkeiten zwischen ihren Herkunftsländern einvernehmlich zusammenarbeiten konnten: „Das wurde dann, hatten wir jedenfalls Bedenken gehabt, wie die Zypernkrise damals kam, der Grieche mit den Türken zusammen, aber da haben wir keine Probleme gehabt."[91]

Die Erinnerungen der deutschen Befragten an einzelne Konflikte zwischen ihren ausländischen Kollegen verdeutlichen noch einmal, daß die Migranten wie ihre deutschen Mitarbeiter ganz normale Menschen mit eigenen Sorgen, Problemen, Stärken und Schwächen waren. Auch nach ihrer Einreise nach Deutschland waren sie nicht zu perfekten Menschen geworden, so daß es am Arbeitsplatz durchaus gelegentlich zu Auseinandersetzungen kommen konnte. Keiner dieser Konflikte eskalierte aber so sehr, daß die effiziente Erledigung der Arbeit gefährdet war.

## 4.6 *„Mit Händen und Füßen"* – Sprachprobleme am Arbeitsplatz

„Arbeitsmäßig waren die gut, aber anfangs war die Verständigung sehr schlecht."[92] Wenn im Arbeitsalltag Probleme zwischen deutschen und ausländischen Kollegen auftraten, hatten diese in der Erinnerung der Befragten ihre Ursache meistens in Verständigungs- und Kommunikationsschwierigkeiten. Nahezu alle Interviewten äußern sich zu den sprachlichen Schwierigkeiten, die vor allem zu Beginn, als die ausländischen Kollegen noch nicht lange in Deutschland lebten, verstärkt auftraten. Die sprachlichen Defizite der Migranten waren teilweise beträchtlich. Eine repräsentative Untersuchung aus dem Jahr 1972 ergab, daß nur etwas mehr als ein Fünftel (22%) der ausländischen Arbeitnehmer sehr gut Deutsch sprach. Zu berücksichtigen ist hierbei, daß die Befragung ein Jahr vor dem Anwerbestopp durchgeführt wurde. Die meisten Befragten müssen daher damals bereits einige Jahre in Deutschland gelebt und gearbeitet haben. Es kann also davon ausgegangen werden, daß ihre Sprachkenntnisse zum Zeitpunkt der ersten Einreise noch wesentlich schlechter gewesen waren. Doch noch 1972 gab fast ein Drittel (31%) der männlichen Befragten an, schlecht Deutsch zu sprechen, während 11% nach eigener Aussage die deutsche Sprache gar nicht beherrschten. Die Werte für die weiblichen Befragten, die häufig erst im Rahmen des Familiennachzuges nach Deutschland gekommen waren, lagen noch deutlich unter denen für die Männer. Dabei variieren die Zahlen noch einmal stark in Abhängigkeit von der nationalen Herkunft der ausländischen Arbeitnehmer. Während vergleichsweise viele Italiener (18%) und Jugoslawen (17%) sehr gut oder doch zumindest einigermaßen (Italiener 43% – Jugoslawen 45%) Deutsch sprachen, konnte dies nur ein wesentlich geringerer Prozentsatz der türkischen Befragten (sehr gut: 7% – einigermaßen: 35%) von sich behaupten. Dagegen gaben 1972 noch immer 43% der Türken an, daß sie trotz mehrjähriger Arbeitstätigkeit schlecht Deutsch sprachen. 15% beherrschten die Sprache des Landes, in dem sie sich zu Arbeitszwecken aufhielten, gar nicht.[93]

Wie zu erwarten waren gerade zu Beginn die mangelnden Sprachkenntnisse der ausländischen Mitarbeiter ein großes Problem: „Ja, mit der Sprache, gerade bei den Türken, … konnte man das überhaupt nicht handhaben. Mann, ja, das war das Problem, der Meister, der kriegte zehn Mann, so, und die zehn Mann hat er jetzt morgens da stehen gehabt, was macht er jetzt mit denen?"[94] Dazu ähnlich ein anderer Befragter: „Mit Händen und Füßen. [Frage des Interviewers: ‚Also, die konnten gar kein Deutsch?'] Nein, gar nichts. Das einzige, was sie verstanden, war Pause."[95] Offenbar erschwerten die Sprachdefizite in den oben zitierten Beispielen selbst die Erteilung elementarster Arbeitsanweisungen. Da auch manuelle Tätigkeiten im Team häufig nach komplexen Regeln abliefen, waren viele ausländische Beschäftigte zunächst nicht in der Lage, die gewünschten Arbeiten auszuführen. „So, und da kamen die, … brachten eine Schippe mit, so, und jetzt war ja auch viel Handarbeit bei uns … Ja, ehe man das denen dann beigebracht, wie, und das ist ja nicht nur Schippen, sondern, wenn das auch noch so dumm aussieht, … da ist eine gewisse Taktik … dahinter."[96] Angesichts der großen sprachlichen Probleme waren Mißverständnisse und Verstimmungen zwischen deutschen und ausländischen Beschäftigten kaum zu vermeiden. „Wenn dann den Türken das jetzt gezeigt wurde … einfach, unser Ton, der war ja immer derb gewesen. An die Seite geschubst, so mußt Du das machen, dieser giftige Blick von diesem Menschen, da dachte ich immer, der erdolcht mich!"[97]

Beim Anlernen neuer ausländischer Arbeiter waren die deutschen Kollegen häufig auf Zeichensprache, Gesten, sprachlich sehr einfach strukturierte Befehle oder auch unsanftere Mittel angewiesen, um sich verständlich zu machen. Sie benötigten viel Geduld, um Migranten ohne deutsche Sprachkenntnisse in ihre künftigen Aufgaben einzuweisen. Auf der anderen Seite mußten sich auch die ausländischen Arbeiter bemühen, möglichst rasch voll einsatzfähige Mitglieder der Belegschaft zu werden. Erst durch die Imitation deutscher Kollegen und ein möglichst gutes Verständnis der Erklärungsversuche in einer für sie unverständlichen Sprache gelang es den Migranten im Verlauf der Zeit, Arbeitstechniken zu übernehmen. Verständigungsschwierigkeiten waren jedoch in keinem Fall ein günstiger Start für eine gute Zusammenarbeit.

Viele der ausländischen Arbeitskräfte lernten offenbar in recht kurzer Zeit, sich deutschen Arbeitstechniken, Leistungsanforderungen und Umgangsformen anzupassen. Schrittweise verbesserten sich ihre Deutschkenntnisse und ermöglichten ihnen eine aktivere und kompetentere Teilnahme an der täglichen Arbeit im Hüttenwerk. Einige Migranten kamen aber nie über Grundkenntnisse der deutschen Sprache hinaus und waren deswegen auch nach einigen Jahren nicht in der Lage, anspruchsvollere Aufgaben zu übernehmen, die etwa die Benutzung des Telefons erforderlich machten.[98] „Die waren nachher ... wenn man die umgesetzt hat, aus sprachlichen Gründen konnte man schon Leute umsetzen, dann gingen die meistens irgendwie als Waschraumwärter ... Waren dann viele da, nicht?"[99] Blieben wie in diesem Fall die Sprachdefizite auch nach einer längeren Zeit noch bestehen, konnte es notwendig werden, ausländischen Kollegen einen anderen, weniger technisch orientierten Arbeitsplatz zuzuweisen, an dem sprachliche Fähigkeiten von geringerer Bedeutung waren.

Je mehr Deutsche zusammen mit einem ausländischen Arbeiter in einer Kolonne oder Schicht arbeiteten, desto höher waren die Chancen, daß die Migranten rasch Deutsch lernten, um sich verständigen zu können und während der Arbeitszeit nicht völlig isoliert zu bleiben. In rein türkischen Arbeitsteams hingegen, wie es sie etwa im Hochofenbereich des Meidericher Hüttenwerks gab, war die Notwendigkeit, sich zumindest grundlegende Kenntnisse der deutschen Sprache anzueignen, nicht gegeben. Berufliche und private Kontakte entwickelten sich dann allein im Kreis ebenfalls ausländischer Beschäftigter und machten eine Kontaktaufnahme zu deutschen Kollegen vielfach überflüssig. Allerdings unternahmen viele deutsche Industriebetriebe Anstrengungen, um die Deutschkenntnisse ihrer ausländischen Arbeiter zu verbessern. Zu diesen Bemühungen zählten vor allem der Einsatz von Dolmetschern und Sprachkursangebote, die sich aber hauptsächlich auf die für die Arbeitstätigkeit notwendigen Sprachkenntnisse beschränkten. Umfassendere sprachliche Fähigkeiten konnten Migranten in Kursen erwerben, die von den christlichen Kirchen, freien Wohlfahrtsverbänden, Gewerkschaften, Volkshochschulen und anderen Institutionen angeboten wurden.[100] Für den Bereich des Meidericher Hüttenwerks lassen sich mit Hilfe der Interviews nur Sprachkurse sowie mehrsprachige Aushänge und Informationsmaterialien belegen.

„Die ersten, die kamen, haben versucht, schnell zu lernen. Und die Begriffe, die sie brauchten, die haben sie auch schnell gelernt. Sie mußten ja nicht die deutsche Sprache perfekt verstehen und beherrschen. Man hat denen ja gesagt, das und das mußt Du machen, und das haben die dann auch begriffen."[101] Die meisten Befragten sagen aus, daß die zu Beginn teils erheblichen Sprachdefizite nach einer gewissen Zeit so gemildert wurden, daß die alltägliche Arbeit ohne größere Probleme ablaufen konnte. Die Beschränkung auf das für den unmittelbaren Arbeitsalltag notwendige Vokabular führte jedoch zur Entwicklung einer rein funktionalen, rudimentären Sprachbeherrschung, so daß ausländische Arbeitnehmer die deutsche Sprache nach einer gewissen Zeit häufig passiv gut meisterten, in ihrer aktiven Anwendung aber nie adäquate Fähigkeiten erwarben. „Ich weiß, der erste ... war ein Grieche gewesen ... Der hat sehr schlecht Deutsch gesprochen, bis zum Schluß. Aber er verstand alles."[102]

Im Gegensatz zum genannten Beispiel eines groben Umgangston zwischen deutschen und ausländischen Arbeitern stehen die Erinnerungen eines anderen Befragten:

> *„Die [ausländischen Kollegen, M.M.] sind ja mit Glacéhandschuhen angefaßt worden ... Wir mußten wohl Rücksicht nehmen auf die Ausländer. Das ist immer gesagt worden ... Von der Betriebsleitung ist das gekommen, daß wir ein bißchen auf die aufpassen sollen und ein bißchen Rücksicht nehmen auf die Sprache und so. Da ist viel damals gemacht worden. Man war den ausländischen Kollegen gegenüber hilfsbereit."[103]*

Ein gutes Auskommen zwischen den Arbeitern gleich welcher Herkunft und Muttersprache lag im Interesse von Vorgesetzten und Betriebsleitung, da andauernde Konflikte und Verständigungsprobleme den reibungslosen Arbeitsablauf gefährdet hätten. Aus dem Interview geht nicht hervor, auf welchen Zeitraum sich die Aussage bezieht. Es ist aber offensichtlich, daß der jeweilige Umgang zwischen ausländischen und deutschen Kollegen in der Anfangsphase durchaus in Abhängigkeit von den Vorgaben und Anweisungen der Vorgesetzten variieren konnte. Sicherlich spielten hier auch das Arbeitsklima innerhalb der Kolonnen und Schichten sowie die jeweilige Offenheit und Hilfsbereitschaft der deutschen Beschäftigten eine wesentliche Rolle.

> *„Ja, hier mit der Verständigungsproblematik war es ja folgendermaßen: Es galt ja die Devise, ... daß zumindest die ausländischen Mitarbeiter über einen gewissen Sprachschatz verfügen müssen ... Es wurde sehr großen Wert darauf gelegt, daß die ausländischen Mitarbeiter, egal welcher Nation, zumindest einen Basiswortschatz beherrschten, um im Betrieb zu arbeiten, sonst wäre es auch viel zu gefährlich gewesen."[104]*

Wenn von allen ausländischen Arbeitern erwartet wurde, sich zumindest Grundkenntnisse der deutschen Sprache anzueignen, stand meist nicht der Integrationsgedanke im Mittelpunkt. Das Interesse galt primär dem „Funktionieren" der Migranten im Arbeitsprozeß. Dies wurde allerdings ebenso von den deutschen Beschäftigten verlangt.

Die Anstrengungen, die seitens des Hüttenwerks unternommen wurden, um den ausländischen Arbeitern das Erlernen der deutschen Sprache zu erleichtern, hinterlassen insgesamt einen eher unsystematischen, behelfsmäßigen Eindruck. So erwähnen manche der Befragten, die Neuankömmlinge seien verpflichtet worden, an Sprachkursen teilzunehmen, können jedoch keine weiteren Details berichten.[105] Vereinzelt wurden offenbar in der Anfangsphase, wenn es um das Erklären grundlegender Arbeitstechniken ging, Dolmetscher eingesetzt.[106] Nur so konnte wohl das Verständnis wichtiger Informationen gesichert werden. Dieses Angebot scheint aber nicht der Regelfall gewesen zu sein, wie die Erinnerungen eines anderen Hüttenarbeiters verraten. Er berichtet von improvisierten Verständigungsversuchen, bei denen sich die ausländischen Arbeiter untereinander helfen mußten: „Ich weiß, der erste, glaube ich, war ein Grieche gewesen ... und der hat uns dann sehr gut geholfen, als die Türken ankamen und kein einziges Wort Deutsch verstanden, da hat er, weil er zufällig eine Türkin zur Frau hatte, Türkisch gekonnt, und der konnte dann in etwa den Dolmetscher machen."[107] Von offizieller Seite waren offensichtlich keinerlei Vorkehrungen getroffen worden, um den ausländischen Arbeitern zumindest im Hinblick auf die Sprache den Einstieg in den deutschen Arbeitsalltag zu erleichtern. Verfügten die Ausländer aber erst einmal über Sprachkenntnisse, waren sie meist in der Lage, durch Fragen an deutsche Kollegen ihr Vokabular und ihre allgemeinen Sprachfertigkeiten zu erweitern. „Und dann sagte er: Bitte schön, wie heißt das? Naja, dann habe ich ihm das alles erklärt."[108]

Für gelegentliche Spannungen sorgte nach der Aussage mehrerer Befragter auch die Tatsache, daß ausländische Kollegen, wenn sie in größeren Gruppen innerhalb einer Schicht arbeiteten, ihre Heimatsprache der Verständigung in Deutsch vorzogen.

> *„[Hier] tritt folgende Schwierigkeit auf ... wenn zwei Türken zusammenarbeiten, und ein Deutscher kommt dazu, sprechen die meistens Türkisch weiter, und das ist eine Sache, die auch für die betrieblichen Vorgesetzten nicht so einfach ist. Und dadurch treten auch manche Spannungen ... im Betrieb auf, ... daß da Kommunikationsschwierigkeiten sind. Und es ist ja für einen Dritten ... immer unangenehm, wenn man zu einer Gruppe kommt ... und die Gruppe unterhält sich in einer Sprache, die man selbst nicht verstehen kann. Man weiß ja gar nicht, was die beiden Leute zusammen sprechen."[109]*

Ohne daß sie sich dessen bewußt waren, konnten die ausländischen Beschäftigten Verstimmungen auslösen, wenn sie in Gegenwart ihrer deutschen Kollegen untereinander ihre Muttersprache verwandten. Das für sie Naheliegende, ins eigene Idiom überzugehen, konnte dann, wie hier geschildert, als Ausgrenzung wahrgenommen werden.

Der Arbeitsprozeß im Industriebetrieb verlieh der Möglichkeit, sich zu verständigen, eine erhöhte Bedeutung. „Ja ... dann ist ja immer ein gewisser Druck da, man mußte nicht nur auf sich selber aufpassen, man mußte auch auf die anderen mit aufpassen, sage ich mal, und vor allem dann Sprachschwierigkeiten sind ja schon große Probleme."[110] Gerade im Hinblick auf die Arbeitssicherheit erwiesen sich die mangelnden Sprachkenntnisse mancher ausländischer Arbeiter immer wieder als großes Hindernis für einen reibungslosen und sicheren Arbeitsablauf im Hüttenwerk. Leicht konnte ein ausländischer Arbeiter sich selbst und möglicherweise auch andere in Gefahr bringen, weil er aus einem Mangel an Sprachkenntnissen Arbeitsabläufe und Sicherheitsvorkehrungen nicht richtig verstand. Gefahrenquellen bestanden im Hüttenwerk in großer Zahl. Hier waren die deutschsprachigen Kollegen gezwungen, Kommunikationsmängel durch höhere Aufmerksamkeit auszugleichen. Ein deutscher Arbeiter erinnert sich an einen Fall, in dem ein ausländischer Kollege durch einen Arbeitsunfall schwer verletzt wurde.

> *„Ich habe mit einem Italiener, der ist mit dem Fuß in so einen Ablauf hineingetreten. Den Fuß mußten sie abnehmen. Der war nicht mehr zu retten. Das ist dadurch gekommen ... man hat hier so einen Kasten ... da sind so Überläufe ... direkt nach dem Gießen wurden die abgedeckt, weil die eine enorme Hitze ausstrahlten ... Somit waren die ja unsichtbar. Ich weiß nicht, ob der keine Erfahrung gehabt hat, aber der ist jedenfalls an der Straße entlanggegangen und plötzlich ... Das ist flüssig, der tritt da rauf und sackt sofort ein. Und ist weg. Da gibt es nichts, den haben sie sofort weggebracht."[111]*

Sprachliche Schwierigkeiten könnten durchaus der Grund dafür gewesen sein, daß dieser Arbeiter nicht hinlänglich über die Gefahrenquellen und Sicherheitsmaßnahmen informiert war und nicht wußte, daß die gefährlichen Abläufe abgedeckt wurden. Allerdings könnte sein Unfall auch auf bloße Unachtsamkeit zurückzuführen sein. Dies geht aus dem Bericht nicht eindeutig hervor.

Die ausländischen Arbeiter in deutschen Industriebetrieben hatten häufig große Defizite in der Beherrschung der deutschen Sprache, die oft auch nach mehreren Jahren nicht behoben waren. Wie rasch sie Deutschkenntnisse erwerben konnten, hing unter anderem davon ab, ob sie an Sprachkursen teilnahmen, ob sie mehrheitlich unter deutschen Kollegen arbeiteten oder ob sie Kolonnen zugewiesen wurden, in denen ausschließlich ihre eigenen Landsleute arbeiteten. Besonders im Bereich der Arbeitssicherheit mußte damit gerechnet werden, daß sprachliche Defizite unmittelbare Gefahren mit sich brachten. Einzelne Beschäftigte mußten deshalb an nichttechnische Arbeitsplätze versetzt werden. Andererseits war die Muttersprache Ausdruck der Identifikation mit einer Gruppe, Ausdruck der kulturellen Identität. Sie konnte den ausländischen Arbeitern mitunter als Mittel der Abgrenzung von ihren deutschen Kollegen dienen.

## 5. „Speziell mit den Türken ... da sind wir nie mit zusammengekommen." – Private Kontakte zwischen deutschen und ausländischen Beschäftigten

Durch die gemeinsame Beschäftigung von Deutschen und Ausländern im Meidericher Hüttenwerk entstanden mitunter engere Beziehungen am Arbeitsplatz, die zum Teil über die Schließung des Hüttenbetriebs 1985 hinaus fortbestanden. Ein Befragter, der ebenso wie einige ausländische Kollegen in ein anderes Thyssen-Werk versetzt worden war, berichtet: „Es ist noch gar nicht lange her, da habe ich mal wieder einen [ausländischen Mitarbeiter, M.M.] getroffen, der hat fast Tränen in den Augen gehabt, ein Türke. Der sagte, Egon, was war das doch schön gewesen in Meiderich."[112] Zwar nennt auch dieser Befragte, der sich an vier ausländische Kollegen namentlich erinnern kann, nicht den Vornamen des Türken, doch duzte jener offenbar seinen ehemaligen deutschen Mitarbeiter. Dies deutet auf ein gutes persönliches Verhältnis zwischen den beiden Beschäftigten hin. Zwar unterhielt der Befragte zum Zeitpunkt des Interviews auch noch Kontakte zu einigen anderen ausländischen Kollegen, doch kamen solche Zusammenkünfte auch in seinem Fall eher zufällig oder durch die Arbeit zustande.

> *„Zum Beispiel sind da zwei Leute, die hier in Meiderich gearbeitet haben, die arbeiten jetzt in der Gießhalle in Hamborn, und die bringen mir nachts die Bücher. Auf Nachtschicht muß man den 24-Stunden-Plan fertigmachen für die Produktion, und die bringen mir dann das Buch, und das muß ich dann übertragen. Die bleiben dann so eine halbe Stunde bei mir, bis ich alles fertig habe. Das sind auch noch zwei Türken aus dem ehemaligen Hüttenbetrieb. Wir freuen uns dann immer."*[113]

Die unregelmäßigen Treffen mit seinen Kollegen liefen demnach äußerst harmonisch ab und waren für alle Beteiligten eine Möglichkeit, sich an die gemeinsam im Meidericher Werk verbrachte Arbeitszeit zu erinnern. Dabei wurden Erinnerungen an das als außergewöhnlich gut und menschlich empfundene Betriebsklima in Meiderich und die Zeit der Zugehörigkeit zu diesem überschaubaren „Familienbetrieb" wach. Die Gemeinsamkeit schweißte zusammen, die Herkunft eines ehemaligen Mitarbeiters spielte dabei nur noch eine untergeordnete Rolle. Möglicherweise merkten der Befragte und seine ausländischen Kollegen erst nach ihrer Umsetzung in ein anderes Werk, wie positiv sie die Zeit im Hüttenbetrieb empfunden hatten. Das gemeinsam Erlebte einte so in der Rückschau trotz womöglich früher vorhandener Differenzen.

Was aber geschah nach dem Ende der jeweiligen Schicht, wenn deutsche und ausländische Beschäftigte den gemeinsamen Arbeitsplatz verließen? Besuchten sie sich gegenseitig? Verbrachten sie einen Teil ihrer Freizeit mitein-

*Abb. 6: Ausländerwohnheim der August-Thyssen-Hütte in Beeckerwerth, 1971 (Archiv der ThyssenKrupp AG)*

ander? Lebten sie in den gleichen Häusern und Straßen als Nachbarn zusammen? Entwickelten sich im Lauf der Zeit Freundschaften zwischen Deutschen und Migranten oder setzte sich die weitgehende Trennung zwischen den beiden Gruppen auch außerhalb des Arbeitsplatzes fort?

Gerade zu Beginn ihres Aufenthalts waren Kontakte zu Kollegen für viele Migranten besonders wichtig, da sie gezwungen waren, ohne ihre Familien in einem fremden Land zu leben. Meist wurden sie in Wohnheimen oder Baracken untergebracht, wo sie häufig auf sehr beengtem Raum mit Landsleuten zusammenlebten und nur spartanische Ausstattung vorfanden. Viele Ausländer waren zunächst im Hinblick auf die ihnen zur Verfügung stehenden Unterkünfte nicht wählerisch, da sie davon ausgingen, ihr Aufenthalt werde nur von relativ kurzer Dauer sein.

> *„Ja ... es waren alles nur einzelne, die hatten die Familien noch zu Haus, die türkischen Kumpels. Und dann wohnten die mit in dieser Holzbaracke, so mit vier, fünf, sechs Kollegen auf einem Raum. Hatten dann separat eine Küche da in dieser Baracke, kochten für sich selbst und lebten da eigentlich so, naja, nach ihren Maßstäben. Das gefiel denen eigentlich da ganz gut, bis dann nachher der Trend war, ja, ich möchte doch gerne meine Familie hier haben."* [114]

Erst als nach einigen Jahren in zunehmendem Maße die Familien der ausländischen Beschäftigten nach Deutschland kamen, bemühten sie sich um bessere Wohnmöglichkeiten in Privatquartieren oder Mietwohnungen.[115] Das Zitat läßt erkennen, wie schwer es vielen deutschen Kollegen fiel, sich in die Situation ihrer ausländischen Mitarbeiter hineinzuversetzen. Die von dem Befragten recht positiv geschilderte Wohnsituation der Migranten in den Gemeinschaftsunterkünften, die offensichtlich wenig komfortabel war und kaum genug Raum für Privatsphäre und Ruhe bot, muß für die ausländischen Arbeiter beengend und belastend gewesen sein. Möglicherweise wirkte das Zusammenleben mit Landsleuten, die einige der eigenen Gewohnheiten und die eigene Sprache teilten, in der fremden Umwelt auf manche Ausländer auch tröstlich. Allerdings verstärkte eine solche Unterbringung die Isolation der Migranten, da sie außerhalb der Arbeit kaum Kontakt zu deutschen Kollegen und ihren Familien aufbauen konnten.

Gerade in der Anfangszeit der Beschäftigung von Ausländern gestaltete sich die Annäherung selbst bei großen Bemühungen auf beiden Seiten überaus schwierig:

> *„Ja, das haben wir nie spitzgekriegt, daß wir mit denen mal, gerade speziell mit den Türken, weil das ja die größte Gruppe war. Da sind wir nie*

*mit zusammengekommen, die waren immer für sich. Wir haben sie mal, als sie noch im Lager waren, ... besucht, ... aber da waren die Sprachschwierigkeiten noch so schwer gewesen. Man hat, die waren freundlich, haben uns gegrüßt, haben uns vielleicht auch einen Tee angeboten, aber weiter war das nicht.*"[116]

Eine Vielzahl von Hindernissen mußte überwunden werden, wenn ein Kontakt außerhalb des Arbeitsplatzes aufgebaut werden sollte. Das größte Problem beim Zusammentreffen der beiden Gruppen waren aber stets Sprachschwierigkeiten. Anders als am Arbeitsplatz, wo wenige Worte, Zeichen und Gesten für die grundsätzliche Verständigung ausreichen konnten, erforderten private Kontakte größere Sprachkenntnisse, da sonst keinerlei Unterhaltung entstand, in der sich die Angehörigen der beiden Gruppen näherkämen. Die im obigen Zitat geschilderte Gastfreundschaft der türkischen Arbeiter gegenüber ihren deutschen Besuchern belegt, daß auf seiten der Ausländer Interesse an einem Zusammentreffen existierte. Doch ein Austausch wollte einfach nicht zustande kommen. Möglicherweise verhinderten neben Sprachproblemen auch kulturelle Unterschiede die Entwicklung engerer Beziehungen. Zudem fiel und fällt der Aufbau privater Kontakte unter Einzelpersonen leichter als beim Aufeinandertreffen größerer Gruppen. Individuen sind in der Regel wesentlich stärker darauf angewiesen, aufeinander zuzugehen als Menschen, die sich auf eine größere Gruppe verlassen können.

Daher führte auch der Nachzug der Familien eher zu einer Verschlechterung der Möglichkeit, sich privat näher kennenzulernen. Zwar verließen die meisten Ausländer die beengten Gemeinschaftsunterkünfte und bezogen Privat- oder Betriebswohnungen, die meist in der unmittelbaren Nähe des Hüttenwerks in Duisburg-Meiderich lagen, doch zogen sich viele deutsche Mieter aus den Häusern und Straßen zurück, in die Migranten mit ihren Familien einzogen. „Dann kamen immer mehr Türken da rein, immer mehr, immer mehr. Und dann noch jeder Stadtteil hier in Meiderich, Hamborn hatte so eine Art Kolonie, wie wir gesagt haben. Und da zogen dann auch immer mehr Deutsche aus in bessere Wohnungen. Und dann zogen da die Türken ein."[117] Die Ankunft ihrer Ehefrauen und Kinder verringerte zwar die Einsamkeit der ausländischen Arbeiter, sorgte aber zugleich dafür, daß ihr Bedürfnis nach intensiveren privaten Kontakten zu deutschen Kollegen abnahm. „Nachher, als ... die Familien draußen waren, da war da gar nichts mehr. Gerade, daß die zur knappen Not mal auf der Straße gegrüßt haben, nicht?"[118] Waren zuvor keine engeren Beziehungen zu deutschen Kollegen entstanden, verdrängte nun die Anwesenheit der Familie die Isolation im Gastland.

Der Ausländergesamtplan der Stadt Duisburg aus dem Jahre 1980 bestätigt den Eindruck, daß während des Zuzugs der Familien eine Art „Koloniebildung" stattfand. Insgesamt lag der Anteil der Ausländer an der Duisburger Bevölkerung im Dezember 1979 bei 11,48%. Unter den ausländischen Einwohnern war die Gruppe der Menschen türkischer Herkunft mit 62,44% deutlich in der Mehrheit. Zwar lag die Zahl der Ausländer in den Stadtbezirken Ober- und Untermeiderich sowie Alt-Hamborn, die sich in größter Nähe zum Thyssen-Hüttenbetrieb befanden, zwischen 11,71% und 15,99%, doch zählten diese Stadtteile damit noch nicht zu den am stärksten von Ausländern bewohnten Bezirken der Stadt. Den höchsten Ausländeranteil verzeichnete der Gesamtplan am 31. Dezember 1979 für die Stadtteile Hüttenheim (43,65%), Bruckhausen (39,09%), Hochfeld (28,17%) und Marxloh (23,42%).[119] Im Vergleich zu diesen Prozentwerten deuten die Ausländerzahlen für die rings um das Hüttenwerk liegenden Wohngebiete auf eine geringere Konzentrierung von Migranten hin.

Häufig entsprachen die Wohnungen, in die Arbeitnehmer ausländischer Herkunft mit ihren Familien einzogen oder von Betriebsräten und Ämtern eingewiesen wurden, nicht mehr dem Standard, den sich ihre deutschen Kollegen für die eigenen Familien wünschten. Auch eine gewisse Angst vor den Ausländern mit ihren fremden Sitten und Gewohnheiten mag die Auszugswelle deutscher Mieter verstärkt haben.

Je höher die Konzentrierung ausländischer Familien in einem Wohngebiet war, desto mehr grenzten sich Deutsche und Ausländer privat voneinander ab. „Das ist … wie zum Beispiel jetzt … die ehemalige Kolonie, das ist ein regelrechtes Ghetto. Die waren unter sich, die hatten das gar nicht nötig, nach außen zu gehen."[120] Die durch den Auszug deutscher Mieter begünstigte Sammlung von ausländischen Arbeitern in einer Gegend mit günstigen Wohnungen schuf einerseits ein festes soziales Gefüge, das in der Fremde Sicherheit und Geborgenheit bot. Andererseits förderte diese „Ghettobildung" die Isolation der ausländischen Arbeiter innerhalb ihrer eigenen Gruppe. Die wichtige Funktion des Zusammenwohnens von Migranten erkennt auch der Ausländergesamtplan der Stadt Duisburg gerade für Türken, die „fremdesten" aller Migranten, an:

*„Dort fühlen sich die Ausländer heimischer, weil dort ihre Sprache gesprochen, ihre Kultur gelebt [wird] und sie die gesuchte Nachbarschaft ihrer Landsleute haben. Diese Nachbarschaft vermittelt ihnen Halt und innere Orientierung, Hilfe und Wärme. Die türkische Familie fühlt sich hier eingebettet in ein Netz verwandtschaftlicher und nachbarschaftli-*

*cher Verbindungen und Beziehungen … Insofern sollten Ausländerviertel in den Großstädten nicht als ‚Gettos' abqualifiziert, sondern als ‚ethnische Wohnbezirke' anerkannt werden. Man muß davon ausgehen, daß sich türkische Familien für eine Übergangszeit in Wohnvierteln mit einer relativ hohen türkischen Bevölkerung am wohlsten fühlen."*[121]

Gerade diese positive Einschätzung trug dazu bei, rasch feste soziale Strukturen zu schaffen. Die meisten ausländischen Familien wurden so in ihrem mehrheitlich von Landsleuten dominierten Wohnumfeld heimisch und sahen keine Veranlassung zu einem Umzug in ein weniger stark von Ausländern bewohntes Gebiet. Aus der „Übergangszeit" wurde eine feste Einrichtung. Allerdings strebte die Stadt Duisburg für die am stärksten von Menschen ausländischer Herkunft besiedelten Stadtbezirke eine behutsame Integrations- und Sanierungspolitik an, um das weitere Abwandern deutscher Familien zu verhindern. Angesichts des vergleichsweise niedrigen Ausländeranteils der um das Meidericher Hüttenwerk liegenden Wohngebiete gehörten sie aber nicht zu den Bezirken, die vordringlich in das Integrationskonzept der Stadt eingebunden wurden.[122]

Folgten die Angehörigen eines ausländischen Arbeiters ihrem Familienoberhaupt nach Deutschland, bezogen sie zunächst häufig sehr billige Wohnungen, um so Geld für die in fast allen Fällen angestrebte Rückkehr ins Herkunftsland zu sparen. Da in vielen Fällen Familienmitglieder in der Heimat zurückblieben, mußte ihnen regelmäßig Geld überwiesen werden, wodurch sich das Budget ausländischer Arbeiter weiter reduzierte.

*„Die [ausländischen Kollegen, M.M.] sind ja auch hierhin gekommen, um zu arbeiten. Und die wollten ja auch Geld verdienen. Dann kann ich das auch verstehen, daß sie billige Wohnungen haben. Die wollten ja nichts, … so würde man denken … wenig Miete bezahlen, und die Hütte hat ja dann … Wohnungen gehabt, die relativ … dann haben sie ja Geld gespart. Und die haben ja tüchtig und fleißig gespart, in dem Sinne. Die mußten ja noch ihre Familien unterstützen, in dem Falle, nicht?"*[123]

Die deutschen Beschäftigten rechneten also damit, daß ihre ausländischen Kollegen nach einer gewissen Zeit, wenn sie genug Geld angespart hatten, wieder in ihre Heimat zurückkehren würden. Auf einen dauerhaften Verbleib in der Bundesrepublik Deutschland war zunächst nur eine Minderheit unter den Migranten eingestellt. In vielen Fällen wurde die fest geplant Rückkehr Jahr um Jahr verschoben, weil der Verdienst in deutschen Industriebetrieben ein relativ gutes Auskommen ermöglichte, die Kinder in Deutschland zur Schule gingen und eine qualifizierte Ausbildung erhalten sollten und die Anwesenheit von Verwandten und Freunden aus dem Heimatland das Leben in der Fremde erträglicher machte. Gleichzeitig brach der Kontakt zum Herkunftsland, das sich in der Zeit der Abwesenheit gesellschaftlich, wirtschaftlich und politisch ebenfalls weiterentwickelte, in vielen Fällen immer mehr ab. So wurde in vielen ausländischen Familien der Aufenthalt, der eigentlich nur auf einige Jahre beschränkt bleiben sollte, mehr und mehr zu einem Dauerzustand. Die Tendenz verstärkte sich noch, als die Kinder ausländischer Arbeitnehmer die deutsche Schulausbildung beendeten, Lehrstellen fanden, heirateten und selbst Kinder bekamen. Nahezu unbemerkt hatte sich der Lebensmittelpunkt vieler Migrantenfamilien aus dem Heimatland in die Bundesrepublik verlagert. Vielen älteren Ausländern erschien nun die ursprünglich fest angestrebte Heimkehr nicht mehr wünschenswert oder durchführbar, da dies in fortgeschrittenem Alter erneut eine völlige Umwälzung ihrer Lebensumstände erfordert und eine dauerhafte Trennung von Kindern und Enkelkindern mit sich gebracht hätte. Da sich Gesellschaft und Kultur in ihren Herkunftsländern ebenfalls geändert hatten, bewog viele auch die Angst, in der alten Heimat nicht mehr heimisch werden zu können, zu einem dauerhaften Verbleiben in der mittlerweile gewohnten Fremde.

Je länger die Migranten in Deutschland lebten, desto größer wurde ihr Wunsch nach einer Verbesserung der Lebensumstände. Nun waren auch sie nicht mehr bereit, mit ihren Familien in heruntergekommene Wohnungen ohne jeden Komfort zu ziehen, nur weil diese billig waren. „Und dann wurden die da [bei der Wohnungssuche, M.M.] auch frech, die Wohnung nicht, wie das eben so ist. Die haben dann auch Ansprüche gestellt. Billig wollten sie haben, aber gut. So gab es da auch Reibereien. Und nachher hat man dem einen oder anderen schon mal sagen [müssen], hör mal, Du bist nicht in der Türkei, Du bist hier in Deutschland, benimm Dich anständig."[124] Bei deutschen Kollegen stieß der Wunsch ausländischer Mitarbeiter nach bezahlbaren Unterkünften, die aber dennoch einen akzeptablen Wohn- und Lebensstandard bieten sollten, nicht immer auf Verständnis. Den höheren Komfort, den sie für sich und ihre Familien wie selbstverständlich in Anspruch nahmen, gestanden sie den Migranten nicht in jedem Fall zu. Besonders die Ausländer, die sich sehr aktiv und teils auch aggressiv um eine Verbesserung ihrer Lebensumstände bemühten, erregten den Unmut der deutschen Beschäftigten, die nach wie vor davon ausgingen, daß die Ausländer, die ohnehin nach kurzer Zeit wieder in ihr Heimatland zurückkehren würden, für die geringe Dauer ihres Aufenthalts auch mit zweitklassigen Wohnungen auskommen konnten.

Einige deutsche Beschäftigte setzten ihre Besuche bei ausländischen Kollegen fort, wenn diese aus den Gemeinschaftsunterkünften fort- und in Wohnungen mit ihren Familien eingezogen waren. „Die Griechen ... wenn man da hereinkam, ... hieß es: Kommen Sie rein, kommen Sie rein, da haben Sie einen Ouzo, die waren, das ist eben die Mentalität."[125] Wie in diesem Fall freuten sich einige Deutsche über die herzliche Aufnahme, die sie in den Wohnungen ihrer ausländischen Mitarbeiter fanden, manche stellten aber auch fest, wie schwierig der Aufbau langfristiger Freundschaften sein konnte. Mit Ausnahme eines einzigen Befragten berichtet kein anderer Interviewter, daß ein Deutscher seine Wohnungstüren für den Besuch ausländischer Kollegen öffnete. Bei den meisten Arbeitern blieb der private Kontakt auf gelegentliche unverbindliche Treffen unter den Männern beschränkt, die sich fast nie auch auf die Familien der deutschen und ausländischen Beschäftigten des Meidericher Hüttenwerks ausdehnten.

Von großer Bedeutung war daneben die Tatsache, daß die meisten deutschen Arbeiter seit ihrer Kindheit oder doch zumindest seit mehreren Jahren in Duisburg wohnten und dort fest in ein soziales Gefüge eingebunden waren. Sie verfügten meist über rege Kontakte zu deutschen Freunden und Verwandten, waren in Gewerkschaften, Parteien, Sportvereinen, Kegelclubs, Schrebergartenkolonien und Verbänden wie dem Deutschen Roten Kreuz aktiv und daher nicht dringend auf den Kontakt zu Migranten angewiesen, um Einsamkeit oder Isolation zu bekämpfen. Migranten schlossen sich nur in den seltensten Fällen den bestehenden deutschen Vereinen an. Am ehesten wäre eine gemeinsame Mitgliedschaft wohl in Sportvereinen möglich gewesen, da hier Sprachkenntnisse nicht so wichtig waren. Der Ausländergesamtplan von 1980 charakterisierte Migranten jedoch wegen der geringen Mitgliedszahlen in deutschen Sportvereinen noch als „Problemgruppe" und empfahl, „daß weitere Kurse für Ausländer (Schwimmen, Ringen, Boxen, Karate usw.) eingerichtet werden."[126] Die Mehrzahl der ausländischen Arbeiter organisierte sich in eigenen Kulturvereinigungen, Sportvereinen und politischen Verbänden, die meist keine nationenübergreifenden Interessen vertraten, sondern ihre Aktivitäten jeweils auf Jugoslawen, Türken, Griechen usw. beschränkten.[127]

Während der oben geschilderte Kontakt zu griechischen Mitarbeitern offenbar recht unkompliziert und spontan verlief, schildert ein deutscher Befragter wesentlich größere Probleme bei Besuchen in türkischen Familien. „Es waren feine Kollegen ... ich habe auch Besuche gemacht in türkischen Wohnungen, wurde auch gebeten, möchten Sie gerne eine Tasse Kaffee, nur, wenn der Mann nicht da war, ... dann hat die Frau keinen Mann hereingelassen. Das ist ihre Pflicht, das dürfen die einfach so nicht."[128] Waren die Frauen und Mädchen der türkischen Familie alleine zu Hause, blieben die Privat-wohnungen für deutsche Arbeiter in der Regel verschlossen. Offenbar waren es neben kulturellen und religiösen Unterschieden besonders die sprachli-chen Probleme, die ein näheres Kennenlernen der Ehefrauen deutscher und türkischer Beschäftigter, wie es etwa beim Einkaufen oder bei Arztbesuchen denkbar gewesen wäre, verhinderten. Die deutschen Befragten sehen dies auch für die Gegenwart noch als Problem an: „Aber, so nebenbei gesagt, die Frauen als solches, die lernen ja heute noch nicht richtig Deutsch. Das war das A und O. Da ist die eine oder andere [türkische Ehefrau, M.M.] mal gewe-sen, die wirklich mal Kontakt zu einer deutschen Frau gesucht hat, aber der größte Teil, die waren für sich."[129] Die Gattin eines Befragten erinnert sich gut an die Zeit, als die ersten türkischen Ehefrauen ihren Männern nach Deutschland folgten. Sie habe die jungen türkischen Frauen damals immer als sehr traurig empfunden und führt dies auf Heimweh und Probleme mit der Beherrschung der fremden Sprache zurück.[130]

Deutsche Arbeiter registrierten gerade nach der Ankunft türkischer Ehe-frauen und Kinder, daß sich die Rollenverteilung und das Sozialverhalten innerhalb der meisten Familien türkischer Herkunft deutlich von dem un-terschied, was sie täglich in ihren eigenen Familien erlebten. „Und die Frau-en als solches, die haben sich immer zurückgehalten. Ich kann mich noch erinnern, als die hier früher vor Jahren ... vorbeikamen, der [Ehemann, M.M.] ... ging acht Schritte vor. Und die Frau, die war voll beladen mit Pake-ten."[131] In der Regel werden solche Beobachtungen, die zu den gängigsten Ausländerklischees in Deutschland zählen, jedoch von den Interviewten weder hinterfragt noch kritisiert, sondern als Tatsachen akzeptiert und der fremden Mentalität angelastet. „Ich meine, ... daß die Frauen mit Kopftü-chern herumlaufen, das ist ihre Mentalität, da kann man nichts daran ma-chen. Und man sieht sie ja in der Türkei nur mit Kopftüchern herumlau-fen."[132] Was sich innerhalb der türkischen Familien abspielte, gehörte nach Meinung der deutschen Kollegen ebenso in den Bereich der Privatsphäre wie ihr eigenes Familienleben. Es fiel ihnen daher meist nicht schwer, die beobachteten Unterschiede in der fremden Mentalität der ausländischen Kollegen zu ignorieren oder zu tolerieren, selbst wenn sie die Hintergründe nicht verstanden.

## 6. *„Die bereichern sich ja auch gegenseitig, nicht?"* – Versuch eines Fazits

Nur ein einziger Arbeiter kommt auf einen zentralen Vorteil der Begegnung mit Menschen unterschiedlicher nationaler Herkunft zu sprechen: „Ja, ein biß-chen andere Mentalität hatten sie schon als wir, nicht? ... Also, es war schon immer ein Misch an Völkern ... Aber das ist auch immer positiv, ... die berei-chern sich ja auch gegenseitig, nicht?"[133] Bei keinem seiner befragten Kollegen wird das Entdecken fremder Kulturen, Sitten und Gebräuche so positiv ge-schildert und als Möglichkeit zur Erweiterung des eigenen Horizonts verstan-den. Die Ausländer erscheinen hier nicht als Bedrohung oder Belastung, nicht als isolierte Fremdkörper innerhalb einer geschlossenen deutschen Gesell-schaft, sondern als Gewinn für das Leben ihres deutschen Umfeldes.

Die meisten ausländischen Beschäftigten und ihre Familien stießen hinge-gen bei ihren deutschen Kollegen weder am Arbeitsplatz noch im Privatbe-reich auf solch große Offenheit. Gerade im privaten Bereich blieb eine Annä-herung – selbst wenn sie von beiden Gruppen gewünscht wurde – oft schwie-rig. Das Zusammenleben vieler ausländischer Arbeiter aus dem gleichen Herkunftsland in einem Stadtteil, einer Straße oder gar einem Haus intensi-vierte die Trennung zwischen Ausländern und Deutschen zusätzlich. Die durch sprachliche Defizite verursachte Unfähigkeit, sich über für beide Gruppen interessante Themen zu unterhalten, sowie eine gewisse Zurück-haltung und Schüchternheit gegenüber Menschen eines als fremd empfunde-nen Kulturkreises verhinderten den Aufbau freundschaftlicher Beziehun-gen, die über den Arbeitsplatz hinausreichten.

Auf individueller Ebene konnten sich jedoch durchaus gute Beziehungen zwischen deutschen und ausländischen Arbeitern des Meidericher Hütten-werks entwickeln, die von den Befragten mit Wehmut und offenbar sehr posi-tiven Erinnerungen geschildert werden: „Aber ich weiß einen ..., der war hier verheiratet mit einer deutschen Frau, hatte auch ein Kind, die Frau ist aber gestorben, der ist nachher zurückgegangen mit dem Kind, der hatte gesagt, Felix, wenn Du mal nach Türkei kommst, und wir treffen uns, dann wirst Du das herrlichste Leben haben. Du guter Kamerad."[134] Daß der türkische Be-schäftigte mit einer deutschen Frau verheiratet war, half bei seiner Kontakt-aufnahme zu deutschen Kollegen sicherlich. Zudem verfügte er vermutlich über weit bessere Deutschkenntnisse als viele seiner Landsleute. Solche Be-ziehungen waren aber für die Mehrzahl der im Meidericher Hüttenbetrieb be-schäftigten Arbeiter nicht typisch.

Allgemein blieben also die Kontakte zwischen deutschen und ausländischen Beschäftigten auf den Arbeitsplatz beschränkt. Obwohl es dort nur selten zu größeren Konflikten kam, sorgten sprachliche Defizite, religiöse und kulturelle Gewohnheiten und Unterschiede in der Mentalität gelegentlich für Unverständnis und Probleme. Herzlich waren die Beziehungen nur in Einzelfällen. Deutsche und Ausländer arbeiteten zusammen und nebeneinander, sie arrangierten sich miteinander. „Also, ich muß sagen, ich habe mit den Türken keine Last gehabt. Sicher, Ausnahmen, aber die sind auch bei den Deutschen … Ich habe immer gedacht, Hauptsache, der macht seine Arbeit und fertig. Ist doch so!"[135] Das Verhältnis am Arbeitsplatz orientierte sich hauptsächlich am effizienten Ablauf der zu erledigenden Arbeiten, zwischenmenschliche Aspekte standen gegenüber der sowohl von Deutschen als auch von Ausländern verlangten Arbeitsleistung deutlich im Hintergrund. Dabei sollte jedoch nicht vergessen werden, daß auch zwischen den deutschen Arbeitern im Meidericher Hüttenwerk nur selten enge private Kontakte bestanden. Die in den Interviews so häufig gelobte menschliche Atmosphäre des „Familienbetriebs" setzte sich meist im Privatleben nicht fort.

Marc Janßen

## *„Der Hüttenbetrieb wird zugemacht? Du spinnst!"*
## Zur Stillegung des Meidericher Hüttenbetriebes 1985

## 1. Einleitung

> *„… es gingen so Gerüchte, der Hüttenbetrieb wird zugemacht, da lebte mein Vater noch, da hat der gesagt, Mensch, Jung, du spinnst, ein Hüttenbetrieb wird nie zugemacht. Das ist die Apotheke des Ruhrgebiets … Aber als ich gesagt habe, der Hüttenbetrieb wird zugemacht, da hat der gesagt, Jung, du spinnst."[1]*

So oder ähnlich hätten sich wohl Anfang der achtziger Jahre viele Arbeiter des Meidericher Hüttenwerkes zu der Behauptung geäußert, die Schließung ihres Betriebes stehe bevor. Stillegung der „Apotheke des Ruhrgebiets"? Nach einer so bedeutenden und langen Betriebstradition, die zweiundachtzig Jahre Produktion und insgesamt 37,4 Millionen Tonnen Ferrolegierungen vorweisen konnte? Der Meidericher Betrieb war eines der kleinen Thyssen-Hochofenwerke mit einer relativ überschaubaren Belegschaft. Er hatte seinen Spitznamen für die Produktion der vergleichsweise kleinen Mengen bestimmter Roheisensorten bekommen. Das Werk nahm damit eine Sonderstellung ein, die lange als Garantie dafür angesehen worden war, daß das Werk auch bei wachsendem Konkurrenzdruck auf dem Eisen- und Stahlmarkt fortbestehen würde.

Durch die besondere Stellung ist eine Beschäftigung mit der Stillegungsphase gerade dieses Industriebetriebes interessant. Welche Rahmenbedingungen führten letztlich zur Schließung? Wie wurde die Stillegung durch die Belegschaft des Hüttenwerkes aufgenommen? Führte sie zu Demonstrationen? Waren die Folgen der Stillegung für die dort tätigen Menschen durch Umsetzung oder Übergang in den Sozialplan annehmbar oder nicht?

Wenn man sich mit der Schließung des Betriebes in Meiderich befaßt, reicht es nicht, nur auf das Jahr 1985 zu schauen, denn die Stillegung der Anlagen im Meidericher Hüttenbetrieb erfolgte schrittweise über mehrere Jahre hinweg. Von den ab 1912 in Betrieb befindlichen fünf Hochöfen wurden bis Mitte der siebziger Jahre bereits zwei (Hochofen 3 und 4) wegen veralteter Technik abgerissen. Im Oktober 1982 kam es zur Stillegung des erstmals im Mai 1903 in Betrieb genommenen Hochofens 1, im August 1984 wurde auch die Roheisenproduktion im Hochofen 2 eingestellt. Die Stillegung dieser beiden Hochöfen geschah jedoch nicht ausschließlich aus Gründen technischer Veralterung, sondern ergab sich aus den Folgen der Mitte der siebziger Jahre begonnenen Stahlkrise. Auch die Sinteranlage des Hüttenbetriebs Meiderich wurde 1984 stillgelegt. Die Roheisenproduktion erfolgte nun ausschließlich im noch verbliebenen Hochofen 5, welcher 1982 neu zugestellt, d.h. generalüberholt und neu ausgemauert, worden war.

In den achtziger Jahren trennte sich der Thyssen-Konzern von kleinen Produktionseinheiten im Ruhrgebiet, um die Produktion in wirtschaftlichere Großbetriebe umzulegen. Die Stillegung des Hüttenbetriebes Meiderich wurde schon 1983 durch den Vorstand entschieden. So berichtete die Duisburger Stadtpost vom 7. November 1983: „Thyssen: Auch Hochofenwerk-Meiderich wird stillgelegt".[2] Die Mitteilung bezieht sich auf die Verhandlungen vom 4. bis zum 6. November 1983 zwischen dem Vorstand der Thyssen Stahl AG, den Betriebsräten und den Vertretern der IG Metall. Die Beschlüsse zeigen, welche großen Schritte die Thyssen Stahl AG in ihrer Zukunftsplanung im Zeichen des Strukturwandels im Ruhrgebiet 1983 in Gang setzte. Das offizielle Sanierungskonzept des Vorstandes sah weitreichende Folgen für die Duisburger Thyssen-Betriebe vor. Geplant war die Stillegung zweier Betriebe im Duisburger Süden, von Werken in Duisburg-Ruhrort, in Oberhausen und in Hattingen. Zur Disposition standen 4.300 Arbeitsplätze in Duisburg, insgesamt 8.000 im gesamten Thyssen-Konzern.[3] Diesem Konzept sollte auch das Meidericher Hüttenwerk zum Opfer fallen. Genaue Planungen zum Ablauf der Stillegung des Hüttenbetriebes lagen nach Angaben des Vorstandes 1983 noch nicht vor, sicher war jedoch die Versetzung der meisten Mitarbeiter im Laufe des folgenden Jahres, vor allem in den Thyssen-Betrieb nach Hamborn. Der damalige Pressesprecher der Thyssen Stahl AG erklärte, das Gesamtkonzept solle über zwei Jahre hinweg umgesetzt werden.[4]

Tatsächlich war die Stillegung des Meidericher Hochofenwerkes bereits 1983 beschlossen, sie wurde am 4. November durch den Vorstand offiziell bekanntgegeben und im geplanten Zeitraum von zwei Jahren umgesetzt.

*Abb. 1: Ein Grabkreuz für den stillgelegten Hochofen 2, August 1984 (Foto: W. Schulden, Duisburg; Quelle: Geschichtszentrum der DGfI)*

## 2. Maßnahmen des Thyssen-Konzerns zur „Gesundung des Unternehmens" – Zu den Ursachen der Stillegung des Meidericher Hüttenbetriebes

Die Mitte der siebziger Jahre einsetzende weltweite Krise auf dem Stahl-markt setzte in der Bundesrepublik eine scherenartige Entwicklung zwi-schen den Erzeugungsmöglichkeiten und dem Stahlverbrauch in Gang. Die Stahlerzeugungskapazität stieg von 1975 bis 1980 von 62,9 Millionen Ton-nen auf 69,2 Millionen Tonnen. Zugleich begann der Stahlverbrauch inner-halb der EG zu stagnieren, die Exportmärkte wuchsen nur wenig und wurden angesichts verringerter Nachfrage um so härter umkämpft. Innerhalb der EG entbrannte ein scharfer Wettbewerb, in dessen Verlauf es zu rücksichtslosen Verdrängungsmechanismen zu kommen drohte.[5] In dieser Situation verab-schiedete die EG-Kommission Maßnahmen, die von freiwilligen Produktions-einschränkungen der Hersteller bis zur Festlegung von Produktionsquoten nach § 58 des Montanunionvertrages reichten. 1980 kam es zur Anwendung des § 58, d.h. zur Verhängung von Zwangsproduktionsquoten, die durch den Krisenplan EUROFER II geregelt wurden.[6] Eine neuerliche Preisunterbie-tungsschlacht zeichnete sich ab, die durch einen erheblichen Importdruck auf den deutschen Stahlmarkt ausgelöst wurde. Hatten die Importquoten in den siebziger Jahren bei maximal 30% gelegen, verzeichnete die Wirtschafts-vereinigung für 1983 einen Anteil der Gesamtimporte an der inländischen Marktversorgung von 45%.[7]

Durch diese Entwicklung war auch der Thyssen-Konzern gezwungen, die Produktionsmengen zu reduzieren. Im Geschäftsbericht der Thyssen Stahl AG 1983 heißt es dazu knapp: „1982/83 wurden 8,2 Millionen Tonnen Rohstahl erzeugt. Damit konnten die vorhandenen Kapazitäten nur ganz un-zureichend genutzt werden."[8] Gerade im Raum Ruhrgebiet existierte eine große Konzentration von relativ kleinen Produktionseinheiten, wozu auch das Meidericher Hüttenwerk zählte. Die Stahlquotenregelung der EG bedeu-tete für die Thyssen Stahl AG, daß eine veranschlagte Produktionsmenge von 900.000t Roheisen pro Monat eingehalten werden sollte. Der Konzern setzte nun im sogenannten „Konzept 900" ein Programm um, das auch zur Neuord-nung der Roheisenstufe, einem wesentlichen Bestandteil des Plans, führte. Mit dem Beschluß des Konzeptes 900 durch den Vorstand im Jahre 1983 fiel prinzipiell auch der Beschluß zur Stillegung des Hüttenbetriebes in Meide-rich. Die hier vorhandene Produktionskapazität war überflüssig geworden, obwohl sich das Werk unter verschärften Wettbewerbsbedingungen hatte halten und sogar noch freigesetzte Mitarbeiter aus anderen Betrieben des Thyssen-Konzerns etwa am Niederrhein, in Gelsenkirchen und in Oberhausen hatte aufnehmen können. Anzeichen dafür, daß die Wirtschaftlichkeit des Betriebes abnahm, blieben einzelnen Beschäftigten nicht verborgen. In dem Sinne äußerte sich später etwa ein Oberingenieur: „Wir haben schon über Jahre gesehen, es geht bergab, die Konkurrenz war groß. Wir hatten einen Boom von 1974, da haben sich alle möglichen Leute auf das Ferromangan gestürzt. Das Geschäft war kaputt, das ist heute noch kaputt … und beim Hematit kamen die Brasilianer ins Geschäft, das Geschäft war kaputt."[9]

*Abb. 2: „Hüttenbetrieb! Mein Arbeitsplatz!" – Seite aus einem privaten Fotoalbum (Foto: Herr Dünow, Duisburg; Quelle: Geschichtszentrum der DGfI)*

Unter dem hohen Konkurrenzdruck und den immer schlechter werdenden Absatzbedingungen für Roheisen ließ sich nun im Meidericher Hüttenwerk eine wirtschaftliche Produktion immer schwieriger realisieren. Der wachsende Konkurrenzdruck steigerte sich auch in den für Meiderich so charakteristischen Spezialeisensorten. Im wesentlichen hatte sich die Absatzlage mengenmäßig und preislich für Kokilleneisen, Gießroheisen aber auch für Ferromangan – Carburée und Affinée – erheblich verschlechtert. Konkurrenz ging von den alten stahlerzeugenden Industrieländern aus, verschärfte sich noch durch zusätzliche Erzeugungskapazitäten modernster Stahlproduktionsstandorte in jungen Industrieländern, z.B. in Brasilien. Der eigens von den alten Industrieländern forcierte Aufbau dieser Erzeugungskapazitäten führte dazu, daß diese Länder zunehmend ihren Bedarf aus eigener Produktion decken konnten und ebenfalls auf die Exportmärkte drängten.[10] Die Folgen für die Produktion in Meiderich kommen sehr anschaulich in Äußerungen des schon genannten Oberingenieurs zum Ausdruck: „Das Geschäft war damals nicht gut. Das ging immer weiter runter, immer weiter runter. Sie können sich ja vorstellen, wenn der Betriebsrat sogar so weit mit einem einig ist, daß wir sagen, wir machen bei der Nachtschicht die Torhäuser zu."[11]

Die Wirtschaftlichkeit des Meidericher Betriebes war jedoch nicht nur von der Situation auf dem Stahlmarkt bestimmt, sondern der Betrieb hatte mit einem entscheidenden Standortproblem zu kämpfen. Dieses bestand in der Notwendigkeit, Rohstoffe über den Schienenweg bis nach Meiderich zu verschieben. Das weiterzuverarbeitende Erz, später auch Koks, mußte vom Hafen in Schwelgern bzw. aus Hamborn geliefert werden, was zusätzliche Kosten verursachte. Die Vorteile der Stahlproduktion im großen Hochofen in unmittelbarer Nähe des Hafens Schwelgern, der 1983 gerade für mehr als 100 Millionen DM überholt worden war, lagen auf der Hand.

Blieben der Betriebsführung in Meiderich folglich keine Möglichkeiten mehr, z.B. durch weitere Rationalisierungen den Betrieb zu erhalten? Der zitierte Oberingenieur schätzte die Ausgangslage dafür eher pessimistisch ein. „Wir haben also das ganze Personal … das war zum Schluß richtig ausgeknautscht und da war zum Schluß nichts mehr zu machen."[12] Die Betriebsführung war mit dem Problem konfrontiert, weitere Rationalisierungen in der Belegschaft zwecks wirtschaftlicherer Produktion nicht durchführen zu können, ein Schlosser und damaliges Mitglied des Aufsichtsrates äußerte sich hierzu: „Ich habe da wohl immer etwas [damit] gerechnet [, daß der Hüttenbetrieb stillgelegt wird], ich bin nachher auch noch bei dem Dr. Z[…] gewesen und habe versucht, nochmal zu rationalisieren, aber der Vorstand hatte beschlossen, und dann war da nichts mehr dran zu ändern".[13] In den siebziger Jahren hatte noch die Möglichkeit bestanden, einzelne Mitarbeiter innerhalb des eigenen Betriebes umzusetzen, dies war nun undenkbar geworden. Ein Beispiel: Die Betriebsführung einigte sich mit dem Betriebsrat darauf, eine Gießereimaschine ausschließlich durch Überstunden am Wochenende in Betrieb zu halten, auch die Torhäuser konnten bei Nachtschicht nicht mehr besetzt werden. Die

Anzahl der Mitarbeiter war gegenüber den fünfziger Jahren bereits um die Hälfte reduziert, der Stellenabbau immer weiter vorangetrieben worden. Die Belegschaft bestand 1985 nur noch aus 682 Mitarbeitern. Ab August 1984 existierte der Betrieb nur noch als „Ein-Ofen"-Betrieb. Personalkürzungen hatten aber nicht nur im Produktionsbereich stattgefunden. Im Erhaltungsbetrieb war eine Verknüpfung von Hamborn und Meiderich hergestellt worden. So blieb im Meidericher Hüttenbetrieb zur Reparatur nur noch eine Notbelegschaft, da Reparaturkolonnen z.B. aus Ruhrort oder Hamborn eingesetzt werden konnten. Weitere Rationalisierungen hätten, so läßt sich vermuten, den Stillegungstermin wohl nur aufgeschoben.

Für die Entscheidung, den Standort Meiderich aufzugeben, war letztlich noch eine zusätzliche Überlegung maßgeblich. Nach Ansicht eines anderen Oberingenieurs lag der Grund auf der Kostenseite. „Was wohl hier [im Hüttenwerk Meiderich] den Hauptausschlag gegeben hat, rein rechnerisch, das waren die sogenannten überbetrieblichen Kosten."[14] Angesichts der nunmehr sehr geringen Personalstärke insgesamt war der Anteil des nötigen überbetrieblichen Personals sowie des Personals im Erhaltungsbetrieb hoch. Bei einer Verlegung der Produktion, z.B. nach Hamborn im Falle der Stillegung, boten sich dem Konzern weitere Einsparungsmöglichkeiten durch eine Streichung dieser Arbeitsplätze. Tatsächlich wurde die Erzeugung der Produktpalette des Meidericher Hüttenwerkes später in Hamborn weitergeführt.

Ein Mitarbeiter führt noch einen weiteren Aspekt an, welcher die Verlagerung der Produktion von Meiderich an die neuen Produktionsstandorte begünstigte:

> „Wir haben da selbst mitgewirkt, indem wir begonnen hatten, ein Eisen aus dem Hochofen zu holen und daraus durch Legieren von anderen Werkstoffen die verschiedenen Sorten zu mischen und zu erzeugen. Nachdem das geklappt hatte, konnte man ja dieses Basiseisen auch aus jedem anderen Hochofen in Hamborn holen. Und so ist es ja auch passiert. Davor mußte jede Sorte im Hochofen selbst erzeugt werden, mit allen Schwierigkeiten..."[15]

Bei der Herstellung der verschiedenen Sorten des Roheisens war bis dato jede Sorte im einzelnen Hochofen selbst erzeugt, Schwierigkeiten durch Übergangseisen und die einzelnen Abstiche kalkuliert worden. Das neue Verfahren brachte mit der Erzeugung des Basiseisens eine enorme Vereinfachung.

Zusammenfassend ist also festzustellen, daß der Anlaß für die Stillegung des Meidericher Hochofenbetriebes durch den Vorstand der Thyssen Stahl

AG in der Umsetzung der Produktionsmengenbeschränkung der EG-Stahl-quotenregelung im sogenannten „Konzept 900" mit der Neuordnung der Roheisenstufe lag. Die einst für den Betrieb so typische Spezialroheisenpro-duktion verlor angesichts der internationalen Konkurrenz und andauernden Krise auf dem Stahlmarkt, den eigentlichen Gründen für die Schließung, ihre Wirtschaftlichkeit. Das Unternehmen mußte bei Aufgabe der „Apotheke" nicht einmal eine Einschränkung der Produktpalette hinnehmen, da durch das neue Verfahren andere Betriebe diesen Part mit übernehmen konnten.

## 3. Das Ende des Standortes Meiderich wird bekannt – Wahrnehmungen und Reaktionen der Belegschaft

Schon 1983 hatten die Stillegungspläne für das Meidericher Werk für Aufse-hen gesorgt. Die Rheinische Post berichtete am 12. November 1983: „Betrof-fenheit über die Stillegung der Meidericher ,Apotheke des Ruhrgebietes': Da-mit hatte keiner gerechnet."[16] Daß das Stillegungsvorhaben zu diesem Zeit-punkt für die Belegschaft überraschend kam, läßt sich vor dem Hintergrund der folgenden Tatsachen erklären:
- Das Meidericher Werk hatte immer wieder Beschäftigte aus anderen Be-trieben übernommen. Noch 1981 fanden fünfzig Beschäftigte des Gelsen-kirchener „Schalker Vereins", 1983 vierundzwanzig Facharbeiter aus dem Werk in Ruhrort eine neue Stelle im Werk Meiderich.
- Während Kurzarbeit zu Beginn der achtziger Jahre andernorts längst gang und gäbe war, kannten die Beschäftigten in Meiderich dieses Phänomen nur als Ausnahmeerscheinung.
- Der Betrieb galt in der Öffentlichkeit stets als rentabel und gut ausgelastet.
- Ein Signal für die Zukunft schien gesetzt, als der Thyssen-Konzern Anfang der achtziger Jahre etwa 45 Millionen DM in den Hüttenbetrieb investierte. 1982 entstand eine neue externe Entschwefelungsanlage, Hochofen 5 wur-de neu zugestellt, 1983 wurde der Gasometer generalüberholt.
- Noch im Oktober 1983 berichtete die Rheinische Post davon, daß die Gieße-rei-Belegschaft in Meiderich aufatme: „Thyssen-Vorstand will vier Millio-nen investieren – Es geht um 550 Arbeitsplätze".[17]
Der Mehrzahl der Beschäftigten und ihren Angehörigen wie auch einem gro-ßen Teil der Duisburger Öffentlichkeit galt der Hüttenbetrieb daher als rela-tiv sicherer Standort.

Die Nachricht, daß der Meidericher Hüttenbetrieb ebenfalls auf der „Abschußliste" der zu schließenden Betriebe stehe, kam für Beschäftigte und Betriebsräte dann doch überraschend. „Die Firmenleitung sieht sich derzeit nicht in der Lage, den Ablauf der Stillegung im einzelnen darzulegen",[18] so berichtete die Rheinische Post weiter. Zunächst war es angestrebt, die Produktion in Meiderich im Verlauf des Jahres 1984 einzustellen, dies wurde jedoch verzögert. Terminlich war die Schließung nicht genau festgelegt worden.

## Thyssen: Meidericher Hüttenbetrieb wird in 14 Tagen stillgelegt

# Hochofen zu verkaufen

Von Hildegard Chudobba

Wer einen Hochofen oder eine Sinteranlage kaufen möchte, der hat jetzt vielleicht die einmalige Chance, solche Erwerbungen zu tätigen. Denn die Thyssen Stahl AG will zwei Öfen und eine Sinteranlage verkaufen. Daß sich aber ein Interessent meldet, wird selbst vom Anbieter für unwahrscheinlich gehalten. Vermutlich müssen die Anlagenteile über kurz oder lang verschrottet werden.

Die „Apotheke des Ruhrgebietes" — und damit auch die zum Verkauf angeboten Anlagen — wird in zwei Wochen für immer ihre Türen schließen. Der Meidericher Hüttenbetrieb hatte sich den pharmazeutischen Spitznamen wegen seiner vielfältigen Produkte eingehandelt, die alle nach strengen Rezepten hergestellt werden. Damit wird nun endgültig Schluß sein. Denn im Konzept 900 fiel der Meidericher Betrieb dem Anpassungsprogramm zur Neuordnung der Roheisenstufe zum Opfer. Von den 650 Beschäftigten ist inzwischen schon ein Großteil über den Sozialplan ausgeschieden. 270 Mitarbeiter werden im Hamborner Hochofenbetrieb einen neuen Arbeitsplatz finden, die verbleibenden 30 Beschäftigten kommen in anderen Werken der Stahl AG unter. Auf dem Meidericher Gelände bleibt lediglich der Vorbahnhof mit 75 Mitarbeitern in Betrieb. Dort werden Spezialeisen gefestigt. Ein Hochofen soll für Notfälle und Engpässe „konserviert" werden.

Vor 80 Jahren hatte der Meidericher Hüttenbetrieb sein erstes Ferromangan (Eisen mit besonderer Legierung) hergestellt, nachdem August Thyssen mit der Gründung der Aktiengesellschaft Hüttenbetrieb Meiderich den Grundstock für das Werk gelegt hatte. Seine Pläne, in Meiderich einen Fünf-Ofen-Betrieb zu bauen, waren 1908 in die Tat umgesetzt. 1911 kam es zur Gründung der Gießerei als angegliederten Betriebsteil, von dem man sich 1932 jedoch wieder trennte. 1926 ging dann die Sinteranlage als Ersatz für die Brikettfabrik in Betrieb. Im selben Jahr wurde die Aktiengesellschaft Hüttenbetrieb in den neu gegründeten Konzern der Vereinigten Stahlwerke

AG eingebracht. Es folgten Jahre, die vom Ersten später Zweiten Weltkrieg sowie der großen Weltwirtschaftskrise 1929 geprägt wurden.

Ein neuer Abschnitt in der Entwicklung des Hüttenbetriebs begann nach dem Zweiten Weltkrieg mit der erneuten Inbetriebnahme. Ab 1948 vollzog sich zunächt unter dem neuen Firmennamen Hüttenwerke Ruhrort-Meiderich und ab 1952 unter Phoenix-Rheinrohr eine Modernisierung größeren Stils. Neue Hochöfen wurden angeblasen, dampf- und gichtgasbetriebene Windverdichter wichen Elektrogebläsen und eine Masselgießmaschine zur Verfestigung des flüssigen Roheisens machte den personalintensiven Hallenabguß in Sandformen überflüssig. Die Palett der Produkte, die den Hüttenbetrieb verließen, reichte von Stan-

dartwaren bis zu Spezialanfertigungen. 1965 kam der Hüttenbetrieb Meiderich mit Phoenix-Rheinrohr wieder zur Muttergesellschaft, damals der August-Thyssen-Hütte, zurück.

Wenn der Hüttenbetrieb am 4. April seine Türen schließt, wird er über 37 Millionen Tonnen an Ferrolegierungen und Spezialroheisen erzeugt haben. Doch da der Markt für diese besonderen Produkte in der vergangenen Zeit ständig abgenommen hat, entschloß sich das Unternehmen, die „Apotheke des Ruhrgebietes" für immer zu schließen. Der größte Teil des Geländes wird auch weiterhin benötigt, weil ein Hochofen in Reserve gehalten wird. Über ein kleineres Gebiet am Nordrand des Hüttenbetriebes führt das Unternehmen zur Zeit Verkaufsverhandlungen mit der Stadt.

Der Meidericher Hüttenbetrieb wird in 14 Tagen stillgelegt werden. Zwei Hochöfen will das Unternehmen nach Möglichkeit verkaufen.

*Abb. 3: Durchgang in Zukunft verboten! (Artikel der Rheinischen Post vom 21.3.1985, Foto: Andreas Probst)*

Viele Mitarbeiter blieben über den Zeitpunkt des Endes für Meiderich scheinbar im Ungewissen. Bis heute kann man noch Äußerungen hören, die vom Eindruck einer Stillegung des Betriebes praktisch „über Nacht" berichten.[19] Solche Aussagen müssen auf der Grundlage der Ankündigung des Thyssen-Konzerns zwei Jahre vor der Stillegung eher verwundern. Am 10. November 1983 konnten die Mitarbeiter des Hüttenbetriebes im Evangelischen Gemeindehaus zum ersten Mal ‚offiziell' die Nachricht der Stillegung des Werkes hören. Dort sprach der Betriebsratsvorsitzende vom „Hauptleidtragenden" des Konzeptes 900, dem Hüttenbetrieb Meiderich und der Belegschaft. Angesichts der Stahlkrise müsse man sich von der ehrenhaften Bezeichnung der „Apotheke des Ruhrgebietes" verabschieden. Ein Arbeitsdirektor fügte hinzu: „Die Entscheidung ist uns schwer gefallen, aber sie war notwendig im Hinblick auf die rückläufige Entwicklung der für den Hüttenbetrieb so wichtigen Produkte."[20]

Auch in den folgenden Versammlungen im Gemeindehaus blieb die Stillegung des Betriebes Thema. Genaue Termine zur Stillegung der Hochöfen 2 und 5 sowie der Sinteranlage wurden zwar genannt, erwiesen sich aber mehrfach als Spekulation. Der Stillegungstermin für die Sinteranlage wurde z.B. schneller realisiert als geplant, Umsetzungen erfolgten sofort. In der Betriebsratsversammlung vom 14. Juni 1984 kündigte der Betriebsratsvorsitzende Verschiebungen in den Terminen an, wahrscheinlich finde die Stillegung des Hochofens 5 am 30. April 1985 statt. Alle Betroffenen sollten jedoch rechtzeitig informiert werden, dies sei zwischen Werksleitung und Betriebsrat abgesprochen. Die Information erfolge „schichtweise", so der Betriebsratsvorsitzende.[21] Auf den Betriebsversammlungen wurde zwar von der Stillegung des Werkes gesprochen, genaue Informationen können jedoch nicht weitergegeben worden sein, wie die Aussagen der interviewten Mitarbeiter vermuten lassen.

Die abschließende Durchführung der Stillegung nimmt aus der Perspektive der Arbeitnehmer des Hüttenbetriebes Meiderich nämlich eher den Charakter einer „bösen Überraschung" denn einer durchsichtigen Planung an. Zu welchem Zeitpunkt die Stillegung des Betriebes für die Mehrheit der Belegschaft als besiegelt galt, läßt sich nur schwer beantworten. Zu den Informationen in den Betriebsversammlungen erklärte ein Mitarbeiter: „Nur bis auf die letzten Versammlungen, als da schon mal etwas durchsickerte, wird der Hüttenbetrieb dichtgemacht, wird er nicht dichtgemacht."[22] Die meisten interviewten Mitarbeiter geben an, etwa zwei bis drei Monate vor dem tatsächlichen Stillegungstermin definitiv informiert gewesen zu sein.

Seinen persönlichen Eindruck zur Situation kurz vor der tatsächlichen Schließung erläutert ein Schlosser wie folgt: „Erstmal, als wir die Nachricht bekamen, das war ja kurz vorher ... wenn man es später richtig überlegt hatte, war es schon vorbei ... Nur das es [das Ende] dann so plötzlich da war, da hat natürlich keiner mit gerechnet. Die Kollegen hatten immer gemeint, der Betriebsrat würde eher informiert in dieser Richtung, aber das war nicht so."[23] Die Information darüber, wann die geplante Stillegung des Hüttenwerkes nun tatsächlich stattfinden sollte, kam für viele Mitarbeiter unerwartet und überwältigte sie. Der Betriebsrat wurde erst spät, d.h. einige Monate vorher durch die Betriebsleitung vom genauen Termin der Stillegung in Kenntnis gesetzt, obwohl in anderen Thyssen-Betrieben schon sehr viel früher genaueres bekannt war. Hatte doch jemand von den Plänen der Stillegung erfahren oder vermutete vielleicht eine Schließung, rechnete er nicht damit, daß die Pläne so rasch umgesetzt würden. „Das war genau als hier Schluß war, das ging ja ruckzuck hier, da hat ja keiner mit gerechnet. Gerüchte laufen immer rum, aber das war auch schon vor weit über zehn Jahren. Da hieß es mal Ruhrort oder der Hüttenbetrieb, dann ging es auf einmal hopplahopp. Die meisten Leute, glaube ich, haben zwei, drei Monate, bevor hier zugemacht wurde, haben die davon gewußt."[24] Auch dieser Mitarbeiter bestätigt die Tatsache, daß die Nachricht überraschend kam, die Stillegung selbst sehr konsequent und schnell verwirklicht wurde. Interessant ist hier der Begriff des „Gerüchts". Offenbar war die Belegschaft teilweise an Andeutungen über eine Stillegung gewöhnt, so daß einzelne Mitarbeiter entsprechenden Informationen zunächst wenig Bedeutung zumaßen. Viele Mitarbeiter werden gehofft haben, die Absichten des Vorstandes zur Schließung seien nur ein „Gerücht". An der Wirtschaftlichkeit des Betriebes wurde ja von weiten Teilen der Belegschaft wenig gezweifelt. Aus der bestehenden Ansicht, der Hüttenbetrieb müsse immer noch eine „Goldgrube"[25] für Thyssen sein, ergab sich die Einschätzung, „daß es noch lange weiter[gehe]".[26] An Überzeugungskraft gewann diese Einschätzung durch die erwähnten Investitionsausgaben des Thyssen-Konzerns. Hinzu kam der Glaube an die besondere Flexibilität des Werkes im Hinblick auf die Produktpalette, die unter den Belegschaftsmitgliedern die verbreitete Bezeichnung von der „Apotheke des Ruhrgebiets" hatte aufkommen lassen. Sie bildete die Grundlage für die Annahme, der Betrieb habe für den Thyssen-Konzern eine besondere Bedeutung. „Zumachen? Mensch, Jung, du spinnst!":[27] Diese Worte bringen die allgemeine Ansicht sehr gut zum Ausdruck.

Das anfängliche Unverständnis und die Überraschung mündeten in vielfältige Reaktionen. „Es war richtig so ein Ruck durch die ganze Belegschaft gegangen. Viele waren sauer, weil sie nicht früh genug Bescheid gekriegt haben. Sie haben sich so ein bißchen umgangen gefühlt."[28] Wut über die Handlungsweise des Betriebsrates und des Vorstandes blieb also nicht aus. Ein Schlosser vermutete dahinter sogar ein planmäßiges Vorgehen: „Man hat es ja ganz bewußt wahrscheinlich zurückgehalten, einfach um die Leute nicht rebellisch werden zu lassen."[29] Hatte es ein Kalkül des Vorstandes gegeben? Die späte Information löste zwar einen „Ruck" aus, doch wurde dieser im gleichen Atemzug seitens der Betriebsführung abgemildert. Neben der offiziellen Mitteilung der Schließung wurde auch die Übernahme bzw. ein Übergang in den Sozialplan der Thyssen AG für jeden Mitarbeiter fest zugesagt. Es sollte also kein Belegschaftsmitglied arbeitslos werden.

Das Bewußtsein über eine definitive Stillegung des Betriebes ließ eine gedrückte Stimmung in der Belegschaft insgesamt entstehen. „Niedergeschlagenheit", wenn auch nicht „Hoffnungslosigkeit" herrschte unter den Mitarbeitern. Die Niedergeschlagenheit und die Trauer darüber, den Arbeitsplatz im Hüttenwerk Meiderich aufgeben zu müssen, hatten verschiedene Gründe, über welche im Zusammenhang mit der Umsetzung der Mitarbeiter noch zu reden sein wird. Ein Mitarbeiter brachte seine Einstellung mit folgenden Worten zum Ausdruck: „Da ist ein Stück Leben weggegangen. Wenn man jetzt neunundzwanzig Jahre im Hüttenbetrieb ist, genauso wenn sie jetzt neunundzwanzig Jahre verheiratet sind und ihre Frau stirbt. Das hat weh getan."[30] Die Parallele, die der Beschäftigte hier zieht, ist bemerkenswert, zeugt von dem großen Maß an Identifikation mit dem Arbeitsplatz. Der Hüttenbetrieb war durch die neunundzwanzigjährige Tätigkeit Teil des Lebens geworden. Er bot Sicherheit und Rückhalt. Die Loslösung von der gewohnten Tätigkeit, aber besonders vom vertrauten Kreis der Kollegen, bedeutete folglich den Verlust eines wichtigen persönlichen Bezugsfelds. Auch wenn eine solch starke Bindung an den Betrieb eher die Ausnahme bildete, sahen wohl beinahe alle Belegschaftsmitglieder den bevorstehenden Veränderungen durch Ruhestand oder Umsetzung in andere Betriebe skeptisch, vielleicht sogar pessimistisch entgegen. Das galt für die Umsetzung natürlich mehr als für den Ruhestand, den nicht wenige begrüßten.

Dabei hatte es über Jahre gewisse Anzeichen für einen Wandel gegeben, die Verminderung der Personalstärke, die Stillegung der Hochöfen 1 und 2 sowie der Sinteranlage. Der Abbau von Produktionskapazitäten hätte ein Zeichen für die Belegschaft sein müssen, die Zukunft des Betriebes kritisch zu sehen. Manche taten das durchaus: „Auf der anderen Seite war auch immer der Gedanke, ein kleines Werk kann man nicht halten, so viel wußte man auch selber, daß das gar nicht machbar ist. Der Gedanke war schon: irgendwann kommt hier das Ende."[31] Die Erwartung war bei manchen zwar da, doch sie blieb vage, nicht an einen konkreten Zeitpunkt gebunden.

# 4. Protest gegen die Stillegung

Blieben Reaktionen wie Wut und Trauer über die Schließung des Hüttenwerks insgesamt in der Belegschaft nicht aus, so ist doch zu beobachten, daß es nicht zu größeren Protestkundgebungen der Belegschaft kam. Am 28. März 1985 versammelte sich eine Gruppe von Demonstranten am Werkstor an der Lösorter Straße. Dazu aufgerufen hatte ein Nachbarschaftsverein aus Meiderich sowie das Evangelische Familienbildungswerk Duisburg mit zwei angehörigen Organisationen, dem Verein für Jugendsozialarbeit in Duisburg e.V. und der Arbeitsloseninitiative AHA („Arbeitslose helfen Arbeitslosen"). Zudem war für den gleichen Tag eine Protestversammlung mit anschließender Diskussionsrunde anläßlich der Schließung des Hüttenwerks initiiert worden.

An der Demonstration auf der Lösorter Straße nahmen ca. fünfzig Personen teil. Die Planung der Protestaktion war am 27. März 1985 durch Berichte der Neuen Ruhrzeitung sowie der Rheinischen Post öffentlich gemacht wor-

*Abb. 4 und 5 (folgende Seite): Demonstration am Werkstor an der Lösorter Straße (Fotos: Ulla Michels)*

den. Die Demonstranten richteten sich vor allem gegen die „Wegrationalisie-rung" von Arbeitsplätzen und die „Verödung" des Stadtteils. „Lieber eine 35 Std. Woche als 40 Std. Arbeitslosigkeit" war auf den Spruchbändern zu lesen. Die „Vernichtung von Arbeitsplätzen" werde in Meiderich nicht einfach hin-genommen, auch wenn ein entsprechender Plan bereits seit einiger Zeit be-stehe. Zum einen setzten sich die Demonstranten gegen die Streichung der Arbeitsplätze in Meiderich zur Wehr, zum anderen sollte ihre Aktion ein Sig-nal gegen weiteren Personalabbau im ganzen Konzern setzen.

An der anschließenden Protestversammlung nahmen etwa achtzig Perso-nen teil, wobei vier Tage vorher ein Aufruf an Arbeitnehmer des Hüttenbe-triebs, aber auch Erwerbslose des Stadtteils ergangen war. Wieder hatten das Evangelische Bildungswerk und der Nachbarschaftstreff „Die Ecke" aus Mei-derich dazu aufgerufen. Zu den engagierten Personen zählten in erster Linie Vertreter dieser Gruppen, mehrheitlich der Evangelischen Kirche. Erwerbs-lose und Arbeitnehmer des Hüttenwerkes wurden zusammengeführt. Es kam zur Formulierung von drei Forderungen:
- „Erhalt der Arbeitsplätze in der Gießerei Meiderich" (Der Vorstand der Thyssen Guß AG plant die Stilllegung des Standortes);
- „Einstellung neuer Auszubildender bei der Gießerei Meiderich";

- „Ersatzarbeitsplätze durch die Thyssen Stahl AG für die 520 Hüttenarbeits-
plätze, die in Meiderich nicht mehr besetzt werden können."[32]

Vertreter der Thyssen Stahl AG, des Betriebsrates oder der IG Metall hatten
sich an der Diskussion nicht beteiligt. Bereits am 25. März 1985 war eine Ein-
ladung zur Diskussion an den Vorstand der Thyssen Stahl AG gegangen. Der
Vorstand erhielt eine Liste von Fragen, die unmittelbar die drängenden Probleme aufgriffen, welche das Hüttenwerk und den Stadtteil, den gesamten
Konzern wie auch die Zukunft der Eisen- und Stahlindustrie im Ruhrgebiet
berührten:

- „Was haben Sie mit Meiderich vor?
- Planen Sie weitere Arbeitsplatzvernichtungen?
- Sind die Arbeitsplätze in Meiderich unwiderruflich verloren?
- Schaffen Sie Ersatzarbeitsplätze in Meiderich?
- Was haben Sie mit dem Industriegelände vor?"[33]

In einem Schreiben vom 2. April an das Evangelische Familienbildungswerk
nahm der Vorstand der Thyssen Stahl AG hierzu Stellung. Darin wurde mit
der konjunkturellen Entwicklung und den speziellen Problemen des Standortes Duisburg argumentiert:

> *„Wir konnten Ihrem Aufruf nicht entnehmen, daß Sie [die Vertreter der Ev.
> Kirche] sich mit der Problematik der Eisen- und Stahlindustrie, auch am
> Standort Duisburg, ausreichend vertraut gemacht haben. Sonst wäre Ihnen
> bewußt gewesen, ... daß sich die deutsche Stahlindustrie auf geringere Ab-
> satz- und damit auch geringere Produktionsmöglichkeiten einzustellen hat.
> Dies erfordert einen technischen und personellen Kapazitätsabbau. Für ...
> Sozialpläne bringen die Stahlunternehmen Hunderte von Millionen
> D-Mark auf. Sie tun dies, um ausscheidenden Arbeitskräften – niemand ist
> bei Thyssen Stahl AG entlassen worden – einen möglichst hohen Ausgleich
> für die entstehenden Lasten zu gewähren ... Bei dieser Sachlage den Ein-
> druck zu erwecken, der Vorstand der Thyssen Stahl AG betreibe bewußte
> ‚Arbeitsplatzvernichtung', stellt die Tatsachen auf den Kopf."*[34]

Um die Entscheidung der Thyssen Stahl AG gegen den Standort Meiderich
noch zu beeinflussen, kamen die Demonstrationen zu spät. Deshalb zielte die
Protestgemeinschaft darauf, auf die langfristige Schaffung neuer Arbeitsplätze im Unternehmen hinzuwirken, da die Zahl der Arbeitsplätze insgesamt
rückläufig sei. Dies werde vor allem für Schulabgänger Probleme bereiten,
die zukünftig eine Stelle suchten.

Die meisten Arbeitnehmer des Hüttenwerkes nahmen die Protestaktionen
gar nicht wahr. Ein Schlosser meinte hierzu rückblickend: „[Bei der Stille-

gung] ist es hier ziemlich ruhig gewesen, keine Demonstrationen und dergleichen."[35] Desgleichen äußerte sich ein anderer Schlosser, wobei der angelegte Vergleichsmaßstab genannt wird: „[Demonstrationen hat es] bei uns nicht [gegeben], nein. Rheinhausen, die haben ja da einen großen Arbeitskampf geführt, aber das war ja hier bei uns nicht."[36] In der Tat läßt sich die Protestbewegung der noch verbliebenen Mitarbeiter in Meiderich (und auch Arbeitslosen) nicht mit dem Konflikt um die Stillegung des Krupp Hüttenwerkes in Duisburg-Rheinhausen ab Ende November 1987 vergleichen. Dieser zählt wohl zu den größten Auseinandersetzungen zwischen Arbeitnehmern und Arbeitgebern um die Zukunft eines Betriebes in der bundesdeutschen Geschichte. Die Aktionen reichten von Demonstrationen und Brücken- und Autobahnblockaden über die Kontrolle der Produktion durch den Betriebsrat bis zur „Stürmung" der Krupp Villa (Villa Hügel) in Essen. An der Großdemonstration „Aufruhr-Konzert" nahmen 1987 etwa 40.000 Menschen teil, an einem durch die IG Metall organisierten „Stahltag" etwa 100.000.[37]

Doch warum beteiligten sich von den 682 verbliebenen Mitarbeitern in Meiderich nur so wenige an der Demonstration auf der Lösorter Straße? Ein Mitarbeiter beurteilte den Handlungsspielraum der Arbeiter skeptisch. „Da konnten wir nichts gegen machen … da haben wir keinen Einfluß drauf gehabt. Da waren wohl noch ein paar Besprechungen [im Betriebsrat] gewesen, aber da war nichts zu erreichen."[38] Viele Mitarbeitern glaubten, die Beschäftigten selbst könnten nicht mehr viel ausrichten, zumal sie nur eine vergleichsweise kleine Gruppe waren. Auch der Betriebsrat leistete kaum Widerstand. Zudem hatten einige Mitarbeiter, wie erwähnt, schon lange Zweifel an der tatsächlichen Wirtschaftlichkeit und Zukunft des Betriebes gehegt, die sie nun bestätigt sahen. Ein weiterer Faktor, der in seinem Einfluß auf die Entwicklung der Protestbewegung nicht zu unterschätzen war, lag in der Handlungsweise des Thyssen-Konzerns, die ein Schlosser später als überaus kluges Vorgehen beschrieb: „Ich bin stocksauer, sagt der eine Kollege, das hätten wir nicht erwartet, aber es kam keine Hoffnungslosigkeit auf, wie gesagt, irgendwie war das ja auch geschickt gemacht, sofort hieß es: Ihr braucht Euch keine Sorgen zu machen, Ihr kriegt ja Euren Arbeitsplatz …"[39] Die Zusage an alle Arbeitnehmer, entweder durch Umsetzung oder durch den Sozialplan abgesichert zu sein, war mit der Nachricht über die Stillegung bekanntgegeben worden. Dies wirkte sich auf möglichen Protestwillen lähmend aus, denn, so sagte ein Beschäftigter abschließend: „Da konnten wir nichts gegen sagen, da gab es kein Gegenargument. Die Arbeitsplätze waren uns sicher versprochen, die haben wir alle behalten, und nun mußte man in den sauren Apfel beißen."[40]

## 5. Umsetzung oder Ruhestand – Folgen der Stillegung für die Belegschaft

Anders als früher üblich, stürzte die Schließung des Werkes die Beschäftigten nicht in die Arbeitslosigkeit. Schon zwei oder drei Monate vor dem April 1985 war sicher, daß es für die Betroffenen eine Weiterbeschäftigung oder einen Übergang in den Ruhestand geben würde.

Während es detaillierte Entscheidungen über Umsetzungen bzw. Ruhestandsregelungen bereits zuvor gab, erfolgten die endgültigen Absprachen zwischen Betriebsrat und Mitarbeitern bis kurz vor der Stillegung. Einige Mitarbeiter sollten weiter auf dem Werksgelände verbleiben. Fünfundsiebzig Mitarbeiter wurden nach der Schließung im sogenannten „Vorbahnhof" weiterbeschäftigt, einige mehr in anderen Anlagenteilen – genaue Zahlen liegen hier nicht vor. Für den größten Teil der Beschäftigten stand die Versetzung an Ersatzarbeitsplätze in den Thyssen-Werken Hamborn, Schwelgern bzw. Ruhrort bevor, verbunden mit einer großzügigen finanziellen Regelung. Wer dorthin wechselte, mußte mit Verdiensteinbußen nicht rechnen, denn ein zuvor zwischen Betriebsrat und Vorstand ausgehandelter Sozialplan sah Ersatzzahlungen im Falle einer Verdienstminderung vor. Das bedeutete also, daß alle von der Umsetzung Betroffenen mit einer hundertprozentigen Fortzahlung ihres vorherigen Lohnes rechnen konnten. Zusätzlich bot die Thyssen Stahl AG in Einzelfällen besondere Prämien an. Pauschalzahlungen für Betriebsratsverträge, regulär wäre der Betriebsrat erst 1987 wieder aufgelöst worden, wurden gleichermaßen weiter gezahlt. Auch die für die Mitarbeiter geltenden Bedingungen des Sozialplanes waren im Vergleich zu heutigen Konditionen großzügig. Da viele Mitarbeiter im näheren Einzugsbereich des Hüttenwerkes wohnten, oft sogar in werkseigenen Wohnungen, erstattete Thyssen sogar die Fahrtkosten zum neuen Arbeitsplatz und zahlte zusätzlich für die Laufzeit von einem Jahr eine Prämie. Die Einrichtung einer Busverbindung von Meiderich nach Hamborn, Schwelgern bzw. Ruhrort kam hinzu. Den Beschäftigten wurden mehrere Brücken gebaut, um sie die Schließung leichter akzeptieren zu lassen: „… das wurde uns doch irgendwie versüßt."[41]

## 5.1 Bei der Stillegung in den Ruhestand

Der ausgehandelte Sozialplan vom 25. Februar 1983, bis zum 31. März 1985 verlängert, war auch für die in Meiderich freigesetzten Mitarbeiter gültig. Für Ruhestand bzw. Vorruhestand sah er folgende Bedingungen vor:

- Mitarbeiter, die das neunundfünfzigste Lebensjahr vollendet hatten, jedoch noch nicht dreiundsechzig Jahre alt waren, erhielten eine Ausgleichszahlung für die Zeit der Arbeitslosigkeit bis zum Rentenbeginn, die der vollen Differenz zwischen dem monatlichen Arbeitslosengeld und dem Nettogehalt entsprach.
- Die zweite Gruppe der Vorruheständler bildeten die Fünfundfünfzig- bis Neunundfünfzigjährigen, welche ab fünfundzwanzigjähriger Betriebszugehörigkeit im ersten Jahr nach dem Ausscheiden ebenfalls einen auf 100% ausgelegten Ausgleich erhielten. In den folgenden Jahren war eine Minderung von 5% vereinbart, wobei die Gesamtsumme nicht unter 80% des früheren Einkommens sinken sollte.

Im Meidericher Hüttenbetrieb machten einhundertundsieben Belegschaftsmitglieder von dieser Regelung Gebrauch. Die Einstellungspolitik der vorausgegangenen Jahre wurde nun deutlich, da nach der Stillegung der ersten Hochöfen in den siebziger Jahren keine neuen Leute mehr eingestellt worden waren. Aus diesem Grund waren nun viele Mitarbeiter in dem Alter, um in den vorzeitigen oder regulären Ruhestand zu gehen. Die Entscheidung für oder gegen den Eintritt in den Sozialplan stand zwar jedem frei, doch legte die Betriebsführung den Arbeitern die Ruhestandsregelung oft nahe und setzte sie dann auch durch.

Viele beurteilten den vorzeitigen Ruhestand vor dem Hintergrund der Umsetzung in einen anderen Betrieb. Noch vor dem Wechsel konnten sich die Arbeiter ihren neuen Arbeitsplatz ansehen. „Ja. Einen Monat vorher, wie wir hier zugemacht haben. Unser Chef hier, der hat immer noch gesagt, ja ja, Sie gehen mit. Ich war in Hamborn auf einer Begehung, wir sollten uns den Betrieb angucken, Herr K[...], was machen Sie denn hier? Sie können doch gehen. Ich sagte, gerne, und dann lief das."[42] Wie in diesem Beispiel schien vielen Hüttenwerkern, gerade denen, die schon lange im Meidericher Betrieb tätig gewesen waren, die Umsetzung in ein anderes Werk als ein Problem, so daß sie den Ruhestand vorzogen.

> *„Einerseits, wie gesagt, wie er [der Betriebschef] vorher sagte, er läßt mich nicht gehen, da habe ich gesagt, ich habe an und für sich auch noch nicht vor, mit fünfundfünfzig Jahren aufzuhören. Dann später, wie es hieß stillsetzen, da war ich doch froh, daß ich ausscheiden konnte. Wenn man mit*

*fünfundfünfzig Jahren noch in ein anderes Werk geht und wieder alles von vorne anfangen muß…"* [43]

Für einige Mitarbeiter, die die Vorruhestandsregelung nutzen konnten, war die Entscheidung aufgrund der guten Bedingungen des Sozialplans eindeutig: „… etwas Besseres kann uns doch gar nicht mehr passieren. Ich bin doch abgesichert". [44] Dennoch war diese Haltung nicht einheitlich. Ein Schlosser äußerte sich wie folgt:

> *„Damals war es ja so. Jeder wollte ja weiter arbeiten. Es war ja sein Arbeitsplatz. Man hat so viele Jahre da gearbeitet, man wollte da ja weiterarbeiten. Und da aber jetzt das feststand, das wird dicht gemacht, da waren die Leute doch zufrieden … Denn wenn die jetzt schlecht bezahlt worden wären beim Ausscheiden, wären die ja richtig sauer gewesen, nicht. Aber so, wurd' das abgemildert …"* [45]

Der Verlust des langjährigen Arbeitsplatzes war für viele nur angesichts der guten Leistungen des Sozialplanes erträglich oder wurde hierdurch „versüßt". Einige ältere Mitarbeiter wehrten sich dennoch gegen den frühzeitigen Rückzug aus dem Berufsleben. Ihnen wurde dann ein Ausscheiden durch die Betriebsführung empfohlen. Ein Betriebsleiter resümiert im Hinblick auf die Empfehlung zum Ruhestand: „Einigen Leuten hatten wir auch gesagt, geh. Die Leute waren damals vielleicht sauer …, sagen aber heute, das war genau das Richtige." [46]

Der Rückzug aus dem Berufsleben war also für einzelne nicht unbedingt naheliegend und begrüßenswert. Auffallend ist jedoch, daß sich sehr viele befragte Mitarbeiter nicht zu ihrem Leben nach dem Hüttenwerk geäußert haben. Sie sprechen fast ausschließlich von der Schwierigkeit, ihren gewohnten Arbeitsplatz verlassen zu müssen, kommentieren hingegen nicht die Art, wie sich ihr Leben verändert hat. Offensichtlich konnten sich viele bei der Schließung ihr Leben im Ruhestand noch gar nicht vorstellen. Ein nach der Stillegung noch versetzter Mitarbeiter aus dem Hüttenwerk ist im heutigen Landschaftspark tätig, er beschreibt seinen Eindruck:

> *„Das habe ich also bis zu meinem 61. Lebensjahr gemacht. Habe, bin dann von der Thyssen-Hütte gekündigt worden; das war ja diese Phase, wo eben alle jungen Leute damals schon gekündigt worden sind, mit 55 und jünger …, dann war ich also, hatte ich wohl meine Rente durch, aber [ich habe] keine vernünftige Beschäftigung gehabt. Habe dann eine Möglichkeit gefunden oder gesucht, … meine Arbeit weiter zu machen. Da kam also die Deutsche Gesellschaft für Industriekultur … gerade richtig*

*... wir haben viel zu tun, wir könnten jeden Tag hier arbeiten. Meine Frau sagt immer, du bist also jetzt mehr unterwegs als wie damals, als du noch berufstätig warst.*"[47]

So wie dieser Mitarbeiter haben sich seit dem Aufruf der Deutschen Gesellschaft für Industriekultur e.V. im Sommer 1989 aber nur wenige entschieden, sich auf dem ehemaligen Hüttengelände zu engagieren.

Für viele der Vorruheständler mag wohl gelten, was ein nach Hamborn versetzter Schlosser später wie folgt ausdrückte: „Am Ende war man auch froh, gehen zu können, obwohl das gar nicht der normale Weg war. Mit fünfundfünfzig Jahren in den Sozialplan und mit sechzig in Rente, da hat ja kein Mensch vorher dran gedacht, war schon 'ne gewaltige Umstellung."[48] Ob Gang in den Ruhestand oder Umsetzung in einen anderen Betrieb, alle Mitarbeiter mußten sich vom gewohnten Arbeitsbereich und geregelten (Arbeits-)Alltag im Meidericher Hüttenwerk trennen und sich an eine neue Situation gewöhnen. Das war für die einen wie für die anderen nicht unproblematisch.

## 5.2 „Vom Himmel in die Hölle"? – Umsetzungen in andere Thyssenbetriebe

Wer nach Hamborn, Schwelgern oder Ruhrort verlegt wurde, hatte nicht nur einen anderen oder längeren Weg zum Arbeitsplatz, an dem oft die gleiche Arbeit verrichtet wurde wie in Meiderich. Vielmehr brachte der Eintritt in den anderen Betrieb für viele zahlreiche Veränderungen mit sich.

Die Probleme, mit denen die in Hamborn, Schwelgern und Ruhrort neu ankommenden Belegschaftsmitglieder zu rechnen hatten, lassen sich auf zwei wesentliche Faktoren zurückführen. Zum einen war es nötig, sich als neuer Mitarbeiter in einem noch unbekannten Betrieb zu orientieren und einzuarbeiten. Zum anderen führte die Verteilung der Mitarbeiter dazu, daß „da ja auch ein zwischenmenschliches Problem begann nach der Umsetzung",[49] sich also die vorherige Gemeinschaft von bekannten Belegschaftsmitgliedern auflöste, der gewohnte Kollegenkreis durch meist unbekannte Mitarbeiter ersetzt wurde.

Zunächst sei der Bereich der im neuen Betrieb üblichen Arbeits- und Produktionsweise betrachtet, die sich vom bislang Vertrauten unterschieden. Mit einer Höchstzahl von etwa 1.154 Beschäftigten in den fünfziger Jahren war das Hüttenwerk in Meiderich eines der sehr kleinen Produktionseinheiten des Thyssen-Konzerns. Die Anzahl von maximal fünf in Betrieb befindlichen Hochöfen und deren Größe machte den Betrieb für den einzelnen Arbeiter relativ überschaubar: „Im Verhältnis zu den anderen hatten wir eine ganz geringe Personalstärke ... [Das] heißt einfach: jeder kennt jeden. Das ist natürlich gut für das Betriebsklima gewesen."[50] Die Betriebe Hamborn, Schwelgern und Ruhrort hatten sehr viel mehr Beschäftigte, das Betriebsgelände war um ein Vielfaches größer. Ein Vergleich mit dem sogenannten „Schwarzen Riesen", einem von Thyssen 1973 gebauten Hochofen in Schwelgern, veranschaulicht die Unterschiede. Dieser produzierte von 1973 bis 1984, also in elf Jahren, 29 Millionen Tonnen Roheisen. Wie erwähnt hatte der Hüttenbetrieb in Meiderich in seiner gesamten Produktionszeit von zweiundachtzig Jahren rund 37 Millionen Tonnen Roheisen erzeugt.

Die Arbeitnehmerzahl im Hüttenwerk Meiderich war seit Ende der sechziger Jahre erheblich reduziert worden, zwei Hochöfen wurden in den siebziger Jahren, zwei Hochöfen wie beschrieben bis 1984 stillgelegt. Die Größe des Hüttenwerkes Meiderich mit der relativ geringen Personalstärke machte offenbar eine gute Zusammenarbeit innerhalb der Belegschaft möglich. Die damit verbundenen Umgangsformen zwischen den Kollegen, aber offenbar auch zwischen Betriebsführung und Belegschaft, wurden von den Mitarbeitern sehr positiv beurteilt: „Das Betriebsklima war hier immer sehr gut, hier kannte jeder jeden, der Chef sprach die Leute mit Vornamen an."[51] Die Zusammenarbeit unter den Mitarbeitern galt als „ziemlich gerecht und kameradschaftlich",[52] die gegenseitige Verständigung wurde als persönlich empfunden. Ein Mitarbeiter aus Meiderich beurteilte vergleichend die Situation in Hamborn wie folgt: „Das war eben das Schöne, daß man gerne Arbeiten ging. Wo hat man das noch? ... Im großen Betrieb, wie jetzt in Hamborn, das wird nicht nur am Hochofen so sein, da ist das Persönliche nicht da."[53] Bereits im Zuge der Schließung begannen viele der Arbeiter im Hüttenwerk Meiderich, der Arbeitsatmosphäre dort, die als einzigartig galt, nachzutrauern.

Unabhängig von der Beurteilung der späteren Tätigkeit in anderen Betrieben trifft zu, was ein Mitarbeiter so ausgedrückt hat: „Gerne sind wir hier nicht weggegangen. Vor allem war das ja ein Familienbetrieb".[54] Der Begriff des „Familienbetriebes"[55] scheint zur Beschreibung des Verhältnisses der Belegschaftsmitglieder große Aussagekraft und Schlüssigkeit zu besitzen. Oftmals hatte der Vater oder sogar der Großvater eines Beschäftigten im Betrieb gearbeitet, viele ehemalige Beschäftigte des Hüttenbetriebes führen ihre tiefe Verbundenheit darauf zurück, daß mehrere Generationen einer Familie im Hüttenbetrieb arbeiteten. Aber nur die vergleichsweise geringe Personalstärke verhalf dem Bild vom Familienbetrieb dann zu seiner nachhaltigen Bedeutung. Das Bild vom Meidericher Hüttenbetrieb bleibt in der Rückschau für viele frühere Hüttenwerker positiv, auch wenn hier „harte Knochenarbeit" geleistet worden war. Die Betriebsleitung in Meiderich versuchte, für jeden Mitarbeiter eine möglichst passende Lösung im Hinblick auf die nachfolgende Weiterbeschäftigung zu finden. Ein Vertreter der Betriebsleitung erinnert sich: „…wir haben uns überlegt, was machen wir mit dem, was machen wir mit dem … Wir sind jeden einzeln durchgegangen, haben gefragt, was kann man dem zumuten, haben natürlich auch auf das Alter geguckt."[56] Auch wenn solche Bemühungen erfolgten, sollten sich gerade im Verlauf der Umsetzung noch viele Probleme ergeben, die erst in den anderen Betrieben gelöst werden mußten.

Die Arbeit in Hamborn, Ruhrort und Schwelgern begann für viele Mitarbeiter mit dem 5. April 1985. Die verschiedenen Produktionsformen erschwerten vielleicht die Arbeitsaufnahme an anderer Stelle. Ein Großteil der Hüttenbetriebler kannte die Meidericher Anlage schon seit der Lehrzeit. Ein Arbeiter aus dem Betrieb Hamborn versuchte, die Orientierungsprobleme der „Neuen" wie folgt zu erklären:

> „… unser Betrieb war bedeutend größer, als der Betrieb hier [in Meiderich]. Wir haben einen Betrieb gehabt, wo man praktisch zehn Minuten, zwanzig Minuten zu Fuß brauchte, wenn man an die Außenpunkte kam, wir waren groß. Den Betrieb [den Hüttenbetrieb Meiderich] hat man hier in einem Jahr gekannt, wenn man zusammen war, konnte man die Ecken alle kennen, in Hamborn brauchte man zwei, drei Jahre, um überhaupt mal, weil man ja nicht jeden Tag in die Ecken rein kam. So die Schlosser z.B., wenn am Schlackenberg was war oder wenn in der Reinigung irgendwo was war, das war für die Leute irgendwie, die haben gesagt, mein Gott ist das groß, ist das weit, die mußten sich erst an die Wege gewöhnen."[57]

Die Neuorientierung hatte also erst einmal eine einfache räumliche Bedeutung. Viel Rücksicht wurde auf diese und andere Anpassungsschwierigkeiten allerdings nicht genommen. So fiel auch die Einweisung in die Produktionsprozesse und die räumliche Struktur der neuen Betriebe kurz aus. Die ehemaligen Meidericher Hüttenwerker waren daher bei der Einarbeitung in die anderen Gegebenheiten größtenteils auf ihre neuen Kollegen angewiesen.

Genau an dieser Stelle stoßen die vorher erwähnten Problemfelder aufeinander. Es ergaben sich nicht nur häufig Probleme bei der Tätigkeit, sondern ebenso im Umgang mit den Kollegen, welche in Einzelfällen wiederum ihren neuen Kollegen aus Meiderich sehr kritisch gegenüberstanden. Ein nach Hamborn versetzter Mitarbeiter charakterisierte die Stimmung unter ,den

Neuen' ganz offen: „… auch wo ich hinkam, wir sind hier nicht mit offenen Armen empfangen worden: Was wollt Ihr denn hier, Ihr da vom Hüttenbetrieb? Und das war, da mußte man sich schon durchbeißen."[58] Für die „Neuen" war es entscheidend, ob ihre Kollegen ihnen die Integration in den Betrieb ermöglichen, ihnen helfen würden. Letztlich blieben Konflikte zwischen den alten und neuen Mitarbeitern nicht aus.

Die Bemühungen der Betriebsleitung in Meiderich, einen geeigneten Platz für jedes Belegschaftsmitglied zu finden oder zu vereinbaren, waren längst nicht immer von Erfolg gekrönt. Gelegentlich mußten falsch zugewiesene Positionen im nachhinein korrigiert werden. Ein Kranfahrer berichtet: „… und da [im neuen Betrieb] gab es nur, ich bin der Meister, und du hast das zu machen! Da war ein Mann, der bei uns Vorarbeiter war, ein sehr guter Mann sogar, ein sehr guter Vorarbeiter, der mußte da streifenfrei fegen! Was ein Horror für den Mann! … Und heute, heute haben sie ihn erkannt, heute hat er seine Position da wieder."[59] Solche Fehler waren für die ‚Meidericher' ein Schock, wirkten demütigend. Die ausgeprägtere Hierarchie in Hamborn, Schwelgern und Ruhrort bedeutete für die Meidericher Hüttenwerker etwas Fremdes, etwas, von dem sie geglaubt hatten, es zumindest für ihren Arbeitsalltag überwunden zu haben.

Auch wenn der richtige Platz für einen neuen Mitarbeiter gefunden war, bestand offenbar unabhängig von der Tätigkeit bei vielen ein Gefühl, welches ein Elektriker in Hamborn wie folgt beschreibt: „… die Leute [die Beschäftigten in Hamborn] haben geglaubt, da [in Meiderich] wurde nichts gelernt, die haben nichts gelernt … da hat man auf der Schicht immer gesagt: der hat doch keine Ahnung."[60] Ein Schlosser aus Meiderich schilderte die veränderte Situation noch anschaulicher:

> *„Die Leute von hier, also jetzt muß ich mal wieder ein bißchen auf den Putz hauen, ein bißchen Lob, wir [in Meiderich] waren gute Leute. Wir verstanden unser Handwerk und unsere Arbeit, auch wie Herr R[…] schon sagte, da war alles anders und größer. Das Problem war, wie sind die Leute von den Kollegen da aufgenommen worden, gerade dieser Kollege … mein früherer Kollege Herr L[…] hier, der hat es sehr schwer gehabt, weil die Vorarbeiter und auch teilweise die Vorgesetzten ihm das Leben sauer gemacht haben. Der Fritz hat mir oft Dinger erzählt, wie man ihn dort behandelt hat, das war direkt schmutzig, menschlich gesehen. Mit diesem Problem hatten viele Kollegen zu kämpfen, auch ich, wo ich hinkam."[61]*

153

Viele Mitarbeiter aus Meiderich fühlten sich nicht nur nicht recht aufgenommen, sie fühlten sich persönlich disqualifiziert und entmutigt vom Verhalten ihrer Kollegen. Hier waren sie vor große zwischenmenschliche Probleme gestellt. Auch das Verhalten der Vorgesetzten fließt hier mit ein, empfanden doch die Meidericher die betriebliche Hierarchie als wesentlich stärker ausgeprägt. Dies zeigte sich vor allem im Umgangston. In den Worten eines Hüttenarbeiters: „…was den Umgangston betraf. Dieses Familiäre war weg, so das normale Ellbogen, die Ellbogengesellschaft, die in anderen Betrieben längst herrschte oder wahrscheinlich schon immer herrschte …, die schlug voll über den Leuten zusammen."[62] Die innerbetrieblichen Verhältnisse in den größeren Betrieben Hamborn, Schwelgern und Ruhrort kamen den aus Meiderich stammenden Arbeitern aufgrund der dort herrschenden Anonymität wie eine „andere Welt" vor. Die Arbeitsatmosphäre stand für sie im Gegensatz zur bislang vertrauten, es fehlte an den gewohnten Kontakten, an den gewohnten kleinen und aufeinander eingespielten Arbeitsgruppen. „Da … bin [ich] vom Himmel in die Hölle gekommen!"[63]

Das mußte sich unweigerlich in irgendeiner Form niederschlagen. So wird von einem älteren Mitarbeiter höherer Position berichtet: „… der hatte immer einen Gesichtsausdruck, als ob er im nächsten Augenblick heulen wollte. Vor allen Dingen, wenn man mit ihm über alte Zeiten sprach".[64] Gerade die älteren Beschäftigten erlebten die Umsetzung als Einschnitt. Die neuen Arbeitsbedingungen und der Umgang mit den neuen Kollegen führte dazu, daß viele sich den Übergang in den Ruhestand nun um so mehr wünschten. „Der [ein Mitarbeiter aus Meiderich] war auch froh, daß er gehen durfte, für den war irgendwo, ich sag' das auch wieder in Anführungsstriche gesetzt, das Angenehme am Arbeitsleben schlagartig zu Ende, wo er in diese andere Gesellschaft reinkam, wo das Betriebsklima ein anderes war, wo ein anderer Produktionsdruck hinter war und und und."[65]

Der Verlust des gewohnten Arbeitsplatzes oder das Ausscheiden aus dem Berufsleben hatte folglich für viele Beschäftigte ernsthafte Konsequenzen. Die Tätigkeit im gewohnten Arbeitsumfeld des relativ kleinen und als persönlich empfundenen Hüttenbetriebes in Meiderich wurde nicht gerne aufgegeben, der Neubeginn in anderen Produktions- und Personalverhältnissen ging für viele mit gravierenden Problemen einher. Wie es ein Arbeiter aus Meiderich formulierte: „Hier waren die Leute Kings, deren Wort galt was, da waren sie plötzlich ein Nichts mehr, mußten praktisch von unten anfangen. Gut, sie hatten ihre Position auf dem Papier, haben auch ihr Geld gekriegt, aber das war schon bitter für viele meiner Kollegen."[66]

# 6. Was bleibt nach der Stillegung?

Einige Anlagen auf dem Gelände des Hüttenwerks Meiderich wurden nach der Schließung noch weiter in Betrieb gehalten. Hierzu zählten der schon erwähnte „Vorbahnhof", welcher eine Masselgießmaschine und eine Manganbrech- und Gießmaschine enthielt, sowie ein großes Manganlager. Eine Fuhrwerkswaage und ein elektrisches Schalthaus blieben noch in Benutzung, ein Pförtnerhaus blieb besetzt. Die Hochofenanlage wurde gesäubert hinterlassen, so daß sie wieder hätte „angeblasen" werden können.

Der erste unmittelbar spürbare Effekt, den die Stillegung des Werkes brachte, beschreibt ein in Meiderich wohnender Hüttenwerker:

*„Also, da kann ich ... zu sagen, daß ich ... hier auch in der Nachbarschaft, bin ich hier groß geworden, meine Eltern haben hier gewohnt, und meine Mutter hat ... jeden Morgen geschimpft, wenn also fingerdick der Staub auf der Fensterbank gelegen hat. Denn hier, wie sie wissen, gibt es, gab es hier keine Entstaubung, wie es jetzt in modernen Werken eine Selbstverständlichkeit ist, sondern hier wurde eben einfach alles noch in die Luft geblasen. Und sie hat also geschimpft und hat ... gesagt, also, wenn das Werk doch nun mal endlich stehen würde. Und dann kam der Zeitpunkt, dann hat man hier 1985 das Werk stillgesetzt, das war natürlich für viele Leute, auch für meine Mutter, eine Erleichterung. Das kann man eigentlich nicht anders sagen."* [67]

Die Stillegung der Eisenproduktion bedeutete besonders für die in unmittelbarer Nähe lebenden Meidericher Bürger eine erhebliche Entlastung. Die Umweltbelastung durch den Hüttenbetrieb war in den Produktionsjahren für Meiderich beträchtlich gewesen. Trotz der Maßnahmen für den Umweltschutz in den siebziger Jahren (z.B. Staub- und Lärmschutz) blieb die Nähe zum Hüttenwerk immer spürbar. Abwässer, Gas und der in unmittelbarer Nähe niedergehende Staub des Hüttenwerks minderten die Lebensqualität der Anwohner.

Sie bilden einen Teil jener Umweltbelastungen, die zur Hinterlassenschaft von zweiundachtzig Jahren Eisenverhüttung in Meiderich gehören, auf dem Gelände und im Umfeld des Hüttenwerkes in Form von Stäuben, Schlacke, Abwässern und Schlamm. Diese waren über Jahrzehnte beim Produktionsprozeß in den Hochöfen, der Sinteranlage, der Möllerbunkeranlage sowie der Gasreinigung angefallen und in die Umgebung abgegeben worden. Darin liegt ein großes ökologisches Problem. Die Halden etwa enthalten Schwermetalle wie Blei und Zink in höheren Konzentrationen, die durch Erosion freigesetzt werden und dann als schwermetallhaltiger Staub die Umgebung belasten können. Insgesamt hinterläßt der Hüttenbetrieb eine Reihe problematischer Altlasten.

Bereits 1985 stellte sich die Frage nach der Zukunft der Industriebrache mitten in Meiderich. Zunächst wurde das Werk aus Angst vor Vandalismus und Souvenirdieben, welche sich bereits am Hochofen 5 zu schaffen gemacht hatten, von außen verriegelt. Mancher ‚Ehemalige‘ nahm das mit Betroffenheit zur Kenntnis: „… Wenn ich hier vorbeigehe und sehe Kinder über die Mauer klettern, das tut weh. Wenn die so ’nen Stein nehmen und schmeißen was ein, warum soll ich da nicht hingehen … wenn Sie manchmal sehen … also Sie sind hier praktisch groß geworden.“[68] Offensichtlich fühlten sich einige ehemalige Mitarbeiter auch nach der Stillegung immer noch mit dem Hüttenbetrieb verbunden. Der langsame unkontrollierte Verfall der Anlage wurde mißbilligt, teilweise sogar mit Trauer beobachtet, auch wenn man davon ausging, daß die Anlagen ohnehin abgerissen würden.[69]

Sollte die Entscheidung für einen Abriß des Hüttenwerkes fallen, mußte für Meiderich eine ganz neue Lösung gefunden werden. Das ausschließlich industriell geprägte Stadtbild hätte danach keine erkennbare Mitte mehr gehabt, denn die Siedlungen und die Infrastruktur sind auf das Werk ausgerichtet. Die Beseitigung der Altlasten wäre schnell zu einem neuen und großen Problem herangewachsen, denn ohne Lösung dieses Problems hätte es keine Neugestaltung der Brachfläche geben können. Der neuen Nutzung mußten folglich erst einmal enorme Investitionen vorausgehen.

Für eine andere Lösung begann sich auf die Initiative von Dr. Wolfgang Ebert hin ab 1989 eine Gruppe ehemaliger Beschäftigter einzusetzen. Der Zusammenschluß einiger interessierter Bürger Meiderichs und einiger Fachleute, die sich dem Erhalt des Hüttenbetriebes verschrieben, mündete in die Gründung der „Deutschen Gesellschaft für Industriekultur e.V.“. Damit war ein Forum für diejenigen geschaffen, die die spurlose Beseitigung des Industriebetriebes nicht akzeptieren wollten, der jahrzehntelang den Stadtteil dominiert hatte. Das Engagement gegen das Konzept der Tennis- und Bolzplätze auf dem Gelände und für die Bewahrung bzw. Herrichtung eines Industriedenkmals hatte begonnen.

Angela Schwarz

# Die „Pyramiden Meiderichs": Ehemalige Beschäftigte, Anwohner, auswärtige Besucher und der Landschaftspark Duisburg-Nord

## 1. Aufbruch ins „Tal der Könige"[1]

Wenn es nach Reiseveranstaltern, lokalen und regionalen Tourismusorganisationen, aber ebenso nach steigenden Besucherzahlen geht, ist das Ruhrgebiet zu einem attraktiven Reiseziel geworden. Es sind jedoch nicht die üblichen Anziehungspunkte wie idyllische Landschaften, historische Burgen und Schlösser, mittelalterliche Stadtkerne, spektakuläre Theater- und Opernaufführungen und Konzerte, die Touristen vornehmlich anlocken, obwohl auch solche Attraktionen zu finden sind, wie jeder Kenner des Ruhrgebiets – und der Beratung im Fremdenverkehrsbüro – bestätigen wird.

Vielmehr gewinnt das Ruhrgebiet seinen neu gewonnenen Reiz des anderen gerade aus jenen Bauten und Ansichten, die ihm jahrzehntelang den Ruf einer zwar betriebigen, wirtschaftlich bedeutsamen, aber im Hinblick auf Lebensqualität düsteren und monotonen Gegend eingebracht haben, in der rauchende Schlote und ewig lärmende Maschinen das Bild bestimmen bzw. den Ton angeben. Lange vor dem Einsetzen des heute vielzitierten Strukturwandels konnte man Besucher aus anderen Teilen der Bundesrepublik mit einer Fahrt durch die Region zu der verwunderten Aussage bringen, so grün habe man sich den „Kohlenpott" nicht vorgestellt. Heute kommen Neugierige, um jene Fabriken und Zechen zu sehen, die sie einst eher ferngehalten haben. Sie kommen mehrheitlich, und das ist bemerkenswert, nachdem ein Großteil der Zechen und viele industrielle Produktionsstätten stillgelegt sind, nachdem die Normalität der Fabriken und Fördertürme einem Zustand des Kuriosen, Ungewöhnlichen Platz gemacht hat, der nicht unwesentlich durch die Aura des Verfalls bestimmt wird.[2] Obwohl sich das Ruhrgebiet nicht etwa zu einer deindustrialisierten, womöglich sogar zu einer agrarischen Region zurückentwickelt hat, spielt doch der Eindruck eines drohenden Verlustes, des Endes einer Phase der Industrialisierung eine wichtige Rolle im neuen Bild vom Ruhrgebiet.

So kommen die Touristen ins westdeutsche *Tal der Könige*, zu den *Kathedralen der Arbeit* und den *Schöne[n] alte[n] Zechen* als Ausflugszielen. Organisierte Reisen führen zu den Monumenten einer – mit dem Reiz des Vergangenen umgebenen – Industriekultur, die zum „StudienErlebnis" wird, wie etwa der Katalog von Dr. Tigges im Jahr 1999 versprach. Gerade diese Industriekultur verhilft der Region zu einem Attribut, das früher niemandem als Charakterisierung eingefallen wäre: romantisches Ruhrgebiet.[3] Das Alte Schiffshebewerk Henrichenburg in Waltrop, die Zeche Zollverein XII in Essen, der Gasometer in Oberhausen, das Aquarius Wassermuseum in Mülheim, der Landschaftspark Duisburg-Nord, die Zeche Zollern II/IV und das Westfälische Industriemuseum in Dortmund bilden herausragende Stationen in zahlreichen Angeboten für eine industriegeschichtlich orientierte Tour de Ruhr.

Und die Bewohner der Region selbst? Diejenigen, die die heutigen Denkmäler und Ruinen früher in Betrieb gehalten und mit Leben gefüllt haben? Wie stehen sie zu den „Verwandlungen", wie es im Titel zu einer Fotoausstellung mit Bildern von Bernd Kirtz vom Landschaftspark Duisburg-Nord heißt? Wenn man von den neuen Bildern des Ruhrgebiets liest oder hört, sie sieht, gelangt man unweigerlich zu den alten, in diesem Fall zu denen, die die Arbeiter und ihre Familien von ihrem Wohn- und Arbeitsort hatten. „Dumpf brütende Ruhe" und „magische Entrückung", „surrealistische[] Phantastik und Logik", alles Beschreibungen aus der Fotoausstellung,[4] sind keine Begriffe, mit denen sich jene älteren Vorstellungen angemessen charakterisieren ließen. Ebensowenig passen sie auf die Ansichten, die frühere Arbeiter heute im Zusammenhang mit dem Landschaftspark vertreten. Wie sehen diese Vorstellungen und Ansichten im einzelnen aus? Mit dieser Frage ist umschrieben, worum es in den folgenden Abschnitten hauptsächlich gehen soll. Das Gegenüber der früheren und der jüngeren Wahrnehmung, der Kontrast von langjährigen Erfahrungen mit dem Ort als etwas Alltäglichem und der Einschätzung des heutigen Status der Anlage als Denkmal der Industriekultur, Veranstaltungsort und Naherholungsgebiet verleiht der Frage einen besonderen Reiz. Denn was muß einem früheren „Malocher" nicht alles durch den Kopf gehen, wenn er Touristen an seinem ehemaligen Arbeitsplatz sieht, an jenen Ort, an dem er jahrzehntelang „wirklich Schweiß gelassen hat"?[5] Der Frage nach dem neuen Bild vom Hüttenwerk wird eine Skizze jener Entwicklung vorausgeschickt, in der aus einer wirtschaftlich unrentablen und mit zahlreichen Altlasten behafteten Industrieruine schließlich ein zentraler und weithin wahrgenommener Teil eines Landschaftsparks wurde.

*Abb. 1: Das Hüttenwerk als Teil des Landschaftsparks heute (Foto: Horst Zielske; Quelle: Landschaftspark Duisburg-Nord GmbH)*

## 2. Von der Stillegung zum Landschaftspark

Überlegungen darüber, was mit dem stillgelegten Hüttenwerk geschehen soll, reichen bis in die frühen achtziger Jahre zurück. Als die Entscheidung des Unternehmens für die Schließung feststand, setzten auf verschiedenen Ebenen die Planungen ein.[6] Die Konzernleitung etwa legte 1986 einen Abbruchplan vor. In der Stadt wurde ebenfalls ausführlich diskutiert. Hier etwas näher betrachtet seien die Planungen des Landes, der Stadt sowie die Vorstellungen engagierter Bürgerinnen und Bürger über die Bewahrung des Werkes.

Für die Stadt Duisburg reihte sich die Frage nach der Zukunft des Geländes in den größeren Zusammenhang der allgemeinen Stadtentwicklung ein, über die im Rat der Stadt diskutiert wurde. Hier galt die Arbeit an Gestalt und Bild der Stadt als Einheit. Denn das Ziel, die Attraktivität der Stadt für Unternehmen etwa im Dienstleistungsbereich und für die Bewohner zu erhöhen, unterlag und unterliegt der Intention, auf diesem Wege zugleich das Image

Duisburgs in der breiten Öffentlichkeit zu heben. Zwei Entwürfe der Stadt spielten für die Überlegungen zum Hüttenwerksgelände eine Rolle: die Freiraumkonzeption und die Gewerbe- und Industrieflächenbilanz.[7] Nach dem ersten Konzept ging es der Stadt darum, die in bezug auf Freiflächen bestehende Unterversorgung des nördlichen Stadtgebietes langfristig auszugleichen, Naherholung ebenso zu bieten wie eine Verbesserung der klimatischen Bedingungen zu erreichen. Mit der Vorstellung, dadurch zugleich die „Standortgunst der Stadt"[8] zu erhöhen, war die Brücke zur zweiten Zielsetzung, der Erhöhung der Attraktivität der Stadt für Gewerbe- und Dienstleistungsunternehmen geschlagen, denn für deren Ansiedlung ist die Lebensqualität einer Stadt, die qualifizierte Fachkräfte anzuziehen hilft, nicht unerheblich. Nach der genannten Flächenbilanz richtete sich das Interesse der Planer im Rat auf das Hüttenwerksgelände, das als möglicher Standort für einen Businesspark in Betracht gezogen wurde.

Die Mehrheit im Rat favorisierte in den Diskussionen zunächst einen Abriß des Werkes und eine völlige Umwandlung des Geländes. Die SPD-Vertreter im Rat votierten dafür, in Form von Tennis- und Bolzplätzen neue Freizeitmöglichkeiten für die Bewohner des Stadtteils zu schaffen. Dagegen gab es im Rat ebenso Proteste wie bei einem Teil der Bürgerinnen und Bürger, die sich die Umwandlung des Werkes in ein Industriedenkmal wünschten. Zwar konnten sie mit Hilfe eines Gutachtens den Denkmalwert der Anlage nachweisen, doch genügte das nicht, um anders gelagerten Vorstellungen wirksam entgegentreten zu können. Die Ausgangslage dafür wurde erst günstiger, als das Land Nordrhein-Westfalen 1988 den Beschluß faßte, über das Instrument einer auf zehn Jahre angelegten Internationalen Bauausstellung (IBA) auf den Wandel der Emscherregion maßgeblich einzuwirken. Bereits im nachfolgenden Jahr hatten sich siebzehn Städte des Ruhrgebiets dem Vorhaben angeschlossen. Bis Januar 1997 waren insgesamt neunzig Projekte angemeldet.[9]

Unter der Leitlinie, „eine langfristige Strategie für die ökologische, ökonomische und soziale Erneuerung alter Industriegebiete" zu entwickeln, umfaßte die IBA fünf Tätigkeitsbereiche. Mit der Renaturierung und dem Wiederaufbau von Landschaft war die ökologische, mit der Schaffung eines „Erlebnisraumes" und der Verbesserung von Wohn- und Arbeitssituation die ökonomisch-soziale und schließlich mit dem „Erhalt von Industriedenkmälern als Zeugen der Zeitgeschichte" die gesellschaftspolitische Dimension berührt.[10] Für die Zukunft des Hüttenwerkes in Duisburg-Meiderich war gerade der letzte Punkt besonders wichtig, da das IBA-Konzept betonte, ein wirtschaftlich erfolgreich durchgeführter Strukturwandel sei nur möglich,

„wenn die kulturelle Identität der Region gewahrt wird."[11] Grundlegend dafür seien Industrie- und Technikdenkmäler, und diese sollten, so ein Ziel der Bauausstellung, „für die historische und kulturelle Identität dieser Region mehr als bisher bewußt"[12] gemacht werden. Damit schien eine Brücke zu den Vorstellungen der Menschen vor Ort geschlagen, die sich als Anwohner und Industriearbeiter mit dem Werk verbunden fühlten. Es darf jedoch nicht übersehen werden, daß das oberste Ziel der IBA von Anfang an nicht primär ideeller, sondern, mit der wirtschaftlichen Neuorientierung und dem daraus folgenden Aufschwung, ökonomischer Natur war.

Die entscheidenden Weichenstellungen für das Gelände in Meiderich wurden mit dem Ankauf der Fläche durch das Land und die Übertragung an die Landesentwicklungsgesellschaft Nordrhein-Westfalen GmbH (LEG) vorgenommen, die den Auftrag erhielt, im Treuhandauftrag der Stadt Duisburg und der Interessengemeinschaft Nordpark Überlegungen für einen Landschaftspark Duisburg-Nord anzustellen. In dieser Phase war noch immer nicht endgültig für oder gegen den Erhalt der Hochofenanlage entschieden.

Dieser Schritt erfolgte erst nach dem Bericht der Expertenkommission von 1992, die die verschiedenen Möglichkeiten prüfte und jeweils die Folgekosten berechnete.[13] Für einen Abriß der gesamten Anlage bot der Bericht vier Varianten. Nach der ersten Abbruchvariante sollten die Anlagen zerlegt und die Altlasten durch Transport auf eine Deponie außerhalb des Geländes ‚beseitigt' werden. Etwa 100.000 Tonnen Bauschutt hätten danach transportiert werden müssen. Aufgrund der immensen Gesamtkosten von etwa 15 Millionen DM wurden diese Überlegungen erst gar nicht weiterverfolgt. Abbruchvariante zwei sah vor, die anfallenden Materialmassen durch eine auf dem Gelände befindliche Recyclinganlage zu verwerten. Diese Lösung war nach Schätzung der Kommission mit Gesamtkosten von etwa 10 Millionen DM verbunden. Weitere Vorschläge zur Demontage einzelner Hochöfen erschienen ebenfalls wenig sinnvoll, da auch hier hohe Abbruch- und Entsorgungskosten entstanden wären. Eine letzte Variante des Abbruchs bestand darin, die gesamte anfallende Materialmenge ohne großen Transportaufwand in die Erzbunkeranlage des Hochofenwerkes zu verbringen. Kosten in Höhe von rund 2,8 Millionen DM wurden dafür veranschlagt. Mit Ausnahme der zuletzt genannten Lösung rechnete der Bericht bei einem Abbruch des Werkes mit hohen Ausgaben.

Dagegen gingen die Experten für den Fall einer mittelfristigen Erhaltung des gesamten Hüttenwerkes in einem Zustand, in dem eine unfallfreie Begehbarkeit gewährleistet wäre, von deutlich niedrigeren Investitionen aus. Die Kommission rechnete für die Herstellung dieses Zustandes mit Ausga-

161

ben von insgesamt etwa 4 Millionen DM. Ab etwa dem fünften Jahr und bis über das zehnte Jahr hinaus wurden die Folgekosten für den langfristigen Erhalt der Anlagen auf grob 300.000 DM jährlich geschätzt. Der Zustand der Bauteile schien 1992 „auch ohne sofortige Maßnahmen noch nicht substantiell gefährdet".[14] Insgesamt kam die Expertenkommission Hochofen zu dem Ergebnis, „auf der Grundlage der Untersuchungsergebnisse ... den Erhalt der gesamten Hochofenanlage als integralen Bestandteil des Landschaftsparks Duisburg-Nord"[15] zu empfehlen. Aus der Sicht des Landes und der Stadt bot sich also der Erhalt des Hüttenbetriebes vor allem aus Kostengründen an. Die mittelfristige Bewahrung nach dem Konzept der IBA, nämlich die Verbesserung der Wohn- und Lebensverhältnisse im Duisburger Norden durch die Schaffung eines zusammenhängenden Parks, schien überdies eine attraktive Lösung, die sich mit den Planungen der Stadt über Freiräume und Grünzüge im Norden der Stadt verknüpfen ließ.

Was die Anwohner und gerade die ehemaligen Beschäftigten des Hüttenbetriebes betrifft, so gingen die Meinungen auseinander, was von der geplan-

*Abb. 2: Blick auf die Erzbunkeranlage Anfang der achtziger Jahre (Foto: W. Silke, Duisburg; Quelle: Geschichtszentrum der DGfI)*

*Abb. 3: Blick auf die Erzbunkeranlage heute (Foto: Angela Schwarz)*

ten Verwandlung des Industriebetriebes in einen „Landschaftspark" zu halten sei. Als Wolfgang Ebert, inzwischen seit mehreren Jahren Vorsitzender der Deutschen Gesellschaft für Industriekultur e.V., 1989 erstmals bei einer Veranstaltung in den Räumen des Evangelischen Familienbildungswerkes in Meiderich etwa fünfunddreißig oder vierzig „Ehemaligen" seine Ideen für die Umwandlung zum Industriedenkmal vorstellte, waren viele verblüfft, vielleicht auch skeptisch. Dabei handelte es sich um frühere Arbeiter, die verschiedenen Plänen für ein Werksgelände *mit* Hochofenanlage zunächst einmal prinzipiell aufgeschlossen gegenüberstanden. Auch sie schätzten angesichts der (kommunal-)politischen Situation die Chancen für den Erhalt und das Potential der Anlage als Attraktion anfangs eher gering ein. „Damals hätten wir uns das nicht träumen lassen, das hier so etwas mal draus werden wird."[16]

# 3. Alte und neue Bilder: Anwohner, frühere Industriearbeiter und Besucher über den „Nordpark"

## 3.1 Wandel der Gestalt – Wandel der Bilder

Über achtzig Jahre war das Hüttenwerk in Meiderich ein Teil der Industrielandschaft Ruhrgebiet. Es nahm eine beachtliche Fläche des Stadtteils für sich in Anspruch, wenn es auch nicht, wie die Werksteile des Unternehmens in Hamborn, Ruhrort und Beeckerwerth, zu einer industriellen Großanlage zusammengewachsen war, einen eigenen Stadt-Teil zu bilden schien. Es fügte sich ein in eine von Kohle, Eisen und Stahl geprägte Landschaft, die der übliche Anblick, „normal" war und vielfach noch ist.[17] Das Alltägliche, Normale, so die allgemeine Erfahrung, wird meist nicht weiter zur Kenntnis genommen. Es ist da, viel mehr wird in der Regel davon gar nicht wahrgenommen.

Viele Duisburger, die heute aus Meiderich oder anderen Stadtteilen in den Landschaftspark kommen, würden auf die Frage, ob sie das Werk noch während des Betriebes gekannt haben, zweifellos antworten, wie es ein Mitglied des im Nordpark aktiven Alpenvereins getan hat: „... damals hat man nicht danach geguckt. Das war wie viele andere auch."[18] Nach der Stillegung war das, so könnte man die Aussage erweitern, wie bei vielen anderen stillgelegten Fabriken und Zechen zuvor: ein Anblick, an den man im Ruhrgebiet in Zeiten des Strukturwandels längst gewöhnt war. Selbst der Abriß, an vielen anderen Industrieanlagen längst vorexerziert, an Fördertürmen, Werkshallen, Speichern, wäre weder überraschend gekommen, noch hätte er, so läßt sich für die Mehrzahl der Duisburger vermuten, eine heftige Reaktion provoziert. Auf die Beschäftigten trifft das ebenso zu, denn nicht wenige Arbeiter verließen 1985 das Werk und drehten sich nicht einmal um.[19] „So in der Zeit von 1985 bis '90, würde ich sagen, gab's hier sehr viele Stimmen in Duisburg und auch in der Umgebung, denen es im Prinzip Schnuppe war, ob das hier erhalten wird, und die sich da keine Gedanken drüber gemacht haben." Der ehemalige Hüttenwerker, der hier zu Wort kommt, heute ehrenamtlich auf dem Gelände tätig in der Wartung und bei Besucherführungen, macht darüber hinaus darauf aufmerksam, daß in der Situation 1985 und unmittelbar danach in der Öffentlichkeit neben einer verbreiteten Gleichgültigkeit noch eine andere Haltung existierte, nach der das Alte und Ausgediente dem Neuen und Modernen Platz machen muß: „... zur damaligen Zeit werden wohl 98% der Leute gesagt haben, ‚Laß uns den alten Laden mal abreißen, das ist ein schöner Schrotthaufen.'"[20] Für viele, auch ehemalige Beschäftigte stand fest, „der Hüttenbetrieb wird eines Tages abgerissen",[21] da er seinen Zweck, seine ursprüngliche Bestimmung erfüllt hatte und nun nicht mehr wirtschaftlich genutzt werden konnte.

Als der Vorschlag kam, das Werk als bedeutsames Zeugnis der Industriekultur der Region zu erhalten, waren daher viele ehemalige Industriearbeiter und auch Anwohner skeptisch. „Mensch, was soll denn, was soll der Schrotthaufen? Was soll dieses verrostete Zeug hier? Reißt das doch ab."[22] Einige standen noch ganz unter dem Eindruck der Schließung, konnten sich eine neue Nutzung jenseits industrieller Produktion gar nicht vorstellen: „Die Leute, die waren wirklich traurig, ... weil man hat sich in soundso vielen Jahren auch mit dem Werk verbunden gefühlt, ne ... Und da war es schon traurig, als die zugemacht haben."[23] Manche andere mögen gehofft haben, nach dem Abriß könne irgendwann auf dem Gelände etwas Neues entstehen, das den Menschen Arbeit und dem Stadtteil eine Zukunftsperspektive geben würde. Denn die allmähliche Verödung Meiderichs und anderer Viertel nach Zechen- und Fabrikschließungen war nicht zu übersehen: „Wir [in Meiderich] hatten keine Zechen mehr, wir haben, die Hütte war, lief nur noch auf halben Touren, wir haben sowieso den Strukturwandel gehabt. Hier waren ja ganze Straßenzüge, waren ja leer."[24] Es war daher nur ein weiterer, keineswegs ungewöhnlicher Begleitumstand des Wandlungsprozesses der gesamten Region, wenn die Bewohner Meiderichs nach dem Wegfall von Hunderten von Arbeitsplätzen die Zukunftsaussichten erst einmal pessimistisch beurteilten und sich dieser Pessimismus lähmend auswirkte.

Für die „Hüttenknechte" eher ungewöhnliche Vorschläge wie der, aus der „Hütte" eine Touristenattraktion und ein Naherholungsgebiet zu machen, mußten zunächst unweigerlich Skepsis und vielleicht sogar Ablehnung hervorrufen. Einzelne Hüttenbetriebler hatten zwar schon ein Bild von der zukünftigen Gestalt und Nutzung des Geländes im Kopf, die Mehrzahl aber, auch die wenigen Beschäftigten, die sich dann für den Erhalt einzusetzen begannen, hatten mehr oder minder stark ausgeprägte Zweifel.

> *„Wir waren ja auch Leute mit der ersten Stunde ... Die gesagt haben, Mensch, so etwas ist doch einmalig hier in ganz Europa – eine zusammenhängende Hütte, nicht wahr, das muß erhalten sein, nicht? Und da war ein, ein, ein markanter Spruch von einem Betriebsratskollegen, ... der hat zum Beispiel gesagt: , ... die Ägypter hatten die Pyramiden und die Meidericher haben die Hütte Nord.' Also, nicht, und es waren ja, Begeisterung war am Anfang ja nicht, es waren Skeptiker."*[25]

*Abb. 4: Früher herrschte hier, hinter Hochofen 2, „lebhafter Kranbetrieb" (Foto: Silke Röllinghoff)*

*Abb. 5: Früher ein Durchgang zwischen Gasometer und Gebläsehalle (rechts), heute der Weg zur „Piazza Metallica" (Foto: Silke Röllinghoff)*

Letztlich gab und gibt es bis heute, wie ein Mitarbeiter zusammenfaßte, drei Richtungen im Meinungsbild unter den ‚Ehemaligen': „Die einen sagen, ‚O.K., es ist in Ordnung, was da läuft heute, wir machen da mit.' Der zweite Teil sagt, ‚Ja, na gut, man kann sagen, es geht; besser als abreißen.' Dann gibt es auch noch 'ne dritte Gruppe, die sagt, ‚Nee. Ist nicht in unserem Sinne, besser, man hätte abgerissen, dann wäre alles weg gewesen.' Das gibt es auch."[26]

Zur letzten Gruppe gehören diejenigen, die mit der neuen Nutzung wenig anfangen können, denen Besucher und Erholungsuchende dort, wo sie als Arbeiter früher schwer gearbeitet haben, suspekt sind. Taucher im Gasometer etwa: „Das paßt nicht in das Weltbild."[27] Damit ist allerdings nur eine Seite einer viele Gründe und Überlegungen umfassenden Kritik oder Ablehnung angesprochen, die unter anderem auch die kritische Haltung ehemaliger leitender Angestellter umschließt, die eher Unfallgefahren und Kosten sehen. Sie halten die Unterhaltskosten für eine museale Nutzung und die Gefahr möglicher Schadensersatzforderungen nach Unfällen auf dem Gelände für zu hoch.[28] Die kleinste Gruppe ist ohne Zweifel die erste, die Gruppe derjenigen, die sich, teilweise schon seit 1989/90, für den Erhalt des Werkes engagieren. Schließlich gibt es noch eine Mehrheit, die nach anfänglicher Gleichgültigkeit nun eher dahin tendiert, den inzwischen geschaffenen Landschaftspark Duisburg-Nord anzunehmen. Ihr gehören unter anderem ehemalige Industriearbeiter an, die neugierig darauf sind, was sich dort verändert hat und die zu einer Besichtigung kommen. Ebenso zählen zu ihnen die ‚Ehemaligen', die sich haben überzeugen lassen, daß es zum Abriß noch eine sinnvolle, vielleicht sogar sinnvollere Alternative gab.[29] Einige von diesen wiederum sehen den Park mittlerweile als echten Gewinn für die Stadt, eine Ansicht, die ebenso unter den Bürgerinnen und Bürgern Duisburgs anzutreffen ist, deren Umfeld keinerlei Berührungspunkte mit Eisen und Stahl aufweist. Der Gewinn kann dann neben dem immateriellen auch im materiellen Sinn, also wie vom Strukturwandelkonzept gedacht, als Schaffung neuer Arbeitsplätze gesehen werden, und zwar nicht mehr in der Stahl-, sondern, wirklich neu, in der Tourismusbranche.[30]

Am Anfang überwogen Desinteresse und Skepis. Mit dem Engagement einzelner und der Deutschen Gesellschaft für Industriekultur, mit Veranstaltungen auf dem Gelände, die Besucher anlockten, veränderte sich dann allmählich auch die Wahrnehmung. Die einen nahmen die Anlage unter den neuen Vorzeichen erstmals wahr, die anderen, zumindest ein Teil der früher Passiven oder Skeptischen, änderte die frühere Einstellung. Großveranstaltungen wie die Hüttenfeste, Veranstaltungen zum 1. Mai, aber ebenso Konzerte, Disco-Abende und schließlich die Lichtinszenierung eines Künstlers haben dazu beigetragen, den Komplex wieder, wenn nicht gar erstmals und auf besondere Weise, sichtbar zu machen. „… durch die Lichtinstallation von Jonathan Park, die wir am Anfang, muß ich auch sagen, auch als Geldverschwendung betrachtet haben, ist doch der Park bekannt geworden und auch die Stimmen, die sich auch öffentlich für die Erhaltung des Parkes einsetzen, sind mehr geworden."[31] In einer Stadt wie Duisburg mit ihrer angespannten Finanzlage machten sich natürlich bald Stimmen bemerkbar, die davon sprachen, die Ausgaben für Installation und ihren Betrieb seien besser auf Sozialmaßnahmen verwendet. Inzwischen hat sich der bunt ausgeleuchtete Hochofenbetrieb jedoch zu einem neuen Wahrzeichen im Duisburger Norden entwickelt. Er wird als solches wahrgenommen. Die Akzeptanz der Installation ist dadurch erheblich gestiegen, auch wenn eine nüchterne Kosten-Nutzen-Analyse unmöglich ist, die das Argument der früheren Kritiker widerlegen könnte.

*Abb. 6: Das Hüttenwerk in neuem Licht: Lichtinszenierung von Jonathan Park (Foto: Andreas Mangen; Quelle: Landschaftspark Duisburg-Nord GmbH)*

*Abb. 7: Gießhalle im Betrieb Mitte der fünfziger Jahre (Archiv der ThyssenKrupp AG)*

*Abb. 8: Das Festival „Freundschaft ohne Grenzen" 1992 vor der Kulisse der Gießhalle (Foto: Manfred Vollmer)*

Nach wie vor sind die Reaktionen auf den Nordpark allerdings nie ausschließlich anerkennend und zustimmend. Immer wieder ist ein „ja, aber..." oder eine Meinung zu hören, die dem erteilten Lob oder der Würdigung des Geleisteten widerspricht oder sie einschränkt.

Dort, wo früher die Umweltbelastung hoch war, der Staub jeden Morgen fingerdick auf der Fensterbank lag,[32] findet etwa die Begrünung des zweihundert Hektar großen Areals vielfach Anklang.

> *„Wiederum weiß ich von der anderen Seite, wo jetzt der grüne Pfad angelegt wird, die ehemalige Bahnlinie Emscher-Talbahn, die von Mittelmeiderich direkt hierhin führt, die Anwohner dieses Weges, die sehen das sehr positiv, die sagen: ‚Ein Glück, daß dieses Dreckloch da wegkommt. Das war nämlich eine wilde Müllkippe, jetzt wird sie schön, jetzt macht es Spaß, wieder hier zu wohnen.' Das höre ich auch. Mich hat vor einigen Tagen erst noch jemand angerufen, der mir das gesagt hat ... er findet das positiv."[33]*

171

Manche verfolgen mit Interesse, wie sich die Natur das Gebiet zurückerobert, eine Verbindung von „Menschenwerk" und Natur zustande kommt.[34]

Andere freuen sich noch mehr darüber, daß mit dem Nordpark neues Leben in den Stadtteil einzieht. So ist ein Teil der Anwohner stolz, wie ein ehemaliger Mitarbeiter etwa über seine in Meiderich lebende Mutter erklärt, „in der Nähe eines Parkes zu wohnen, ... eines Landschaftsparks, wo also viele Leute [sind], das liest sie in der Zeitung, manchmal steht es so, daß also die Autos bis bei ihr vor der Türe stehen, und das sie also sagt, ich wohne in der Nähe eines Objektes, wo viel los ist." Das „Aber" rührt dann von denjenigen her, die Anstoß daran nehmen, daß Großveranstaltungen auf dem einstigen Werksgelände mit erhöhter Lärmbelästigung und zugeparkten Straßen einhergehen.[35]

Im Vordergrund der allgemeinen Einschätzung durch Meidericher und Bürgerinnen und Bürger aus anderen Stadtteilen stehen jedoch Zustimmung und Neugier. Selbst bei Leuten aus der Region und Anwohnern, so berichten Leiter von Führungen auf dem Gelände, sei die Neugier ungebremst. Sie wollen erfahren, wie denn das Hüttenwerk, in dessen Nähe sie womöglich Jahrzehnte gelebt haben, von innen aussieht. Wie war das eigentlich, fragen auf den Führungen Ehefrauen und Kinder früherer Hüttenwerker, als hier gearbeitet wurde?[36] Immer wieder weisen Meidericher in Gesprächen darauf hin, daß mit dem Nordpark eine Wiederbelebung des Stadtteils verbunden sei, das dort, wo sonst nur Rentner und Arbeitslose wohnen, wie es ein jüngerer Bewohner zuspitzt, nun wieder Leben ist – Leben, das die Anwohner ebenso wie die mit Autos und Bussen angereisten Besucher auf das Gelände zurückbringen.

> „Und wo man daraus jetzt noch eine Attraktion gemacht hat, also eine überregionale, vielleicht sogar internationale, weiß ich gar nicht, attraktive, vorzeigbare Attraktion, bin ich natürlich als Meidericher da auch so ein bißchen stolz, nicht, und sehe das gerne, wenn da viele von wer weiß woher kommen, um das zu sehen. Ich freue mich also, wenn da viele unterwegs sind und da staunen und gucken ... und daß damit das Image umgekehrt wird: Alte schmutzige Industriestadt Duisburg, wo alte, verrottete Anlagen und Gelände stehen, wo man nichts mehr damit machen kann, und daß die dann doch aber für alle repräsentativ wirklich in eine ganz tolle Freizeitmöglichkeit umgewandelt worden ist."[37]

Wie wichtig der Umstand ist, daß „da viele unterwegs sind und da staunen und gucken", für diesen und andere Stadtteile, in denen die größte Arbeitsstelle geschlossen wurde, läßt sich kaum zu hoch ansetzen.[38] Die Wertschätzung für die Impulse, die von dem Projekt ausgegangen sind und weiter ausgehen können, überwiegen die Stimmen der Kritiker, ob diese nun die Lärmbelästigung von Musikveranstaltungen bemängeln oder die neue Nutzung einzelner Werksabschnitte nicht mit ihren Vorstellungen in Einklang zu bringen vermögen.

Bei denen, die sich tatsächlich mit der Umnutzung auseinandersetzen, diese Einschränkung muß allerdings gemacht werden, überwiegt demnach die Zustimmung. Manche sind sogar, wie folgendes Beispiel eines ehemaligen Arbeiters im Hüttenbetrieb gleich für mehrere Aspekte der neuen Gestalt und ihrer Einschätzung veranschaulicht, überschwenglich in ihrer Bewertung.

*„Ja, ich find das wirklich gut, daß der Gasometer als Tauchbecken genommen wird, daß in den ehemaligen ... in den Erzgruben, wo die einzelnen unterschiedlichen Erzsorten gelagert werden, daß da jetzt der Deutsche Alpenverein klettert. Das sind, man sagt ja immer so schön, man spricht ja jetzt von, was völlig anderes, von Multikulti. Und das Multikulti übersetz' ich mal auf Multiuser und da auf so einen Hüttenbetrieb. Das heißt,* so eine alte Industriekulisse kann sich plötzlich in was ganz anderes wandeln, ohne daß man viel daran verändert *[Hervorhebung A.S.], man muß da nicht alles platt machen und abreißen. Und man kann plötzlich trotzdem riesige Freizeitangebote und Freizeitnutzungsmöglichkeiten da haben, ohne viel zu tun. Und das ist so ein eigenes Erleben, da kommt auch in einem selber so ein Aha-Gefühl durch, was Menschen so kreativ, wie die Menschen waren, die das Werk irgendwann mal gebaut haben und diese Riesenklötze da hingesetzt haben, genau mit der gleichen Kreativität sind Menschen wieder hingegangen und nutzen hier, Gebläsehalle Aufführungen da drin; wenn Sie da mal durchgelaufen wären, als das alles noch lief, und Ihnen hätte einer gesagt, das da, was weiß ich welche Oper oder wie auch immer da aufgeführt werden, da hätten Sie gesagt, ist gut, geh nach draußen an 'ne Bude, aber komm nicht mehr auf's Werk zurück. Ja, das ist so ein Aha, ein fortwährendes Aha-Gefühl, was so während so einer Veränderungsphase einen immer wieder förmlich anspringt, wenn man wieder da ist und wieder das Neue sieht, was da wieder an Freizeitmöglichkeiten gemacht wird ... Ja, sagenhaft. Die Beleuchtung, das ist überhaupt das Geilste da drin überhaupt ... die Beleuchtung kann ja variieren, und wenn der eigentliche Ofen, da, wo das Abstichloch normalerweise ist, wenn das so dunkel wie jetzt draußen, etwas schöneres Wetter vorausgesetzt, und dann ist es erst ganz dunkel und*

dann fängt das hinten ganz langsam an, rot zu glimmen, ne, so richtig symbolisch. Da, war das Feuer. Das hat was *[Hervorhebung A.S.]. Obwohl ich ja selber noch Hochofenabstiche gesehen hab', wenn man da so steht und sieht, wie die Lichteffekte da so arbeiten. Das hat was. Und Leute, die von außerhalb kommen ... Die sind schlicht und einfach fasziniert."*[39]

Ohne daß das Alte verschwinden müßte, entsteht etwas Neues, etwas, das viele mit unterschiedlichen Interessen und Hintergründen anzusprechen vermag; ohne daß sich diejenigen, die die ursprüngliche Nutzung kannten, das hätten vorstellen können, kommt es zu einer Verbindung der traditionellen, den meisten Industriearbeitern wohl eher verschlossenen Kultur (Beispiel Oper) und dem Industriebetrieb als Teil einer Kultur neuer Art. Neuer Art bezeichnet hier den Umstand, daß die Produktionsstätten als Teil der Arbeiterwelt erst seit vergleichsweise kurzer Zeit als Kultur anerkannt sind. Der von den Verwandlungen des ehemaligen Industriebetriebes so begeisterte Arbeiter, der übrigens kommunalpolitisch engagiert ist, weist darauf hin, daß diese Verbindung für den „Laien" wie den Industriearbeiter durch einen besonderen ‚Kunstgriff' sichtbar gemacht wird, und zwar durch die Illumination. So wird eine Brücke geschlagen, die das Alte, für Arbeiter ehemals Vertraute zumindest in Teilen in das Neue integriert, das dann Industriearbeiter mit Touristen und Veranstaltungsbesuchern verbindet. Durch diese Brücke wird es außerdem möglich, daß sich selbst diejenigen Bewohner des Ruhrgebiets bzw. der Stadt, die zur Eisen- und Stahlindustrie keine Beziehung haben, mit Industriekultur identifizieren, so etwas wie Stolz und eine lokale, d.h. von Industrie geprägte Identität aus dem Nordpark ableiten können.

Diese Identität kann dann mitsamt ihren Zeugnissen als eigener Kulturwert verstanden werden, der wiederum den traditionellen Kulturwerten, die andernorts in den Vordergrund gestellt werden, etwa architektonische Zeugnisse aus dem Mittelalter oder der Frühen Neuzeit, entgegengehalten wird. Frühere Beschäftigte führen ihre Gäste aus anderen Teilen der Bundesrepublik in den Landschaftspark und verweisen auf den stillgelegten Hochofenbetrieb als „Highlight". Der in Meiderich wohnende Kletterer freut sich, daß er Freunden aus Dresden, die ihm den Zwinger zeigen, den Landschaftspark als Duisburger Sehenswürdigkeit präsentieren kann. „Und mit dem Landschaftspark habe ich da ein bißchen etwas dagegenzusetzen. Mit denen war ich also oben [auf dem Hochofen], und die waren völlig begeistert, nicht, was da ... Von oben kann man sehr weit gucken, kann man schön die Gegend erklären. Ja, und der Landschaftspark selber, der hat genug Reize, daß man damit so ein bißchen protzen kann."[40] So wie mancher Hüttenwerker erst nach der Schließung einen Blick für das Ganze, für die Bedeutung der Überschaubarkeit und des Betriebsklimas und womöglich eine auf das gesamte Werk ausgedehnte Verbundenheit mit dem Betrieb entwickelt hat, sind auch viele Anwohner und Duisburger aus anderen Stadtteilen erst nach der Schaffung des Landschaftsparks und wohl auch erst nach seinem Aufstieg zu einem weithin registrierten Industriedenkmal und Freizeitpark zu der Ansicht gekommen, daß die Anlage einen Bestandteil der eigenen lokalen Identität bildet. Wer nicht alles „platt macht", sondern etwas vom Überkommenen erhält, macht den Übergang in die gewandelte Struktur, wie immer sie letztlich aussehen mag, denen leichter, die mit ihr leben müssen.

> *„… es war … wichtig, es da zu machen, weil gerade in dem Bereich Meiderichs, Hamborns, die Menschen leben, die da gearbeitet haben … Ich kann überhaupt nicht erfolgreich einen Strukturwandel durchführen, wenn ich den Menschen gleichzeitig die Identität nehme. Ich kann das aber wieder erfolgreich tun, wenn ich ihnen die Identität belasse, und sie praktisch vom Bekannten ins Unbekannte führe, als wenn ich sie plötzlich zwischen Himmel und Erde hänge, ich weiß nicht wo. Das heißt, der Hüttenbetrieb, so wie er da steht, und zwar nicht einfach als ein verfallenes Mahnmal, sondern als etwas durchaus aktiv Genutztes, eben sich Veränderndes, obwohl immer noch Wiedererkennbares, ich mein', das ist wertvoll für die Menschen hier … Ich empfinde das selber als wertvoll, und ich glaub', daß die meisten das auch so empfinden. Es gibt ja immer Nörgler, denen das sowieso alles nicht paßt, aber ich denk', daß die meisten das auch so empfinden."[41]*

## 3.2 „Die Spuren, die vorhanden sind, die muß man sichern." – Ehemalige Beschäftigte und ihr Engagement im Landschaftspark

Für die meisten Arbeiter des Hüttenwerkes ging mit der Stillegung des Betriebes 1985 ein Abschnitt zu Ende. Sie gingen in den Ruhestand, Vorruhestand oder noch für eine gewisse Zeit in andere Betriebe des Unternehmens, ohne sich, wie es einer der Arbeiter in einem Interview ausgedrückt hat, auch nur einmal umzudrehen.[42] Meiderich, das war für sie Vergangenheit, abgehakt.[43] Selbstverständlich fragten sich einige, „… soll das denn alles gewesen sein, sollen wir denn so auseinandergehen?"[44] Sie hatten das Gefühl, nach Jahren und Jahrzehnten der Zusammenarbeit dürfe der Kontakt nun nicht ab-

*Abb. 9: Hochofen 2 als Industriedenkmal (Foto: Silke Röllinghoff)*

*Abb. 10: Die Gebläsehalle heute: Ort für Kulturveranstaltungen aller Art, hier ein Philharmonisches Konzert im Juni 1994 (Foto: Peter Liedtke)*

brechen, zu den Kollegen ebensowenig wie zur bisherigen Arbeitsstätte, und beschlossen, etwas zu unternehmen. Daß es sich dabei nur um eine kleine Gruppe handelte, um einen Bruchteil der von der Stillegung von Hüttenbetrieb und Gießerei betroffenen Arbeiter, läßt sich unschwer an der Zahl derer erkennen, die sich damals zusammenfanden und sich heute noch im Landschaftspark engagieren: von mehreren Hundert waren es kaum fünfzehn, heute sind es noch sieben, wobei einige von ihnen aus anderen Thyssen-Be-

177

*Abb. 11: Spuren des Verfalls – Rostspuren auf einer Speisewassertrommel am Hochofen 5 (Foto: Angela Schwarz)*

*Abb. 12: Spuren der Wartungs- und Reparaturarbeiten – Blick auf einen Cowper (Foto: Angela Schwarz)*

trieben stammen. Wie sieht das Engagement dieser wenigen aus? Welche Motive veranlassen sie dazu, Zeit und Energie für etwas aufzubringen, daß der Mehrzahl ihrer früheren Kollegen „schnuppe" ist, zumal ihre Kollegen ihnen mit dem Ausspruch begegnen, „ihr seid nicht normal, mit dem, was ihr da macht"?[45]

In der Phase, als die Zukunft des Geländes noch ungewiß war, waren schon einige frühere Beschäftigte in verschiedenen Funktionen tätig, von denen ein Teil für die heutige Nutzung unerläßlich ist. Nur in der ersten Zeit waren Bestandsaufnahme und gutachterliche Tätigkeit erforderlich. Es war zunächst nötig, von Fachkräften prüfen zu lassen, welche Nutzungsmöglichkeiten mit welchen Konsequenzen und Kosten verbunden seien. Dafür eigneten sich frühere Angestellte natürlich besonders, solche, die noch bei Thyssen beschäftigt waren. Darüber hinaus mußte von Anfang an eine Sicherung des Geländes vor „Souvenirjägern" und Vandalismus erfolgen, zu der bald auch schon die Wartung der Anlagen hinzutrat. Als der Komplex von Thyssen verkauft war und feststand, daß er als „Dinosaurier der Eisenzeit"[46] bewahrt werden sollte, fanden sich die ersten ehrenamtlich tätigen früheren Thyssen-Arbeiter zusammen, die regelmäßig Kontrollgänge machten[47] und die nötigsten Wartungs- und Reparaturarbeiten durchführten. Einige tun das bis heute und machen so den Zugang für Besucher überhaupt erst möglich.

Wenn sich auch die Motive der ‚Ehrenamtlichen' in einzelnen Punkten unterscheiden, verbindet doch alle ein zentrales Interesse. Am Anfang steht das Bestreben: „die Spuren, die vorhanden sind, die muß man sichern."[48] Für die interessierten Arbeiter war nach der Entscheidung für den Erhalt klar, daß das Gelände nicht einer neuen Nutzung zugeführt werden durfte, die, selbst wenn die Anlagen stehen blieben, nichts mit dem früheren Betrieb mehr gemein haben würde. So plädierten sie früh dafür, das Werk so herzurichten, „daß man merken kann, so und so ist es gewesen."[49] Einigen ist das, was inzwischen umgesetzt ist, noch nicht genug. Sie würden die ursprünglichen Funktionen der Anlagen noch stärker in den Vordergrund stellen, statt eines Tauchbeckens das Bauwerk eher nutzen, um die Funktionsweise des früheren Gasometers oder andere verwandte Industriefunktionen zu demonstrieren.[50] Die museale Präsentation sollte danach Vorrang vor allem anderen haben.

Was dem zugrunde liegt, ist die Überlegung, die eigenen, charakteristischen Erfahrungen in jenem Teilbereich der Arbeitswelt „mal für die Enkel oder für die Urenkel"[51] zu bewahren. Das geschieht zunächst einmal in der naheliegenden Absicht, Funktionsweisen und vergangene Arbeitsrealität vorführen zu können.

180

*„… als Techniker finde ich das sehr interessant, wenn man alte Anlagen sich anschauen kann und man so der Nachwelt oder den eigenen Kindern sagen kann, so und so wird gearbeitet, und, was … auch sehr wichtig ist … wenn man sich einen Hochofen anschaut, der noch in Betrieb ist, dann kommt man höchstens bis zur Abstichbühne und hier kann man eine Hochofenanlage ganz besteigen, man kann also den Produktionsablauf vollkommen verfolgen; und das ist einmal das Interessante hier und natürlich, was mir auch sehr Spaß macht, wenn man … da man ja über fünfundzwanzig Jahre bei Thyssen gearbeitet hat, im Rahmen der Führungen den Leuten sagen kann, unter welchen Bedingungen gearbeitet werden mußte."* [52]

Nach dieser Einschätzung vermag ein stillgelegtes Werk noch mehr Details vom technischen Ablauf zu vermitteln als ein in Betrieb befindliches. Daß daran weithin großes Interesse besteht, beweisen die wachsenden Besucherzahlen von Technik- und Industriemuseen in Deutschland wie in anderen Ländern. Großbritannien ist ähnlich wie bei der Industrialisierung als erstes Land oder doch früher als andere Länder mit dem Problem konfrontiert gewesen, was mit den industriell nicht mehr nutzbaren Industrieanlagen gemacht werden soll. An vielen Orten, an denen im 18. und frühen 19. Jahrhundert die Industrielle Revolution ihren Ausgang nahm, hat die vergleichsweise junge Disziplin der Industriearchäologie alte Maschinen in neue Attraktionen verwandelt. Und die Technik begeistert. Davon ist auch der eben zitierte Hüttenwerker überzeugt, der darüber hinaus noch einen anderen Punkt nennt, der den Ehrenamtlichen am Herzen liegt: die Authentizität der Erfahrung, die Information über den Arbeitsalltag aus dem Mund derer, die ihn erlebt haben. „… ich bin der Meinung, man muß auch der Nachwelt zeigen können, so war es, unter den Bedingungen wurde gearbeitet. Wie haben die Menschen geschuftet? Wie sahen die Produktionsstätten aus?" [53] Bei Führungen stellen die ehemaligen Industriearbeiter die Arbeitsbedingungen eindrücklich dar.

*„Wir erzählen auch denn, daß also Pionierarbeit geleistet wurde von unseren Großvätern oder vielleicht sogar, wenn jüngere Leute da waren, da sind, jung sind, Urgroßväter. Daß das direkte Pionierarbeit war, daß die Leute auf dem engsten Raum ohne große Schutzkleidung gearbeitet haben. Daß sie also Staub schlucken mußten bis geht nicht mehr. Daß also die Schwermetalle im Körper waren und so weiter. Das versuchen wir den Leuten beizubringen. Und … das wollen auch die Leute wissen, … denn es soll den Leuten auch ein, sagen wir mal so, ein Rieseln über den*

Rücken gehen *[Hervorhebung A.S.], es soll denen also richtig, sollen die also miterleben, wie schwer die Arbeit war.* "[54]

Vergangene Normalität als Sensation, die einen Schauer über den Rücken laufen läßt? Es ist viel mehr als das „angenehme Gruseln" vor dem anderen, das erzeugt werden soll, denn die Besucher sollen „miterleben", ein Gespür dafür bekommen, vielleicht sogar emotional berührt sein davon, „wie schwer die Arbeit war". Wie weit sich das allerdings tatsächlich vermitteln läßt, ist unter den ehemaligen Arbeitern und jetzigen Besucherführern umstritten.

Neben Technikbegeisterung und Anschaulichkeit spielt für die Beteiligten noch ein weiteres Motiv eine Rolle, ein Motiv, das mit dem Selbstverständnis zusammenhängt: „... ich freue mich ja, daß in Dresden die Kirche wieder, Frauenkirche wieder aufgebaut wird, aber die alten Kulturwerte aus der Vergangenheit, die erhalten werden, alte Schlösser, richtig, aber so etwas [das Hüttenwerk, A.S.] ist auch erhaltenswert. Das ist ein Stück Arbeiterkultur, und das gehört auch, meine ich, für unsere Nachwelt ist das erhaltenswert."[55] Wieder ist es das Bild vom Werk als Teil der eigenen Identität,[56] aus dem sich die Wertschätzung des Landschaftsparks und in diesem Fall zugleich die Bereitschaft zum Engagement ableitet. Bemerkenswert ist die Bereitschaft umso mehr, als ja nicht nur ein alter Zustand bewahrt wird, sondern sich mit neuen Nutzungen ständig Veränderungen ergeben, die wiederum von den Ehemaligen Anpassungen erfordern. Man dürfe, wie einer von ihnen ausdrücklich betont, „nicht nur das als Arbeitsplatz sehen, was man mal hier drüben gemacht hat, sondern [müsse] auch heute mal den neuen Sinn darin sehen, das ist wahrscheinlich das Entscheidende dabei".[57]

Wenn es den einstigen „Malochern" vor allem darum geht, die Arbeitsbedingungen zu veranschaulichen, ist für den Erhalt ihres Engagements nicht unwichtig, wie ihre Bemühungen aufgenommen werden und wie sie die Chancen einschätzen, jenen Teil ihres Lebens, den sie zu vermitteln suchen, tatsächlich vermitteln zu können. Die Meinungen hierzu gehen auseinander. Einige glauben, es komme nur auf die Fähigkeit des Führers oder der Führerin einer Gruppe an, alles anschaulich zu beschreiben: „... wir sind alte ‚Hüttenfüchse', wir wissen, wie so ein Werk funktioniert, wie die Anlagen funktionieren, und ich glaube, wir können das den Leuten doch sehr bildlich erklären."[58] Diese Ansicht orientiert sich in erster Linie an der Vermittelbarkeit von Prozessen und technischen Details. Hinsichtlich der Härte der Arbeit besteht jedoch größere Skepsis.

> *„... wenn ich jetzt jemanden nehme, ich sage, so komm, jetzt gehen wir, oder nehmen wir einen vom Land, ich so, jetzt gehen wir zur Hütte hin,*

*Abb. 13: Stichlochstopfmaschine im Einsatz Anfang der sechziger Jahre (Foto: H. Pelschinski, Duisburg; Quelle: Geschichtszentrum der DGfI)*

*dann zeige ich Euch das mal. Reindenken können die sich nicht, die Hitze. Die stehen auf so dicken, so dicken Holzsohlen, die vorne am Abstich sind, hat sich ja alles gebessert im Endeffekt, aber vorher hatten sie so dicke Klotschen angehabt, Lederschürzen nur vor, damit die von der Hitze abgeschirmt waren. Oder die Leute, die oben auf der Gicht gearbeitet haben, in dem Dreck, das kann sich keiner vorstellen.“[59]*

Gerade bei den jüngeren Teilnehmern der Führungen, den Generationen also, die keinerlei Kontakt mit der industriellen Produktionsweise aus der Zeit vor zwanzig, dreißig Jahren haben, sehen die ehemaligen Beschäftigten große Hürden für ein echtes Verständnis. Entsprechend der für Jüngere typischen Wahrnehmung in Folge einer gewandelten Medienkultur vermutet einer, das Fernsehen könnte die vergangene Arbeitswirklichkeit womöglich einprägsamer vor dem Auge des interessierten Jugendlichen wiedererstehen lassen.[60]

183

*Abb. 14: Stichlochstopfmaschine als Ausstellungsgegenstand heute (Foto: Angela Schwarz)*

*„… ich habe dabei den Eindruck, daß, daß für die jungen Leute das so ein bißchen weit her, unvorstellbar heute ist. Man redet da von Dingen, die sie einfach gar nicht so begreifen können. Wieso hat man, haben Unternehmen so gearbeitet? Ich will nicht sagen, daß daran gezweifelt wird, aber das wird einfach, das kann man nicht aufnehmen … Also, es gibt einige, die sich sehr dafür interessieren, und es gibt aber auch einige, die so ein bißchen, auch bei jungen Menschen, auch bei Schülern, die dann so ein bißchen sich abwenden und denken, na ja, das war vielleicht mal, aber die können sich da nicht hineinfühlen."*[61]

Besucher, die sich hineindenken, hineinfühlen in den Arbeitsalltag anderer, vielleicht auch endlich begreifen, wie die Menschen hier früher gearbeitet haben, und im nächsten Schritt deren Arbeit als Leistung anerkennen: das ist es, worum es den ehemaligen Hüttenarbeitern vornehmlich geht. Wenn daher mancher Neugierige nach Unfällen fragt, ob jemand hier zu Tode gekommen sei, kann das schon einmal als Ablenkung vom Wesentlichen verstanden werden. Einer der Ehemaligen erklärt dazu, er beantworte solche Fragen nicht. „… ich halte das auch nicht für sinnvoll, so etwas zu erzählen. Dafür gibt es also genügend andere interessante Sachen … Ich meine immer, wenn man also einen, ein Boxkampf ist immer dann erst interessant, wenn Blut fließt. Und ich bin also nicht derjenige, der das dann unbedingt noch für eine Führung ausbreiten muß."[62] Für ihn ist es selbstverständlich, daß das erzeugte „Rieseln über den Rücken" nicht Befriedigung einer Sensationsgier sein soll, sondern vielmehr Ausdruck einer Anteilnahme, eines echten Interesses, das dahin führt, das Alltägliche, die Normalität der industriellen Arbeitswelt zu verstehen – nicht mehr, nicht weniger. Nur so läßt sich die Leistung der Beschäftigten angemessen einschätzen und würdigen. Eine Überhöhung des Arbeiters zum „Helden der Arbeit" wäre nur eine neue Fehlinterpretation, die wenig dazu beitrüge, endlich ein – aus Sicht der so Bezeichneten – richtiges Bild vom „Malocher" entstehen zu lassen.

Und die Besucher? Nehmen sie von einem Gang durch dieses Zeugnis der Industriekultur das „richtige Bild" mit? Wie in der Frage der Vermittelbarkeit besteht auch in diesem Punkt keine Einmütigkeit unter den früheren Beschäftigten, von denen einige nun schon seit zehn Jahren Führungen machen.[63] Die Tendenz scheint dahin auszuschlagen, Veranstaltungen dieser Art einen gewissen Erfolg zuzuschreiben, auch wenn es gelegentlich nur mäßig Interessierte und auch Gelangweilte in den verschiedenen Gruppen gibt. Es kommen ja weiterhin ganze Busladungen von Neugierigen, mitunter seien es bis zu zehn an einem Tag,[64] die mit und ohne Anleitung das Gelände erkunden. Viele Teilnehmer an Führungen seien sehr angetan, ja begeistert von den sachkundigen Erläuterungen der früheren Hüttenwerker: „... die bedanken sich nachher alle sehr nett, und die sind nicht umsonst hier gewesen, und viele sagen, wir kommen wieder."[65] Insgesamt hinterlasse der Besuch eindrückliche Erinnerungen, die mit dem Bild im Kontrast stehen, das die Besucher mitgebracht haben. „Also die Besucher sind beeindruckt, und es wird oft gesagt: ‚So hätte ich mir das nicht vorgestellt.'"[66] „Das" bezieht sich in dem Fall nicht nur auf den Anblick, die für viele beeindruckende Kulisse, sondern ebenso auf die Informationen über den früheren Arbeitsalltag. Die Wirkung auf jeden einzelnen läßt sich nicht beurteilen. Doch scheint der Weg hin zu einem zumindest zutreffenderen Bild beschritten.

## 4. Blick in die Zukunft

Der Landschaftspark Duisburg-Nord wird wahrgenommen, wird als Veranstaltungsort aufgesucht, als Denkmal besichtigt und als Naherholungsgebiet genutzt. Für kontrastreiche Bilder oder einprägsame Kulissen bei Jubiläumsfeiern von Firmen oder bei kommerziellen Präsentationen wie etwa einer Autoschau liefert er eine atmosphärisch dichte Umgebung.

Für die Deutsche Gesellschaft für Industriekultur e.V. und noch mehr für die ehemaligen Hüttenwerker, die sich mit dem Werk in seiner alten – und wohl ebenso in seiner neuen – Form identifizieren, darf sich die neue Gestalt des Geländes nicht in der – wiederum zum Klischee erstarrten – „Ruhrpott"-Kulisse erschöpfen, auch nicht in der Funktion des Erholungsgebietes mit kuriosem Flair: Es dürfe nicht sein, so sagen sie, daß „... das ... jetzt nur noch als eine Möglichkeit gesehen wird, irgendeine Freizeittätigkeit, Sport oder in irgendeiner vergnüglichen Weise sich da zu betätigen, sondern daß auch wesentlich, notwendig ist, auch zu erhalten, so, was ist das überhaupt, die Erinnerung daran, was hier einmal gewesen ist ... Das darf nicht nur ein Mittel zum Zweck sein, um sich da zu vergnügen."[67] Dieser Mahnung liegt mehr als nur ein mitunter nostalgischer Blick zurück zugrunde. Denn es ist nicht zu bestreiten, daß viele neue Nutzer des Geländes seine alten Funktionen kaum zur Kenntnis nehmen. Das gilt für die Kletterer, die Taucher, wohl auch für so manchen Spaziergänger. Wenn die früheren Beschäftigten dann darauf beharren, auf das Industriedenkmal und seinen Erhalt komme es besonders an, zeigen sie Weitblick, d.h. wenn man das Werk als identitätsstiftendes Bauwerk begreift. Wie in der Äußerung eines jüngeren Meiderichers

*Abb. 15: Die Kletterwand des Deutschen Alpenvereins, Abteilung Duisburg, im ehemaligen Industriebetrieb (Foto: Manfred Vollmer)*

bereits angedeutet, bedarf es dazu nicht einmal des laufenden Betriebes, der den Arbeitstag von Hunderten oder Tausenden bestimmt, da diese Identitätsstiftung auch nachträglich, eben über das Industriedenkmal erfolgen kann.

> *„… Zum anderen muß man auch sagen, diese Highlights [Gasometer für Tauchverein, Bunkeranlage für den Alpenverein] wären gar nicht so ansprechbar, wenn das Umfeld nicht mehr da wäre, und das Umfeld sind die Hochöfen, das Umfeld sind die anderen technischen Anlagen, und die Vereine, die natürlich hier für ihr Hobby was tun, haben nur ein einziges Objekt, was sie pflegen, … nur, sagen wir mal, wir als Verein [= DGfI] sehen nicht nur dies Objekt, sondern wir sehen das Ganze, und wenn das Ganze nicht mehr da ist, dann hätten auch diese Sachen, der Gasometer und auch die Kletterwand, hätten unseres Erachtens gar nicht mehr den Zulauf. Man muß alles in einem Zusammenhang sehen, denn diese Sachen werden nur attraktiv, wenn das Umfeld stimmt…"* [68]

Das Umfeld muß stimmen. Die einzelnen Gebäude und Teile der Anlage gehörten zusammen und sollen auch weiterhin als Einheit gesehen werden.

Ginge es nach den Hüttenwerkern, sollten schrittweise noch weitere Teilbereiche des früheren Betriebes zugänglich gemacht werden. Die Kenntnis der verschiedenen Schritte des Verhüttungsprozesses und der nachfolgenden Bearbeitung des Materials würde dadurch noch vertieft. Hier wie für alle Aktivitäten der Präsentation und Werbung für das Industriedenkmal oder für Großveranstaltungen wie etwa gewerkschaftlich organisierte Kundgebungen zum 1. Mai, die hier einen geeigneten Austragungsort hätten,[69] gilt eine entscheidende Einschränkung: „Und sehr sehr wichtig ist, daß man bei allen Überlegungen der Vermarktung und des Heranholens der Leute nicht vergißt, daß das hier ein ehemaliger Industriebetrieb ist und daß der Industriebetrieb so weit erhalten sein muß, daß man die früheren Tätigkeiten nachvollziehen kann."[70] Sie verleihen dem Ort die Qualität des Besonderen. So hebt er sich heraus aus der Vielzahl weiterer Plätze und Hallen, die für größere Veranstaltungen oder den Sonntagsspaziergang zur Verfügung stünden.

> *„Ja, aus dem einfachen Grund, damit das nicht ganz, nicht, nicht ins Vergessen gerät, denn wenn man nur zum Weiterbenutzen … verliert das ja seinen Sinn, nicht? Es soll ja, es soll ja für die Allgemeinheit sein, es sollen sich auch, die Enkel sollen sich da treffen mit den Großvätern, und wir auch, um zu sagen, so, hier, das war es, wo ich mir meine Bronchien hergeholt habe oder mein Rückenleiden, nicht?"* [71]

188

Das Bild von den Enkeln, die auf dem Gelände des Landschaftsparks ihre Großväter treffen, bringt symbolkräftig die Vorstellung von einer Brücke zwischen dem Vergangenen und dem Neuen zum Ausdruck. Durch das Verständnis der nachwachsenden Generation(en) dafür, um es mit den Worten des genannten Arbeiters zu sagen, „wo ich mir meine Bronchien hergeholt habe", entsteht die Verbindung. Durch das Verständnis gewinnt sie – ohne damit die geschilderte Einschätzung oder die geglückte Verbindung überhöhen zu wollen – an Tiefe und Dauerhaftigkeit.

Hinsichtlich der ersten, wenn man die Planungsphase mit einbezieht, zehn Jahre des Landschaftsparks kommen die Befragten zu einer optimistischen Bilanz. Die ehemaligen Beschäftigten haben verständlicherweise zunächst die Bewahrung der Anlagen im Blick, die in Teilen als Eisen- und Stahlkonstruktion besonders dem Verfall ausgesetzt sind. So war und ist unablässig zu verhindern, „daß der Rost also nicht so ohne weiteres freien Lauf hatte [und hat], hier an unserer Konstruktion zu nagen." Das Ergebnis der bisherigen Anstrengungen lautet dann: „Und wir haben also zusammen, würde ich einfach mal sagen, schon eine ganze Menge geleistet, was für den Park eine sinnvolle und erforderliche Sache war."[72] Man muß dabei in Rechnung stellen, daß die Betreffenden nicht nur den Verfall aufzuhalten hatten, sondern, um die Sicherheit der Besucher garantieren zu können, weit mehr leisten, teilweise Neues errichten mußten. Weitere Arbeiten sind nötig, die allerdings die Möglichkeiten der Freizeitrestauratoren bei weitem übersteigen.[73] In der Zufriedenheit über das bisher Geleistete kann sich demnach die Bilanz nicht erschöpfen.

> *„Jetzt gibt es hier aber doch noch eine ganze Menge zu tun, was einfach wir nicht machen können, sondern das also einfach von den, von zusätzlichen, sagen wir von Stahlbaufirmen gemacht werden muß. Da muß also zusätzlich Geld für aufgewendet werden, dafür sind wir also nicht in der Lage, es zu tun, weil wir einfach diese Spezialwerkzeuge und auch nicht diese gut ausgebildeten Montageleute haben. Und das muß dringend gemacht werden. Sonst haben wir hier in der Zukunft mit sehr großen Schwierigkeiten zu rechnen."[74]*

Der Erhalt ist ein Prozeß, keine einmalige Restaurierung, sondern andauernde Renovierung. So wundert es nicht, wenn auf die knappen und nach dem Ende der Internationalen Bauausstellung im letzten Jahr knapperen Finanzmittel hingewiesen wird. Äußerungen zu den Reparaturkosten lassen erahnen, daß der Einsatz für den Landschaftspark in besonderer Weise die Energie der Beteiligten erfordert hat und weiterhin erfordert, denn, so einer von ihnen, es ist klar, „daß das natürlich immer ein, ein, ein Kampf gewesen ist und immer noch ein Kampf bleiben wird; das heißt, was die Erhaltung des Werkes betrifft, was überhaupt das Projekt insgesamt betrifft."[75] Der bisher stetig angestiegene Zustrom der Neugierigen und Erholungssuchenden steht der fortbestehenden Notwendigkeit gegenüber, das Projekt mit seinen Kosten in und vor der Öffentlichkeit zu vertreten. Wie die Zukunft des Parks aussehen wird, wird davon abhängen, ob die Sicherheit und Attraktivität des Geländes gewahrt bleibt. Das setzt die Bereitschaft zu weiteren und wiederholten Investitionen voraus, so daß die Besucher weiterhin kommen und diese zu sinnvollen, d.h. kommunal- und gesellschaftspolitisch vertretbaren Ausgaben machen werden.

> „… die Zeiten der Industriedenkmalpflege sind schwerer geworden. Es gibt keine Internationale Bauausstellung mehr seit letztem Jahr [1999], und insofern bläst uns bisweilen hier also auch schon ein eisiger Wind entgegen … Wir können zwar [feststellen], es hat eben, würde ich mal vermuten, und es gibt dafür auch Anhaltspunkte, daß es diesen Bewußtseinswandel gibt … es gibt natürlich immer noch Menschen auf verschiedenen politischen Ebenen, die vielleicht auch nicht unbedingt davon überzeugt sind, daß dieses ein erhaltenswertes Projekt ist … Das heißt also, unsere Anstrengungen dürften jetzt eigentlich umso weniger nachlassen, zumal es immer noch Probleme gibt, gerade was … den Sicherheitsbereich betrifft, die gelöst werden müssen. Dazu braucht, bedarf es auch finanzieller Ressourcen, die auch irgendwo herkommen müssen … Das ist kein Automatismus, daß wir sagen können, das ist jetzt so, und das bleibt so, und das ist alles wunderschön hier, sondern die Arbeit geht weiter, und es wird sicherlich auch in Zukunft die Auseinandersetzung vielleicht auch sogar noch schärfer werden um den Erhalt des Werkes."[76]

# Anmerkungen

## Vorwort

1 Hanno Rauterberg: Hurra, wir stehen noch! Was wurde aus Kirchen, Platten und Ruinen? Beobachtungen in Ostdeutschland, in: Die Zeit Nr. 43 vom 21.10.1999, S. 49f.
2 Zit. nach ebd., S. 50.
3 Das Problem ist nicht nur auf Deutschland beschränkt. Seit 1972 wird in Birmingham, im US-Bundesstaat Alabama, ein Hüttenwerk als Industriedenkmal erhalten. In anderen Städten des Landes sind die nicht mehr genutzten Gebäude und Anlagen zu sagenumwobenen Bauwerken umbenannt worden, wie etwa das Beispiel der Arbeiten des Künstlers Lowell Boileau zeigt, der die Entwicklung Detroits vom Industrie- zum Informationszeitalter mit der Kamera dokumentiert. Die Bilder sind zu sehen auf der mehrfach ausgezeichneten Website der „fabulous ruins of Detroit" (www.bhere.com/ruins/home.htm, aufgerufen am 11. September 2000).
4 Vgl. Wilhelm Treue: Die Feuer verlöschen nie. August-Thyssen-Hütte 1890-1926, Stuttgart 1966.

## Das Hüttenwerk als Arbeitsplatz

1 Interview mit Hr. D. (Jg. 1939, Oberschmelzer), durchgeführt von Marc Janßen am 17. November 1999.
2 Vgl. ausführlich zur Firmengeschichte bis 1991 Helmut Uebbing: Wege und Wegmarken. 100 Jahre Thyssen, Berlin 1991.
3 Vgl. Gesellschaft für Industriegeschichte e.V. (Hrsg.): Internationale Bauausstellung Emscher-Park. Landschaftspark Duisburg-Nord. Hüttenbetrieb Meiderich, Duisburg 1990, S. 5f.
4 Interview mit Hr. D. (wie Anm. 1).
5 Vgl. Michael Clarke, Wolfgang Ebert, Michael Quast: Zugänge zum Eisen. Industriegeschichtlicher Führer, Duisburg [4]1995, S. 48. Im Jahr 2000 ist eine Neubearbeitung der Publikation erschienen.
6 Vgl. ebd., S. 49.
7 Vgl. Hüttenwerke Ruhrort-Meiderich AG Duisburg: Bericht über das 1. Geschäftsjahr 1947, S. 10 (Archiv der ThyssenKrupp AG).
8 Vgl. Clarke; Ebert; Quast, S. 44.
9 Vgl. Bericht über das 1. Geschäftsjahr 1947, S. 9.
10 Vgl. ebd., S. 11
11 Vgl. Hüttenwerke Phoenix-AG (Hrsg.): Bericht für unsere Aktionäre: Hüttenwerke Phoenix AG Duisburg [1954], S. 3 (Archiv der ThyssenKrupp AG).
12 Ebd., S. 8.
13 Das „Gesetz über die Investitionshilfe der gewerblichen Wirtschaft" vom 7.1.1952 war die Grundlage für die zwangsweise Aufbringung eines einmaligen Betrages

durch die gewerbliche Wirtschaft zugunsten von Investitionen in bestimmten Bereichen der westdeutschen Wirtschaft (Kohlebergbau, Eisen-und Stahlindustrie, Energie- und Wasserwirtschaft, Waggonbau). Vgl. Meyers Enzyklopädisches Lexikon, Mannheim 1974, Bd. 12, S. 682.

14 Hüttenwerke Phoenix-AG Duisburg-Ruhrort: Bericht über das 6. Geschäftsjahr (1951/52) sowie über das 7. Geschäftsjahr (1952/53), S. 33 (Archiv der ThyssenKrupp AG).

15 Vgl. Clarke; Ebert; Quast, S. 49.

16 Vgl. ebd., S. 51.

17 Interview mit Hr. Ba. (Jg. 1939, Oberschmelzer), durchgeführt von der Deutschen Gesellschaft für Industriekultur e.V. (= DGfI) am 15. April 1993.

18 Interview mit Hr. A. (Jg. 1935, Werksdirektor), durchgeführt von der DGfI am 5. August 1992.

19 Interview mit Hr. Ba. (wie Anm. 17).

20 Vgl. ebd.

21 An den in den fünfziger Jahren neu gebauten Öfen wurde nur noch vorne ein Abstich durchgeführt, weil sich die Schlacke später automatisch absetzt. Vgl. Interview mit Hr. Hö. (Jg. 1923, Schlosser), durchgeführt von der DGfI am 25. August 1992.

22 Interview mit Hr. Sk. (Jg. 1934, Schlosser), durchgeführt von der DGfI am 5. April 1993.

23 Interview mit Hr. Sch. (Jg. 1931, Maschinenschlosser), durchgeführt von der DGfI am 13. April 1995.

24 Vgl. Interview mit Hr. D. (wie Anm. 1).

25 Hr. R., Interview mit Hr. R. (Jg. 1935, Elektriker) und Hr. S. (Jg. 1936, Schlosser), durchgeführt von Marc Janßen am 11. Januar 2000.

26 Vgl. Interview mit Hr. Hö. (wie Anm. 21).

27 Interview mit Hr. A. (wie Anm. 18).

28 Interview mit Hr. K. (Jg. 1931, Schlosser), durchgeführt von Angela Schwarz am 27. Oktober 1999.

29 Vgl. NSt/91: Hüttenwerke Ruhrort-Meiderich AG: Sozialbericht für die Zeit vom 1.1.1950 bis 31.12.1951, Anlage 8. Durchschnittlich wurden 56 bis 60 Wochenstunden gearbeitet (Archiv der ThyssenKrupp AG).

30 Interview mit Hr. Sp. (Jg. 1923), durchgeführt von der DGfI am 16. April 1993.

31 Vgl. Interview mit Hr. Sk. (wie Anm. 22).

32 Vgl. Interview mit Hr. A. (wie Anm. 18).

33 Interview mit Hr. Sk. (wie Anm. 22).

34 Ebd.

35 Vgl. TRW 1595, S. 3, Anlage 1 (Archiv der ThyssenKrupp AG).

36 Interview mit Hr. Ba. (wie Anm. 17).

37 Interview mit Hr. T. (Jg. 1935, Schmelzer), durchgeführt von David Wirth am 6. Dezember 1999.

38 Interview mit Hr. Pm. (Jg. 1922, Schlosser), durchgeführt von der DGfI am 28. Juli 1992.

39 Interview mit Hr. S. (Jg. 1936, Schlosser), durchgeführt von der DGfI am 4. August 1992.

40 Interview mit Hr. K. (wie Anm. 28).
41 Ebd.
42 Ebd.
43 Interview mit Hr. Ba. (wie Anm. 17).
44 Vgl. Interview mit Hr. T. (wie Anm. 37).
45 Vgl. ebd.
46 Hr. S., Interview mit Hr. R. und Hr. S. (wie Anm. 25).
47 Interview mit Hr. Sch. (wie Anm. 23).
48 Ebd.
49 Interview mit Hr. D. (wie Anm. 1).
50 Ebd.
51 Ebd.
52 Interview mit Hr. A. (wie Anm. 18).
53 Ebd.
54 Vgl. TRW 1625: Bekanntmachung Nr. 15/24, Duisburg-Ruhrort, 22. Juli 1952 – SL: Betr. Bierverkauf in den Kantinen (Archiv der ThyssenKrupp AG).
55 TRW 1625: Bekanntmachung Nr. 32/52, Duisburg-Ruhrort, 15. Oktober 1952 – Belegsch W: Ziffer 16 (Archiv der ThyssenKrupp AG).
56 Vgl. TRW 1625: Bekanntmachung Nr. 08/54, Duisburg-Ruhrort, 18. Mai 1954 – Unfallschutz (Archiv der ThyssenKrupp AG).
57 Interview mit Hr. St. (Jg. 1922, Schlosser), durchgeführt von David Wirth am 25. November 1999.
58 Ebd.
59 Interview mit Hr. I. (Jg. 1926, Chemielaborant), durchgeführt von der DGfI am 20. Oktober 1992.
60 Interview mit Hr. St. (wie Anm. 57).
61 Vgl. Interview mit Hr. T. (wie Anm. 37).
62 Hr. H., Interview mit Hr. B. (Jg. 1935, Bautechniker) und Hr. H. (Jg. 1938, Schlosser), durchgeführt von Silke Röllinghoff am 11. Januar 2000.
63 Vgl. Interview mit Hr. T. (wie Anm. 37). Vgl. auch Marion Müller: „Also, ... ich habe mit den Türken keine Last gehabt ... Hauptsache, der macht seine Arbeit und fertig." – Ausländische und deutsche Mitarbeiter im Hüttenwerk, Abschnitt 2.3.
64 Vgl. Clarke; Ebert; Quast, S. 51.
65 Interview mit Hr. D. (wie Anm. 1).
66 Interview mit Hr. Ki. (Jg. 1932, Leitender Ingenieur), durchgeführt von der DGfI am 16. Juli 1992.
67 Vgl. NSt/91: Hüttenwerke Ruhrort-Meiderich AG: Sozialbericht für die Zeit vom 1.1.1950 bis 31.12.1951, Anlage 14 – Wohnungsbau (Archiv der ThyssenKrupp AG).
68 Interview mit Hr. K. (wie Anm. 28).
69 Interview mit Hr. Sch. (wie Anm. 23).
70 Ebd.
71 Ebd.
72 Ebd.
73 Ebd.
74 Vgl. Interview mit Hr. S. (wie Anm. 39).

75  Interview mit Hr. Be. (Jg. 1948, Meß- und Regelmechaniker), durchgeführt von David Wirth am 3. Dezember 1999.
76  Interview mit Hr. D. (wie Anm. 1).
77  Interview mit Hr. Ba. (wie Anm. 17).
78  Interview mit Hr. Sch. (wie Anm. 23).
79  Interview mit Hr. Ba. (wie Anm. 17).
80  Vgl. Interview mit Hr. A. (wie Anm. 18).
81  Vgl. ebd.
82  Interview mit Hr. Pm. (wie Anm. 38).
83  Interview mit Hr. Sk. (wie Anm. 22).
84  Interview mit Hr. A. (wie Anm. 18).
85  Vgl. Phoenix-Rheinrohr: Werkmänner an Rhein und Ruhr (Firmenmagazin). Unsere Gemeinschaft in Wort und Bild, Düsseldorf, Nr. 82, 1964, S. 7.
86  Vgl. Interview mit Hr. K. (wie Anm. 28).
87  Vgl. Clarke; Ebert; Quast, S. 13.
88  Interview mit Hr. A. (wie Anm. 18).
89  Ebd.
90  Vgl. Clarke; Ebert; Quast, S. 51.
91  Hr. S., Interview mit Hr. R. und Hr. S. (wie Anm. 25).
92  Vgl. Interview mit Hr. Hö. (wie Anm. 21).
93  Vgl. Interview mit Hr. T. (wie Anm. 37).
94  Ebd.
95  Ebd.
96  Vgl. Clarke; Ebert; Quast, S. 51.
97  Interview mit Hr. A. (wie Anm. 18).
98  Vgl. Interview mit Hr. Ki. (wie Anm. 66).
99  Vgl. Clarke; Ebert; Quast, S. 52.
100 Vgl. ebd., S. 51.
101 Vgl. Interview mit Hr. A. (wie Anm. 18).
102 Interview mit Hr. T. (wie Anm. 37) und Interview mit Hr. A. (wie Anm. 18). Vgl. auch das Interview mit Hr. D. (wie Anm. 1).
103 Interview mit Hr. A. (wie Anm. 18).
104 Interview mit Hr. B. und Hr. H. (wie Anm. 62).
105 Interview mit Hr. K. (wie Anm. 28).
106 Interview mit Hr. St. (Jg. 1924, Schlosser), durchgeführt von der DGfI am 23. November 1992.
107 Interview mit Hr. T. (wie Anm. 37) und viele andere Interviews.

## „Wer nicht hier war, der kann das nicht so fühlen."

1 Interview mit Hr. L. (Jg. 1938, Manganablader, Werkseintritt 1956), durchgeführt von der Deutschen Gesellschaft für Industriekultur e.V. (= DGfI) am 10. September 1992.

2 Interview mit Hr. Ba. (Jg. 1939, Schmelzer, Werkseintritt 1974), durchgeführt von der DGfI am 15. April 1993.

3 Interview mit Hr. L. (wie Anm. 1).

4 Interview mit Hr. Ba. (wie Anm. 2).

5 Vgl. Volkmar Muthesius et al.: Hundert Jahre Hüttenwerke Ruhrort-Meiderich, in: Welt des Stahls, 1952, S. 57.

6 Vgl. Interview mit Hr. Ha. (Jg. 1930, Schlosser bei der Niederrheinischen Hütte, später Gewerkschaftssekretär bei der IG Metall, Verwaltungsstelle Duisburg), durchgeführt von Silke Röllinghoff am 15. Januar 2000.

7 Vgl. Erhebung der IG Metall, Verwaltungsstelle Duisburg, Hans Jürgen Dzudzek, 1988.

8 Vgl. ebd. (Zahlen für 1985 liegen leider nicht vor).

9 Interview mit Hr. Po. (Jg. 1934, Betriebsdirektor, Werkseintritt 1957), durchgeführt von der DGfI am 17. Juli 1992.

10 Vgl. Michael Clarke, Wolfgang Ebert, Michael Quast: Zugänge zum Eisen. Industriegeschichtlicher Führer, Duisburg ⁴1995, S. 26.

11 Interview mit Hr. Bg. (Jg. 1911, Schlosser, Werkseintritt 1938), durchgeführt von der DGfI am 20. November 1992.

12 Interview mit Hr. Sk. (Jg. 1934, Schlosser, Werkseintritt 1956), durchgeführt von der DGfI am 5. April 1993.

13 Interview mit Hr. A. (Jg. 1935, Werksdirektor, Werkseintritt 1961), durchgeführt von der DGfI am 5. August 1992.

14 Vgl. Interview mit Hr. Po. (wie Anm. 9).

15 Ebd.

16 Interview mit Hr. Hö. (Jg. 1923, Schlosser, Werkseintritt 1945, ab 1965 Betriebsrat), durchgeführt von der DGfI am 25. August 1992.

17 Interview mit Hr. Ba. (wie Anm. 2).

18 Ebd.

19 Ebd.

20 Interview mit Hr. L. (wie Anm. 1).

21 Interview mit Hr. A. (wie Anm. 13).

22 Interview mit Hr. L. (wie Anm. 1).

23 Interview mit Hr. Sp. (Jg. 1923, Werkseintritt 1953), durchgeführt von der DGfI am 16. April 1993.

24 Interview mit Hr. A. (wie Anm. 13).

25 Ebd.

26 Interview mit Hr. Po. (wie Anm. 9).

27 Interview mit Hr. Hö. (wie Anm. 16).

28 Interview mit Hr. B. (Jg. 1935, Bautechniker, Werkseintritt 1956) und Hr. H. (Jg., 1938, Schlosser, Werkseintritt 1960), durchgeführt von Silke Röllinghoff am 11. Januar 2000.

29  Interview mit Hr. Ba. (wie Anm. 2).

30  Vgl. David Wirth: Das Hüttenwerk als Arbeitsplatz: Alltag im Industriebetrieb zwischen 1950 und 1985, Abschnitt 4.3.

31  Interview mit Hr. D. (Jg. 1939, Oberschmelzer, Werkseintritt 1957), durchgeführt von Marc Janßen am 17. November 1999.

32  Interview mit Hr. K. (Jg. 1931, Schlosser, Werkseintritt 1950), durchgeführt von der DGfI am 4. November 1992.

33  Interview mit Hr. Bm. (Jg. 1928, Schmelzer, Werkseintritt 1950), durchgeführt von der DGfI am 17. August 1992.

34  Interview mit Hr. Hö. (wie Anm. 16).

35  Interview mit Hr. Sp. (wie Anm. 23).

36  Vgl. oben Beitrag Wirth, Abschnitt 4.6.

37  Interview mit Hr. Pm. (Jg. 1922, Schlosser, Werkseintritt 1952), durchgeführt von der DGfI am 28. Juli 1992.

38  Interview mit Hr. L. (wie Anm. 1).

39  Interview mit Hr. Si. (Jg. 1923, Schlosser-Vorarbeiter, Werkseintritt 1939), durchgeführt von der DGfI am 17. August 1992.

40  Interview mit Hr. He. (Jg. 1937, Schlosser, Werkseintritt 1952), durchgeführt von der DGfI am 23. Juni 1992.

41  Interview mit Hr. A. (wie Anm. 13).

42  Ebd.

43  Ebd.

44  Interview mit Hr. Si. (wie Anm. 39).

45  Interview mit Hr. L. (wie Anm. 1).

46  Interview mit Hr. D. (wie Anm. 31).

47  Interview mit Hr. St. (Jg. 1924, Schlosser, Werkseintritt 1939), durchgeführt von der DGfI am 23. November 1992.

48  Interview mit Hr. Sm. (Jg. 1926, Maschinenschlosser, Werkseintritt 1941), durchgeführt von der DGfI am 4. März 1993.

49  Ebd.

50  Interview mit Hr. Bm. (wie Anm. 33).

51  Interview mit Hr. Bö. (Jg. 1932, Schmelzer, Werkseintritt 1956), durchgeführt von der DGfI am 13. April 1993.

52  Interview mit Hr. He. (wie Anm. 40).

53  Vgl. Interview mit Hr. Ha. (wie Anm. 6). Das beschriebene Verhältnis von Schlossern und Elektrikern ist nicht nur für den Hüttenbetrieb, sondern auch für viele andere Betriebe charakteristisch.

54  Interview mit Hr. Ln. (Jg. 1910, Schlosser, Werkseintritt 1949), durchgeführt von der DGfI am 7. Januar 1993.

55  Interview mit Hr. N. (Jg. 1926, Elektriker, Werkseintritt 1956), durchgeführt von der DGfI am 22. Juli 1992.

56  Interview mit Hr. Pm. (wie Anm. 37).

57  Interview mit Hr. St. (wie Anm. 47).

58  Interview mit Hr. Sp. (wie Anm. 23).

59  Interview mit Hr. Hö. (wie Anm. 16).

60 Vgl. Interview mit Hr. Bm. (wie Anm. 33).
61 Interview mit Hr. He. (wie Anm. 40).
62 Interview mit Hr. Ba. (wie Anm. 2).
63 Interview mit Hr. Sp. (wie Anm. 23).
64 Vgl. Daten, Fakten, Informationen (Informationsbroschüre der IG Metall), Frankfurt/M. [26]1997, S. 97.
65 Interview mit Hr. Bö. (wie Anm. 51).
66 Interview mit Hr. A. (wie Anm. 13).
67 Interview mit Hr. Kr. (Jg. 1929, Schlosser, Werkseintritt 1944), durchgeführt von der DGfI am 22. April 1993.
68 Ebd.
69 Ebd.
70 Ebd.
71 Ebd.
72 Interview mit Hr. L. (wie Anm. 1).
73 Interview mit Hr. Kr. (wie Anm. 67).
74 Ebd.
75 Ebd.
76 Interview mit Hr. Ba. (wie Anm. 2).
77 Interview mit Hr. S. (Jg. 1936, Schlosser, Werkseintritt 1951), durchgeführt von der DGfI am 4. August 1992.
78 Interview mit Hr. Hö. (wie Anm. 16).
79 Interview mit Hr. L. (wie Anm. 1).
80 Interview mit Hr. Ki. (Jg. 1932, Leitender Ingenieur, Werkseintritt 1957), durchgeführt von der DGfI am 16. Juli 1992.
81 Interview mit Hr. S. (wie Anm. 77).
82 Interview mit Hr. Kr. (wie Anm. 67).
83 Interview mit Hr. Sk. (wie Anm. 12).
84 Ebd.

# „Also, … ich habe mit den Türken keine Last gehabt … Hauptsache, der macht seine Arbeit und fertig."

1 Vgl. Verena McRae: Die Gastarbeiter. Daten, Fakten, Probleme, München [2]1981, S. 11.
2 Vgl. Rolf Weber: Arbeitsmarkt, in: Winfried Schlaffke, Rüdiger von Voss (Hrsg.): Vom Gastarbeiter zum Mitarbeiter. Ursachen, Folgen und Konsequenzen der Ausländerbeschäftigung in Deutschland, Köln 1982, S. 26f.
3 Vgl. Rudolf Lauff: Ausländerstatistik, in: Schlaffke; von Voss (Hrsg.), S. 352.
4 Vgl. Weber, in: ebd., S. 25.
5 Vgl. ebd., S. 27.
6 Vgl. McRae, S. 13. Die Zahlen, Berechnungen des DGB und der Autorin, beziehen sich auf das Jahr 1979.
7 Vgl. McRae, S. 20f.

8  Vgl. Weber, in: Schlaffke; von Voss (Hrsg.), S. 26.

9  Vgl. Helmut Uebbing: Wege und Wegmarken. 100 Jahre Thyssen, Berlin 1991, S. 282. Der Geschäftsbericht für 1964/65 betont, daß der Personalbedarf nicht mehr durch deutsche Bewerbungen zu decken gewesen sei. Vgl. Hüttenwerke Phoenix AG Duisburg-Ruhrort: Bericht über das Geschäftsjahr 1964/65, S. 26 (Archiv der ThyssenKrupp AG).

10  Vgl. Hüttenwerke Phoenix AG Duisburg-Ruhrort: Bericht über das Geschäftsjahr 1963/64, S. 29 (Archiv der ThyssenKrupp AG).

11  Vgl. Bericht über das Geschäftsjahr 1964/65, S. 26.

12  Vgl. ZwA/50441: Personal- und Sozialbericht, Werk Ruhrort und Hochofenwerk Hüttenbetrieb. Geschäftsjahr 1964/65; Personalabteilung für Lohnempfänger, Ruhrort (Archiv der ThyssenKrupp AG).

13  Vgl. Christa Gördes-Herbst: Frauen und der Hüttenbetrieb Duisburg-Meiderich. Zeitzeuginnen berichten über lebens- und arbeitsgeschichtliche Erfahrungen in Haus und Hütte, Duisburg 1998, S. 40.

14  Vgl. ebd., S. 31. Die Quelle dieser Zahlen ist leider nicht angegeben.

15  Michael Clarke, Wolfgang Ebert, Michael Quast: Zugänge zum Eisen. Industriegeschichtlicher Führer, Duisburg [4]1995, S. 51.

16  Interview mit Hr. Ba. (Jg. 1939, Oberschmelzer), durchgeführt von der Deutschen Gesellschaft für Industriekultur (= DGfI) am 15. April 1993.

17  Vgl. Clarke; Ebert; Quast, S. 51.

18  Interview mit Hr. Ba. (wie Anm. 16).

19  Interview mit Hr. Si. (Jg. 1923, Schlosser), durchgeführt von der DGfI am 17. August 1992.

20  Interview mit Hr. D. (Jg. 1939, Oberschmelzer), durchgeführt von Marc Janßen am 17. November 1999.

21  Interview mit Hr. Si. (wie Anm. 19).

22  Interview mit Hr. A. (Jg. 1935, Werksdirektor), durchgeführt von der DGfI am 5. August 1992.

23  Interview mit Hr. Pm. (Jg. 1922, Schlosser), durchgeführt von der DGfI am 28. Juli 1992.

24  Vgl. Interview mit Hr. Bö. (Jg. 1932, Schmelzer), durchgeführt von der DGfI am 13. April 1993.

25  Interview mit Hr. Ln. (Jg. 1910, Meister Kraftzentrale und Gasreinigung), durchgeführt von der DGfI am 21. August 1992 und am 7. Januar 1993.

26  Interview mit Hr. A. (wie Anm. 22).

27  Hr. B., Interview mit Hr. B. (Jg. 1935, Bautechniker) und Hr. H. (Jg. 1938, Schlosser), durchgeführt von Silke Röllinghoff am 11. Januar 2000.

28  Interview mit Hr. Ba. (wie Anm. 16).

29  Ebd.

30  Ebd.

31  Ebd.

32  Interview mit Hr. Pm. (wie Anm. 23).

33  Ebd.

34  Ebd.

35  Interview mit Hr. He. (Jg. 1937, Schlosser), durchgeführt von der DGfI am 23. Juni 1992.
36  Interview mit Hr. K. (Jg. 1931, Schlosser), durchgeführt von Angela Schwarz am 27. Oktober 1999.
37  Interview mit Hr. A. (wie Anm. 22).
38  Thyssen aktuell, Heft 3, 1978, S. 14f.
39  Vgl. Thyssen aktuell, Heft 4, 1978, S. 9.
40  Interview mit Hr. S. (Jg. 1936, Schlosser), durchgeführt von der DGfI am 10. August 1992.
41  Interview mit Hr. Kr. (Jg. 1929, Schlosser), durchgeführt von der DGfI am 22. April 1993.
42  Hr. G., Interview mit Hr. G. (Jg. 1928, Elektriker) und Hr. P. (Jg. 1927, Kaufmännischer Angestellter), durchgeführt von Marion Müller am 1. Dezember 1999.
43  Thyssen aktuell, Heft 4, 1978, S. 8.
44  Interview mit Hr. D. (wie Anm. 20).
45  Interview mit Hr. St. (Jg. 1922, Schlosser), durchgeführt von der DGfI am 23. November 1992.
46  Interview mit Hr. Le. (Jg. 1906, Starkstromelektriker), durchgeführt von der DGfI am 6. und am 21. Juli 1993.
47  Vgl. Eduard Gaugler u.a.: Ausländer in deutschen Industriebetrieben. Ergebnisse einer empirischen Untersuchung, Königstein/Ts. 1978, S. 73-77. Die metallverarbeitende Industrie zählte dabei zu den Branchen mit dem höchsten Anteil (55,8 %) an ausländischen Arbeitern.
48  Interview mit Hr. K. (wie Anm. 36).
49  Interview mit Hr. Sp. (Jg. 1923, Hilfsarbeiter), durchgeführt von der DGfI am 16. April 1993.
50  Interview mit Hr. Bö. (wie Anm. 24).
51  Hr. H., Interview mit Hr. B. und Hr. H. (wie Anm. 27).
52  Vgl. Interview mit Hr. Ln. (wie Anm. 25).
53  Vgl. ebd.
54  Interview mit Hr. St. (Jg. 1922, Schlosser), durchgeführt von David Wirth am 25. November 1999. Hierbei handelt es sich um die gleiche Person wie in Anmerkung 45.
55  Vgl. Hr. H., Interview mit Hr. B. und Hr. H. (wie Anm. 27).
56  Hr. P., Interview mit Hr. G. und Hr. P. (wie Anm. 42).
57  Interview mit Hr. A. (wie Anm. 22).
58  Interview mit Hr. St. (wie Anm. 54).
59  Ebd.
60  Interview mit Hr. Bm. (Jg. 1928, Schmelzer), durchgeführt von der DGfI am 17. August 1992.
61  Vgl. Weber, in: Schlaffke; von Voss (Hrsg.), S. 31.
62  Vgl. Interview mit Hr. St. (wie Anm. 54).
63  Ebd.
64  Hr. G., Interview mit Hr. G. und Hr. P. (wie Anm. 42).
65  Interview mit Hr. Ln. (wie Anm. 25).
66  Hr. G., Interview mit Hr. G. und Hr. P. (wie Anm. 42).

67 Interview mit Hr. Sp. (wie Anm. 49).

68 Interview mit Hr. St. (wie Anm. 54).

69 Interview mit Hr. D. (wie Anm. 20).

70 Interview mit Hr. D. (Jg. 1939, Oberschmelzer), durchgeführt von der DGfI am 20. August 1992. Hierbei handelt es sich um die gleiche Person wie in Anmerkung 20.

71 Interview mit Hr. St. (wie Anm. 45).

72 Interview mit Hr. St. (wie Anm. 54).

73 Interview mit Hr. Bm. (wie Anm. 60).

74 Hr. P., Interview mit Hr. G. und Hr. P. (wie Anm. 42).

75 Interview mit Hr. Ba. (wie Anm. 16).

76 Ebd.

77 Vgl. dazu Silke Röllinghoff: „Wer nicht hier war, der kann das nicht so fühlen." – Die Wahrnehmung des Arbeitsklimas im Hüttenwerk Duisburg-Meiderich, Abschnitt 2.

78 Interview mit Hr. Pm. (wie Anm. 23).

79 Interview mit Hr. Le. (wie Anm. 46).

80 Interview mit Hr. St. (wie Anm. 54).

81 Interview mit Hr. Pm. (wie Anm. 23).

82 Interview mit Hr. Sp. (wie Anm. 49).

83 Hr. P., Interview mit Hr. G. und Hr. P. (wie Anm. 42).

84 Hr. P., ebd.

85 Vgl. Interview mit Hr. St. (wie Anm. 54).

86 Uwe Holl: Gewerkschaften, in: Schlaffke; von Voss (Hrsg.), S. 115.

87 Interview mit Hr. St. (wie Anm. 45).

88 Interview mit Hr. K. (wie Anm. 36).

89 Interview mit Hr. Si. (wie Anm. 19).

90 Ebd.

91 Interview mit Hr. Bm. (wie Anm. 60).

92 Interview mit Hr. Sk. (Jg. 1934, Schlosser), durchgeführt von der DGfI am 5. April 1993.

93 Vgl. Tabelle, in: McRae, S. 50.

94 Hr. G., Interview mit Hr. G. und Hr. P. (wie Anm. 42).

95 Interview mit Hr. Kr. (wie Anm. 41).

96 Hr. G., Interview mit Hr. G. und Hr. P. (wie Anm. 42).

97 Hr. G., ebd.

98 Vgl. Interview mit Hr. K. (wie Anm. 36).

99 Ebd.

100 Vgl. McRae, S. 51.

101 Interview mit Hr. St. (wie Anm. 54).

102 Interview mit Hr. Bm. (wie Anm. 60).

103 Interview mit Hr. L. (Jg. 1938, Manganablader), durchgeführt von der DGfI am 10. September 1992.

104 Hr. H., Interview mit Hr. B. und Hr. H. (wie Anm. 27).

105 Vgl. die Interviews mit Hr. L. (wie Anm. 103) und Hr. D. (wie Anm. 20). Hr. H., Interview mit Hr. B. und Hr. H. (wie Anm. 27), gibt an, die Sprachkurse seien von der Thyssen-Personalabteilung organisiert worden. Die Berufsgenossenschaften gaben mehr-

sprachiges Schulungsmaterial heraus. Hr. H. bezieht sich dabei auf die Sprachen Türkisch, Serbokroatisch und Griechisch.

106 Vgl. Hr. H., Interview mit Hr. B. und Hr. H. (wie Anm. 27).

107 Interview mit Hr. Bm. (wie Anm. 60).

108 Interview mit Hr. Bö. (wie Anm. 24).

109 Hr. H., Interview mit Hr. B. und Hr. H. (wie Anm. 27).

110 Interview mit Hr. D. (wie Anm. 20).

111 Interview mit Hr. M. (Jg. 1930, Vorarbeiter der Gießkolonne), durchgeführt von der DGfI am 22. Februar 1994.

112 Interview mit Hr. Ba. (wie Anm. 16).

113 Ebd.

114 Hr. P., Interview mit Hr. G. und Hr. P. (wie Anm. 42).

115 Vgl. McRae, S. 34-43.

116 Hr. G., Interview mit Hr. G. und Hr. P. (wie Anm. 42).

117 Interview mit Hr. St. (wie Anm. 45).

118 Hr. G., Interview mit Hr. G. und Hr. P. (wie Anm. 42).

119 Vgl. Ausländergesamtplan der Stadt Duisburg. Konzeption und Maßnahmen zur Integration ausländischer Arbeitnehmer, Flüchtlinge, Zuwanderer und ihrer Familien, hrsg. von der Stadt Duisburg, Duisburg 1980, S. 54f.

120 Hr. G., Interview mit Hr. G. und Hr. P. (wie Anm. 42).

121 Ausländergesamtplan, S. 14f.

122 Vgl. ebd., S. 142ff.

123 Interview mit Hr. K. (wie Anm. 36).

124 Interview mit Hr. St. (wie Anm. 45).

125 Ebd.

126 Ausländergesamtplan, S. 140f.

127 Vgl. die Liste der 1980 in Duisburg aktiven ausländischen Vereine und Gruppierungen im Ausländergesamtplan, S. 69.

128 Interview mit Hr. St. (wie Anm. 54).

129 Hr. G., Interview mit Hr. G. und Hr. P. (wie Anm. 42).

130 Vgl. Interview mit Hr. K. (wie Anm. 36), Zitat von Frau K. (Ehefrau des Interviewten).

131 Hr. G., Interview mit Hr. G. und Hr. P. (wie Anm. 42).

132 Hr. P., ebd.

133 Interview mit Hr. K. (wie Anm. 36).

134 Interview mit Hr. Sp. (wie Anm. 49).

135 Ebd.

## „Der Hüttenbetrieb wird zugemacht? Du spinnst!"

1 Interview mit Hr. L. (Jg. 1930, Manganablader), durchgeführt von der Deutschen Gesellschaft für Industriekultur e.V. (= DGfI) am 10. September 1992.

2 Peter Hardt: Thyssen: Auch Hochofenwerk Meiderich wird stillgelegt. Fünf Betriebe machen zu, in: Duisburger Stadtpost (Rheinische Post) Nr. 258 vom 7.11.1983.

3 Vgl. Karlheinz Burandt, Klaus Peters: Für Duisburg sieht es immer schlimmer aus.

Aus den Stahl-Gerüchten wurde bittere Gewißheit, in: Neue Ruhrzeitung Nr. 258 vom 7.11.1983.

4   Vgl. Christoph Rind: Betroffenheit über die Stillegung der Meidericher „Apotheke des Ruhrgebiets". Damit hatte keiner gerechnet, in: Rheinische Post Nr. 263 vom 12.11.1983.

5   Vgl. Ulrich Bochum: Zwischen den Kriegen: Krisen. Die ökonomische Entwicklung der deutschen Stahlindustrie, in: Walter Gruber, Peter Sörgel (Hrsg.): Stahl ohne Zukunft?, Hamburg 1984, S. 99.

6   Vgl. den Einschub über die EG-Regulierung bei Peter Sörgel, Dieter Reinken: Alle in einem Boot? Zur betrieblichen Gewerkschaftspolitik auf der Klöcknerhütte Bremen, in: Gruber; Sörgel (Hrsg.), S. 115.

7   Vgl. Ulrich Bochum: Über die Zukunft der deutschen Stahlindustrie, in: Gruber; Sörgel (Hrsg.), S. 243.

8   Vgl. Thyssen Stahl AG (Hrsg.): Bericht über das Geschäftsjahr vom 1. Oktober 1982 bis zum 30. September 1983 der Thyssen Stahl AG - Duisburg, S. 5 (Archiv der ThyssenKrupp AG).

9   Interview mit Hr. A. (Jg. 1935, Werksdirektor), durchgeführt von der DGfI am 5. August 1992.

10   Vgl. Bochum, in: Gruber; Sörgel (Hrsg.), S. 246.

11   Interview mit Hr. A. (wie Anm. 9).

12   Ebd.

13   Interview mit Hr. Hö. (Jg. 1923, Schlosser, ab 1965 Betriebsrat), durchgeführt von der DGfI am 25. August 1992.

14   Interview mit Hr. Ki. (Jg. 1932, Leitender Ingenieur), durchgeführt von der DGfI am 16. Juli 1992.

15   Ebd.

16   Rind, in: Rheinische Post vom 12.11.1983.

17   Gießerei-Belegschaft in Meiderich atmet auf. Thyssen-Vorstand will vier Millionen investieren – Es geht um 550 Arbeitsplätze, in: Rheinische Post Nr. 232 vom 6.10.1983.

18   Rind, in: Rheinische Post vom 12.11.1983.

19   Vgl. Michael Clarke, Wolfgang Ebert, Michael Quast: Zugänge zum Eisen. Industriegeschichtlicher Führer, Duisburg [4]1995, S. 53.

20   Betriebsversammlungen – Belegschaft diskutiert das Konzept 900, in: Thyssen Kontakt. Informationen für Mitarbeiter der Thyssen Stahl AG, hrsg. von der Thyssen Stahl AG, Nr. 12, 1983, S. 2.

21   Vgl. Betriebsversammlungen – Tarifvertrag; Wohnungsmieten; Umsetzungen; Konzept 900, in: Thyssen Kontakt, Nr. 10/11, 1984, S. 5.

22   Interview mit Hr. Ba. (Jg. 1939, Oberschmelzer), durchgeführt von der DGfI am 15. April 1993.

23   Interview mit Hr. D. (Jg. 1939, Oberschmelzer), durchgeführt von Marc Janßen am 17. November 1999.

24   Interview mit Hr. Ba. (wie Anm. 22).

25   Hr. S., Interview mit Hr. R. (Jg. 1935, Elektriker) und Hr. S. (Jg. 1936, Schlosser), durchgeführt von Marc Janßen am 11. Januar 2000.

26 Hr. S., ebd.

27 Interview mit Hr. L. (wie Anm. 1).

28 Interview mit Hr. Ba. (wie Anm. 22).

29 Interview mit Hr. D. (wie Anm. 23).

30 Interview mit Hr. L. (wie Anm. 1).

31 Interview mit Hr. D. (wie Anm. 23).

32 Bericht über die Protestversammlung am 28.3.1985 anläßlich der Schließung des Hüttenwerkes Meiderich vom Evangelischen Familienbildungswerk, dem Nachbarschaftstreff „Die Ecke" und dem Verein für evangelische Jugendsozialarbeit in Duisburg e.V.

33 Aus einem Schreiben des Evangelischen Familienbildungswerks an den Thyssen-Vorstand. Die Fragen werden hier zitiert nach dem Antwortschreiben des Vorstandes an das Bildungswerk vom 2.4.1985, dem sie vorangestellt sind. Beide Dokumente befinden sich in den Archivbeständen des Evangelischen Familienbildungswerk in Meiderich.

34 Schreiben des Thyssen-Vorstandes vom 2.4.1985.

35 Hr. S., Interview mit Hr. R. und Hr. S. (wie Anm. 25).

36 Interview mit Hr. D. (wie Anm. 23).

37 Vgl. Thomas Jäger: Betriebsschließung und Protest. Handlungschancen kollektiver Akteure am Beispiel des Protestes gegen die Stillegung des Hüttenwerkes der Krupp Stahl AG in Duisburg-Rheinhausen, Marburg 1994, S. 27f.

38 Interview mit Hr. Sk. (Jg. 1934, Schlosser), durchgeführt von der DGfI am 5. April 1993.

39 Hr. S., Interview mit Hr. R. und Hr. S. (wie Anm. 25).

40 Hr. S., ebd.

41 Hr. S., ebd.

42 Interview mit Hr. Kr. (Jg. 1944, Schlosser), durchgeführt von der DGfI am 22. April 1993.

43 Interview mit Hr. Bm. (Jg. 1928, Schmelzer), durchgeführt von der DGfI am 17. August 1992.

44 Hr. G., Interview mit Hr. G. (Jg. 1928, Elektriker) und Hr. P. (Jg. 1927, Kaufmännischer Angestellter), durchgeführt von Marion Müller am 1. Dezember 1999.

45 Interview mit Hr. St. (Jg. 1922, Schlosser), durchgeführt von David Wirth am 25. November 1999.

46 Interview mit Hr. A. (wie Anm. 9).

47 Interview mit Hr. Br. (Ingenieur) und Hr. Cl. (Projektleiter), durchgeführt von David Wirth am 11. Januar 2000.

48 Interview mit Hr. D. (wie Anm. 23).

49 Hr. S., Interview mit Hr. R. und Hr. S. (wie Anm. 25).

50 Interview mit Hr. D. (wie Anm. 23).

51 Hr. S., Interview mit Hr. R. und Hr. S. (wie Anm. 25).

52 Hr. S., ebd.

53 Interview mit Hr. Ba. (wie Anm. 22).

54 Interview mit Hr. Sk. (wie Anm. 38).

55 Vgl. Silke Röllinghoff: „Wer nicht hier war, der kann das nicht so fühlen." – Die Wahrnehmung des Arbeitsklimas im Hüttenwerk Duisburg-Meiderich, Abschnitt 2.

56 Interview mit Hr. A. (wie Anm. 9).
57 Hr. R., Interview mit Hr. R. und Hr. S. (wie Anm. 25).
58 Hr. S., ebd.
59 Hr. G., Interview mit Hr. G. und Hr. P. (wie Anm. 44).
60 Hr. R., Interview mit Hr. R. und Hr. S. (wie Anm. 25).
61 Hr. S., ebd.
62 Interview mit Hr. Be. (Jg. 1948, Meß- und Regeltechniker), durchgeführt von David Wirth am 3. Dezember 1999.
63 Hr. G., Interview mit Hr. G. und Hr. P. (wie Anm. 44).
64 Interview mit Hr. Be. (wie Anm. 62).
65 Ebd.
66 Hr. S., Interview mit Hr. R. und Hr. S. (wie Anm. 25).
67 Interview mit Hr. Be. (wie Anm. 62).
68 Interview mit Hr. L. (wie Anm. 1).
69 Vgl. Hr. S., Interview mit Hr. R. und Hr. S. (wie Anm. 25).

## Die „Pyramiden Meiderichs"

1 Roland Günter: Im Tal der Könige. Ein Reisebuch zu Emscher, Rhein und Ruhr, Essen 1997.
2 Ähnliches gilt für die Bewohner der Stadt, die weder selbst noch über Familienangehörige Kontakt zur Eisen- und Stahlproduktion hatten oder haben.
3 Vgl. Wolfgang Ebert, Achim Bednorz: Kathedralen der Arbeit, Tübingen 1996; Gregor Spohr, Wolfgang Schulze: Ausflugsziele im Ruhrgebiet: Schöne alte Zechen. Der Revierfreizeitführer, Bottrop 1996; Gregor Spohr (Hrsg.): Romantisches Ruhrgebiet. Industriekultur zwischen Fachwerk und Fördertürmen, Bottrop 1997.
4 Gottlieb Leinz, Stellvertretender Leiter des Wilhelm-Lehmbruck-Museums Duisburg, in seinem Begleittext zur Ausstellung mit Fotos von Bernd Kirtz.
5 Interview mit Hr. K. (Jg. 1931, Schlosser), durchgeführt von Angela Schwarz am 27. Oktober 1999.
6 Eine erste Gesamtdarstellung der Planungen bietet die jüngst an der Gerhard-Mercator-Universität Duisburg eingereichte Diplomarbeit von Walter Fleige: Der Landschaftspark Duisburg-Nord. Vom Umgang mit einer alten Industriebrache. Ich bedanke mich hiermit beim Autor, der mir freundlicherweise die Einsichtnahme in seine Darstellung ermöglicht hat. Abschnitt 2 dieses Beitrages hat dadurch einige wichtige Anregungen erhalten.
7 Vgl. Stadt Duisburg, Der Oberstadtdirektor (Hrsg.): Freiraumkonzeption Duisburg. Untersuchungen zur Stadtentwicklung, Bd. 15, Duisburg 1986; Stadt Duisburg, Der Oberstadtdirektor (Hrsg.): Gewerbe- und Industrieflächenbilanz der Stadt Duisburg. Kurzbericht, Duisburg 1988.
8 Stadt Duisburg, Der Oberstadtdirektor (Hrsg.): Freiraumkonzeption, S. 7.
9 Vgl. Internationale Bauausstellung Emscher Park GmbH (Hrsg.): Werkstatt für die Zukunft von Industrieregionen. Memorandum der Internationalen Bauausstellung Emscher Park 1996-1999, Gelsenkirchen 1996, S. 5, 12.

10 Vgl. Minister für Stadtentwicklung, Wohnen und Verkehr des Landes Nord-rhein-Westfalen (Hrsg.): Internationale Bauausstellung Emscher Park. Werkstatt für die Zukunft alter Industriegebiete. Memorandum zu Inhalt und Organisation, Düsseldorf o.J., S. 33, 35.

11 Internationale Bauausstellung Emscher Park GmbH (Hrsg.): Zeugen der Industriege-schichte. Neue Nutzung industrieller Bauten und Modernisierung von Arbeitersied-lungen, Gelsenkirchen 1993, S. 2.

12 Werkstatt für die Zukunft, S. 44.

13 Vgl. Planungsgemeinschaft Landschaftspark Duisburg-Nord, Landesentwicklungs-gesellschaft (Hrsg.): Bericht über die Ergebnisse der Arbeit der Expertenkommissi-on, Umgang mit der Hochofenanlage, Duisburg 1992.

14 Ebd., S. 12.

15 Ebd., S. 21.

16 Hr. S., Interview mit Hr. R. (Jg. 1935, Elektriker) und Hr. S. (Jg. 1936, Schlosser), durchgeführt von Marc Janßen am 11. Januar 2000.

17 Allein in den Werken des Thyssen-Konzerns in Duisburg waren 1990 trotz der Ratio-nalisierungsmaßnahmen noch immer ca. 34.700 Menschen beschäftigt. Damit ist Duisburg nach wie vor einer der größten Stahlstandorte Deutschlands. Vgl. Helmut Uebbing: Wege und Wegmarken. 100 Jahre Thyssen. 1891-1991, Berlin 1991, S. 274.

18 Interview mit Hr. C. (Jg. 1964, Mitglied des Alpenvereins, Ortsgruppe Duisburg), durchgeführt von Marion Müller am 17. Februar 2000.

19 Vgl. Interview mit Hr. Bö. (Jg. 1932, Schlosser), durchgeführt von der Deutschen Ge-sellschaft für Industriekultur e.V. (= DGfI) am 13. April 1993.

20 Hr. H., Interview mit Hr. B. (Jg. 1935, Bautechniker) und Hr. H. (Jg. 1938, Schlosser), durchgeführt von Silke Röllinghoff am 11. Januar 2000.

21 Hr. S., Interview mit Hr. R. und Hr. S. (wie Anm. 16).

22 Hr. G., Interview mit Hr. G. (Jg. 1928, Elektriker) und Hr. P. (Jg. 1927, Kaufmänni-scher Angestellter), durchgeführt von Marion Müller am 1. Dezember 1999.

23 Interview mit Hr. St. (Jg. 1922, Schlosser), durchgeführt von David Wirth am 25. No-vember 1999.

24 Hr. G., Interview mit Hr. G. und Hr. P. (wie Anm. 22).

25 Hr. G., ebd.

26 Interview mit Hr. D. (Jg. 1939, Oberschmelzer), durchgeführt von Marc Janßen am 17. November 1999.

27 Interview mit Hr. K. (wie Anm. 5).

28 Vgl. Interview mit Hr. A. (Jg. 1935, Werksdirektor), durchgeführt von der DGfI am 5. August 1992.

29 „Es gibt doch einige Leute, die hier gearbeitet haben, die also hierhin kommen und schauen, und fragen denn auch, was habt ihr denn mittlerweile mit unserer Hütte ge-tan. Das heißt also, unsere Hütte, man hat also noch einen Bezug zu dieser Anlage, will aber nur außen vorstehen, will also nicht direkt mitarbeiten. Aber interessiert ist man schon." Hr. Br., Interview mit Hr. Br. (Ingenieur) und Hr. Cl. (Projektleiter), durchgeführt von David Wirth am 11. Januar 2000.

30 Vgl. Interview mit Hr. D. (wie Anm. 26).

31 Hr. H., Interview mit Hr. B. und Hr. H. (wie Anm. 20).

32  Vgl. Hr. Br., Interview mit Hr. Br. und Hr. Cl. (wie Anm. 29).
33  Hr. S., Interview mit Hr. R. und Hr. S. (wie Anm. 16).
34  Vgl. Interview mit Hr. C. (wie Anm. 18).
35  Vgl. Hr. Br., Interview mit Hr. Br. und Hr. Cl. (wie Anm. 29).
36  Vgl. Hr. Cl., ebd.
37  Interview mit Hr. C. (wie Anm. 18).
38  „... ich freue mich ja selber immer, wenn ich da mal vorbei komme, zwei drei Mal in der Woche komme ich sowieso da vorbei. Wenn da Leben ist, man kann ja hinkommen, wann man will." Hr. G., Interview mit Hr. G. und Hr. P. (wie Anm. 22).
39  Interview mit Hr. Be. (Jg. 1948, Meß- und Regelmechaniker), durchgeführt von David Wirth am 3. Dezember 1999.
40  Interview mit Hr. C. (wie Anm. 18).
41  Interview mit Hr. Be. (wie Anm. 39).
42  Vgl. Interview mit Hr. Bö. (Jg. 1932, Schmelzer), durchgeführt von der DGfI am 13. April 1993.
43  „Also wir waren ja abgesichert, wir hatten ja unsere Arbeit wieder und dann haben wir praktisch den Hüttenbetrieb abgehakt, innerlich ne, war eine schöne Zeit, es wäre schön gewesen, wenn es noch weitergegangen wäre, aber dann hieß es ja, der Laden wird abgerissen." Hr. S., Interview mit Hr. R. und Hr. S. (wie Anm. 16).
44  Hr. G., Interview mit Hr. G. und Hr. P. (wie Anm. 22)
45  Interview mit Hr. D. (wie Anm. 26).
46  Beschreibung von Dr. Wolfgang Ebert, vgl. Interview mit Hr. Be. (wie Anm. 39).
47  „... wir haben also überwachungspflichtige Anlagen kontrolliert, haben Berichte geschrieben, haben also dann, haben dann auch festgelegt, wann diese Anlagen zu reparieren sind ... dann war ich also, hatte ich wohl meine Rente durch, aber es hatte keine vernünftige Beschäftigung gehabt. Habe dann eine Möglichkeit gefunden oder gesucht, ... meine Arbeit weiterzumachen. Da kam also die Deutsche Gesellschaft für Industriekultur gerade, war gerade richtig – und ich hatte dann hier ... die Möglichkeit gefunden, meine Arbeit sozusagen weiter zu tun, und das mache ich jetzt also, in dem ich also ... Berichte schreibe, darauf achte, ob alles in Ordnung ist, ob da keine Unfälle passieren." Hr. Br., Interview mit Hr. Br. und Hr. Cl. (wie Anm. 29).
48  Hr. B., Interview mit Hr. B. und Hr. H. (wie Anm. 20).
49  Interview mit Hr. Ki. (Jg. 1932, Leitender Ingenieur), durchgeführt von der DGfI am 16. März 1993.
50  „Man hätte so richtig eine Industriefunktion zeigen müssen, in dem Sinne, und dann hätte auch man zeigen können, daß die Leute auch nicht alle nur mit der großen Schüppe und mit dem dicken Hammer herumgelaufen sind, daß sie auch ein bißchen gebildet, wenn auch ... auch ein Koselowski und ein Müller hat ja irgendetwas, was die anderen nicht haben." Interview mit Hr. K. (wie Anm. 5).
51  Interview mit Hr. D. (wie Anm. 26).
52  Hr. B., Interview mit Hr. B. und Hr. H. (wie Anm. 20).
53  Hr. P., Interview mit Hr. G. und Hr. P. (wie Anm. 22).
54  Hr. Br., Interview mit Hr. Br. und Hr. Cl. (wie Anm. 29).
55  Hr. P., Interview mit Hr. G. und Hr. P. (wie Anm. 22).

56  Je größer die Bedeutung des Werkes in der Industrielandschaft, desto höher wird die eigene Identität als Mitarbeiter veranschlagt. „Wichtig ist, daß man der nachkommenden Generation zeigen kann, was so ein Betrieb früher bedeutet hat." Hr. R., Interview mit Hr. R. und Hr. S. (wie Anm. 16).

57  Interview mit Hr. D. (wie Anm. 26).

58  Hr. S., Interview mit Hr. R. und Hr. S. (wie Anm. 16).

59  Hr. G., Interview mit Hr. G. und Hr. P. (wie Anm. 22).

60  „Ich würde sagen, wenn es jetzt so Fernsehstücke gäbe, die wirklich dann auch richtig herüberbringen würden, dann würde die Jugend sich auch damit befassen. Aber was wir Alten erzählen, na ja, gut ...". Hr. G., ebd.

61  Hr. P., ebd.

62  Hr. Br., Interview mit Hr. Br. und Hr. Cl. (wie Anm. 29).

63  Vgl. Hr. S., Interview mit Hr. R. und Hr. S. (wie Anm. 16).

64  Vgl. Interview mit Hr. C. (wie Anm. 18).

65  Hr. B., Interview mit Hr. B. und Hr. H. (wie Anm. 20).

66  Hr. S., Interview mit Hr. R. und Hr. S. (wie Anm. 16).

67  Hr. P., Interview mit Hr. G. und Hr. P. (wie Anm. 22).

68  Hr. B., Interview mit Hr. B. und Hr. H. (wie Anm. 20).

69  Vgl. Interview mit Hr. K. (wie Anm. 5) und Hr. B., Interview mit Hr. B. und Hr. H. (wie Anm. 20).

70  Hr. H., Interview mit Hr. B. und Hr. H. (wie Anm. 20).

71  Hr. G., Interview mit Hr. G. und Hr. P. (wie Anm. 22).

72  Hr. Br., Interview mit Hr. Br. und Hr. Cl. (wie Anm. 29).

73  „Also Eisen rostet nunmal und Stahl auch und irgendwann kann man das nicht mehr aufhalten, wenn man nicht genügend Geld hat, um dies zu restaurieren. Man wird nach und nach mal irgendwelche Teile mal abbrennen [?] müssen, wenn neue aufzubauen zu teuer wird." Hr. B., Interview mit Hr. B. und Hr. H. (wie Anm. 20).

74  Hr. Br., Interview mit Hr. Br. und Hr. Cl. (wie Anm. 29).

75  Hr. Cl., ebd.

76  Hr. Cl., ebd.

# Die Autorinnen und Autoren

*Marc Janßen,* Jg. 1976, seit 1996 Studium der Geographie, Germanistik und Sozialwissenschaften an der Gerhard-Mercator-Universität Duisburg (9. Studiensemester), angestrebter Abschluß: Lehramt Sekundarstufe I.

*Marion Müller,* Jg. 1974, seit 1994 Studium der Geschichte und Anglistik an der Gerhard-Mercator-Universität Duisburg (11. Studiensemester), 1997/98 Studium an der University of Portsmouth, angestrebter Abschluß: Lehramt Sekundarstufe I und II.

*Silke Röllinghoff,* Jg. 1976, seit 1996 Studium der Geschichte und Anglistik an der Gerhard-Mercator-Universität Duisburg (9. Studiensemester), angestrebter Abschluß: Lehramt Sekundarstufe II.

*Angela Schwarz,* Jg. 1962, Studium der Geschichte und Anglistik 1981-1987, Studium an der University of Reading 1983/84, Staatsexamen für Sekundarstufe I und II 1987, Dr. phil. 1991 (*Die Reise ins Dritte Reich,* Göttingen und Zürich 1993), Habilitation 1998 (*Der Schlüssel zur modernen Welt,* Stuttgart 1999), seit 1998 Hochschuldozentin für Neuere und Neueste Geschichte an der Gerhard-Mercator-Universität Duisburg; weitere Veröffentlichungen: *Politische Sozialisation und Geschichte* (Hagen 1993), *Kein Boden für Sozialdemokraten am Niederrhein? Beiträge zur Geschichte der SPD im Gebiet des heutigen Kreises Kleve* (Essen 1999).

*David Wirth,* Jg. 1977, seit 1996 Studium der Geschichte, Geographie und Philosophie an der Gerhard-Mercator-Universität Duisburg (9. Studiensemester), angestrebter Abschluß: Magister.